東海大学付属浦安高等学校

〈収録内容〉

便利な DL コンテンツは右の QR コー

解答用紙

過去年度

非

リスニング

⇒

※データのダウンロードは 2025 年 3 月末日まで。
※データへのアクセスには、右記のパスワードの入力が必要となります。 ⇒ 755983

〈合格基準点〉

	一般単願	一般併願
2024年度	184点	214点
2023年度	186点	205点
2022年度	216点	217点
2021年度	199点	216点
2020年度	174点	216点
2019年度	154点	182点
2018年度	159点	179点

本書の特長

実戦力がつく入試過去問題集

- ▶ 問題 ……………… 実際の入試問題を見やすく再編集。
- ▶ 解答用紙 …… 実戦対応仕様で収録。
- ▶ 解答解説 …… 詳しくわかりやすい解説には、難易度の目安がわかる「基本・重要・やや難」の分類マーク
つき（下記参照）。各科末尾には合格へと導く「ワンポイントアドバイス」を配置。採点に便利な配点つき。

入試に役立つ分類マーク

基本 確実な得点源！
受験生の 90%以上が正解できるような基礎的、かつ平易な問題。
何度もくり返して学習し、ケアレスミスも防げるようにしておこう。

重要 受験生なら何としても正解したい！
入試では典型的な問題で、長年にわたり、多くの学校でよく出題される問題。
各単元の内容理解を深めるのにも役立てよう。

やや難 これが解ければ合格に近づく！
受験生にとっては、かなり手ごたえのある問題。
合格者の正解率が低い場合もあるので、あきらめずにじっくりと取り組んでみよう。

合格への対策、実力錬成のための内容が充実

- ▶ 各科目の出題傾向の分析、合否を分けた問題の確認で、入試対策を強化！
- ▶ その他、学校紹介、過去問の効果的な使い方など、学習意欲を高める要素が満載！

解答用紙ダウンロード 解答用紙はプリントアウトしてご利用いただけます。弊社ＨＰの商品詳細ページよりダウンロードしてください。トビラのＱＲコードからアクセス可。

UD FONT 見やすく読みまちがえにくいユニバーサルデザインフォントを採用しています。

東海大学付属浦安高等学校

普通科
生徒数　1266名
〒279-0042
千葉県浦安市東野3-11-1
☎047-351-2371
京葉線新浦安駅、東西線浦安駅
各バス10分
京葉線舞浜駅　徒歩18分またはバス10分

社会で通用する国際感覚と人間性豊かな人材を育成するためのシティズンシップ教育を推進

URL	https://www.urayasu.tokai.ed.jp/

プロフィール　大学の先にある人としての在り方生き方の探求

1955年、東海大学付属高等学校として設立された。1975年に浦安に移転し、同時に現校名に改称。1988年に共学の中学校を開設し、1991年には高校も共学となった。

若き日に汝の思想を培え
若き日に汝の体軀を養え
若き日に汝の智能を磨け
若き日に汝の希望を星につなげ

という、東海大学および付属校の創立者である松前重義博士が掲げた建学の精神のもと、総合教育を通して、生徒の個性を伸長し、人生の基盤を作り、社会に貢献できる人材の育成を目指している。

環境　広大な敷地の中に充実の各施設

校地面積５万㎡の広大な敷地の中に、中等部・高校の校舎や各施設がゆとりをもって配置されている。

電子黒板機能付きプロジェクター、人工芝の全天候型グラウンド、野球場、雨天野球練習場、武道館、テニスコートなど体育施設も充実している。特に、松前記念総合体育館は、地下１階地上５階建ての施設で、地下には温水プール、地上には２フロアのアリーナ、ホール、トレーニングルーム、シャワー室などの設備も整っている。

土曜講座

カリキュラム　魅力あるカリキュラムを実施

土曜日は、「土曜講座」を設定し、幅広い教養と課題発見解決能力を高めている。「総合的な学習の時間」では「思いやり」「キャリア教育」「課題学習」を軸に、ボランティア活動から奉仕・社会貢献へ、職業研究から大学へと中・高・大10年間の一貫教育を軸に据えた教育を展開する。さらに、習熟度別少人数授業やティーム・ティーチング、外国人講師による英会話など、多彩なカリキュラムを実施している。

習熟度別クラスがあり、より高いレベルで学習することができる。

学校生活　全国レベルの運動部学校行事も重視

学習とスポーツの両立を目指しており、部活動も盛んである。柔道・剣道が全国大会に出場するなど活躍が目覚ましい。また、グローバル&サイエンスへの取り組みを重視し、学年進行による英語教育を充実させている。サイエンスクラスでは、体験・探究活動・地域貢献を展開し、理系大学・学部への進路選択に寄与している。

［運動部］　野球、テニス(男子・女子)、バレーボール(男子・女子)、柔道、バスケットボール(男子・女子)、水泳、剣道、サッカー、バドミントン、ラグビー、陸上競技、卓球、クライミング、ダンス

［文化部］　吹奏楽、英会話、物理、美術、化学、写真、放送、釣り、演劇、鉄道研究、生物、コンピュータサイエンス、文芸、料理、軽音楽

［同好会］　イラスト、書、ボランティア、茶華道教室

ICT教育の充実（iPadを活用した授業）

進路　付属校ならではの進路指導

東海大学付属高校の卒業生は、東海大学などへの推薦入学が認められており、約80％の生徒が東海大学に進学している。他大学進学も含め、現役進学率は97%以上。

進路指導でユニークなのが、高１での湘南の大学校舎の見学会や進路適性検査、高２での大学教授による学部学科説明会。また、高３では大学教授による個別相談会が実施されるほか、東海大学への体験留学や、ハワイ東海インターナショナルカレッジへの中期留学（約２ヶ月）なども行われている。

2024年度入試要項

試験日　1/17(前期推薦･一般1日目)
1/18(前期一般2日目)
2/15(後期一般)

試験科目　作文+面接(前期単願推薦A)
国･数･英+面接(推薦B･C･一般)

2024年度	募集定員	受験者数	合格者数	競争率
前期推薦/一般	250	436/171	436/77	1.0/2.2
後期	若干	20	11	1.8

過去問の効果的な使い方

① **はじめに**　入学試験対策に的を絞った学習をする場合に効果的に活用したいのが「過去問」です。なぜならば，志望校別の出題傾向や出題構成，出題数などを知ることによって学習計画が立てやすくなるからです。入学試験に合格するという目的を達成するためには，各教科ともに「何を」「いつまでに」やるかを決めて計画的に学習することが必要です。目標を定めて効率よく学習を進めるために過去問を大いに活用してください。また，塾に通われていたり，家庭教師のもとで学習されていたりする場合は，それぞれのカリキュラムによって，どの段階で，どのように過去問を活用するのかが異なるので，その先生方の指示にしたがって「過去問」を活用してください。

② **目的**　過去問学習の目的は，言うまでもなく，志望校に合格することです。どのような分野の問題が出題されているか，どのレベルか，出題の数は多めか，といった概要をまず把握し，それを基に学習計画を立ててください。また，近年の出題傾向を把握することによって，入学試験に対する自分なりの感触をつかむこともできます。

過去問に取り組むことで，実際の試験をイメージすることもできます。制限時間内にどの程度までできるか，今の段階でどのくらいの得点を得られるかということも確かめられます。それによって必要な学習量も見えてきますし，過去問に取り組む体験は試験当日の緊張を和らげることにも役立つでしょう。

③ **開始時期**　過去問への取り組みは，全分野の学習に目安のつく時期，つまり，9月以降に始めるのが一般的です。しかし，全体的な傾向をつかみたい場合や，学習進度が早くて，夏前におおよその学習を終えている場合には，7月，8月頃から始めてもかまいません。もちろん，受験間際に模擬テストのつもりでやってみるのもよいでしょう。ただ，どの時期に行うにせよ，取り組むときには，集中的に徹底して取り組むようにしましょう。

④ **活用法**　各年度の入試問題を全問マスターしようと思う必要はありません。できる限り多くの問題にあたって自信をつけることは必要ですが，重要なのは，志望校に合格するためには，どの問題が解けなければいけないのかを知ることです。問題を制限時間内にやってみる。解答で答え合わせをしてみる。間違えたりできなかったりしたところについては，解説をじっくり読んでみる。そうすることによって，本校の入試問題に取り組むことが今の自分にとって適当かどうかが，はっきりします。出題傾向を研究し，合否のポイントとなる重要な部分を見極めて，入学試験に必要な力を効率よく身につけてください。

数学

各都道府県の公立高校の入学試験問題は，中学数学のすべての分野から幅広く出題されます。内容的にも，基本的・典型的なものから思考力・応用力を必要とするものまでバランスよく構成されています。私立・国立高校では，中学数学のすべての分野から出題されることには変わりはありませんが，出題形式，難易度などに差があり，また，年度によっての出題分野の偏りもあります。公立高校を含め，ほとんどの学校で，前半は広い範囲からの基本的な小問群，後半はあるテーマに沿っての数問の小問を集めた大問という形での出題となっています。

まずは，単年度の問題を制限時間内にやってみてください。その後で，解答の答え合わせ，解説での研究に時間をかけて取り組んでください。前半の小問群，後半の大問の一部を合わせて50％以上の正解が得られそうなら多年度のものにも順次挑戦してみるとよいでしょう。

英語

英語の志望校対策としては，まず志望校の出題形式をしっかり把握しておくことが重要です。英語の問題は，大きく分けて，リスニング，発音・アクセント，文法，読解，英作文の5種類に分けられます。リスニング問題の有無（出題されるならば，どのような形式で出題されるか），発音・アクセント問題の形式，文法問題の形式（語句補充，語句整序，正誤問題など），英作文の有無（出題されるならば，和文英訳か，条件作文か，自由作文か）など，細かく具体的につかみましょう。読解問題では，物語文，エッセイ，論理的な文章，会話文などのジャンルのほかに，文章の長さも知っておきましょう。また，読解問題でも，文法を問う問題が多いか，内容を問う問題が多く出題されるか，といった傾向をおさえておくことも重要です。志望校で出題される問題の形式に慣れておけば，本番ですんなり問題に対応することができますし，読解問題で出題される文章の内容や量をつかんでおけば，読解問題対策の勉強として，どのような読解問題を多くこなせばよいかの指針になります。

最後に，英語の入試問題では，なんと言っても読解問題でどれだけ得点できるかが最大のポイントとなります。初めて見る長い文章をすらすらと読み解くのはたいへんなことですが，そのような力を身につけるには，リスニングも含めて，総合的に英語に慣れていくことが必要です。「急がば回れ」ということわざの通り，志望校対策を進める一方で，英語という言語の基本的な学習を地道に続けることも忘れないでください。

国語

国語は，出題文の種類，解答形式をまず確認しましょう。論理的な文章と文学的な文章のどちらが中心となっているか，あるいは，どちらも同じ比重で出題されているか，韻文（和歌・短歌・俳句・詩・漢詩）は出題されているか，独立問題として古文の出題はあるか，といった，文章の種類を確認し，学習の方向性を決めましょう。また，解答形式は，記号選択のみか，記述解答はどの程度あるか，記述は書き抜き程度か，要約や説明はあるか，といった点を確認し，記述力重視の傾向にある場合は，文章力に磨きをかけることを意識するとよいでしょう。さらに，知識問題はどの程度出題されているか，語句（ことわざ・慣用句など），文法，文学史など，特に出題頻度の高い分野はないか，といったことを確認しましょう。出題頻度の高い分野については，集中的に学習することが必要です。読解問題の出題傾向については，脱語補充問題が多い，書き抜きで解答する言い換えの問題が多い，自分の言葉で説明する問題が多い，選択肢がよく練られている，といった傾向を把握したうえで，これらを意識して取り組むと解答力を高めることができます。「漢字」「語句・文法」「文学史」「現代文の読解問題」「古文」「韻文」と，出題ジャンルを分類して取り組むとよいでしょう。毎年出題されているジャンルがあるとわかった場合は，必ず正解できる力をつけられるよう意識して取り組み，得点力を高めましょう。

数学

出題傾向の分析と合格への対策

●出題傾向と内容

本年度の出題数は，大問5題，小問数にして20題で，ほぼ例年並みであった。

①，②とも6題からなる小問群で，数・式の計算，方程式，場合の数，データの整理，平面図形など広い範囲から，基本的・典型的な問題が幅広く出題されている。③以降が大問で，③は図形と関数・グラフの融合問題，④は平面図形の計量問題，⑤は場合の数と確率の問題となっている。

いずれも基本的な知識とそれを応用できる力を問う良問である。問題量が多いことから，全体的には標準レベルである。

✓学習のポイント

教科書を中心にまんべんなく学習し，基本をきちんとおさえよう。応用問題は図形や関数を中心に学習しよう！

●2025年度の予想と対策

来年度もこれまでと大きく変わることなく，標準レベルの問題を中心に，20題前後出題されるだろう。出題範囲はほぼ全分野にわたっているので，どのような問題にも対応できるよう，余裕をもった学習が必要である。まずは，教科書を使って，中学数学全領域の基本事項をしっかりとおさえよう。苦手な分野は早めに克服しておくこと。基礎が固まったら，問題集で練習を重ね，応用力を養っていこう。特に，関数とグラフ，平面図形は，より多くの問題にあたって柔軟な思考力を身につけておきたい。グラフと図形の融合問題や動点を扱う問題も十分慣れておこう。

▼年度別出題内容分類表・・・・・・

出題内容			2020年	2021年	2022年	2023年	2024年
数と式		数の性質			○	○	○
		数・式の計算	○	○	○	○	○
		因数分解			○	○	
		平方根	○	○	○	○	○
方程式・不等式		一次方程式	○	○	○		○
		二次方程式	○	○	○	○	○
		不等式					
		方程式・不等式の応用	○	○		○	○
関数		一次関数	○	○	○	○	○
		二乗に比例する関数	○	○	○	○	○
		比例関数					
		関数とグラフ	○	○	○	○	○
		グラフの作成					
図形	平面図形	角度	○	○			○
		合同・相似	○	○			○
		三平方の定理			○	○	○
		円の性質	○	○	○	○	○
	空間図形	合同・相似	○				
		三平方の定理	○		○		
		切断					
	計量	長さ		○	○	○	○
		面積	○		○	○	○
		体積	○	○			○
		証明					
		作図					
		動点				○	
統計		場合の数		○			○
		確率	○	○	○	○	○
		統計・標本調査			○		○
融合問題		図形と関数・グラフ	○	○	○	○	○
		図形と確率			○		
		関数・グラフと確率					
		その他					
その他				○			

東海大学付属浦安高等学校

英語 出題傾向の分析と合格への対策

●出題傾向と内容

本年度もマークシート方式で，リスニング問題，長文読解問題2題，会話文，語句補充選択問題，語句整序問題の計6題の出題であった。昨年度に引き続き，5～10字程度の会話文・短文4文の文整序問題が本年度も出題された。

長文読解問題は物語文で内容理解中心の構成である。限られた時間の中で，文中で説明されている語句の意味を正確にとらえる力が問われている。

文法問題は幅広く出題されているが，教科書を中心とした標準的な出題といえよう。

✔学習のポイント

例年，同じような形式の問題が出題されているため，必ず過去問を解こう。マークシート方式にも慣れておくこと。

●2025年度の予想と対策

来年度も読解を中心にリスニング，文法とバランスのとれた内容が続くだろう。

長文問題対策としては，内容吟味の問題が毎年出題されているので，標準レベルの問題集で前後関係に注意しながら確実に，速く，文脈をつかむ練習をしよう。

文法については，まず教科書の文法事項・熟語・慣用句を完全に覚え，語句整序・語句補充選択などを中心に応用力をつけておこう。

リスニングに関しては，普段からラジオやCDなどを利用し，ナチュラルスピードの英語に耳を慣らしておくこと。

▼年度別出題内容分類表 ……

	出題内容	2020年	2021年	2022年	2023年	2024年
話し方・聞き方	単語の発音					
	アクセント					
	くぎり・強勢・抑揚					
	聞き取り・書き取り	○	○	○	○	○
語い	単語・熟語・慣用句	○	○			○
	同意語・反意語					
	同音異義語					
読解	英文和訳(記述・選択)					
	内容吟味	○	○	○	○	○
	要旨把握	○	○	○	○	○
	語句解釈					○
	語句補充・選択		○	○	○	○
	段落・文整序	○	○			○
	指示語	○		○		
	会話文	○	○	○	○	○
文法・作文	和文英訳					
	語句補充・選択	○	○	○	○	○
	語句整序	○	○	○	○	○
	正誤問題					
	言い換え・書き換え					
	英問英答					
	自由・条件英作文					
文法事項	間接疑問文	○	○	○		○
	進行形			○	○	○
	助動詞	○				○
	付加疑問文					
	感嘆文	○	○			
	不定詞		○	○	○	○
	分詞・動名詞	○	○	○	○	○
	比較			○	○	○
	受動態		○	○	○	○
	現在完了	○	○	○	○	○
	前置詞				○	
	接続詞	○	○	○	○	○
	関係代名詞	○		○		○

東海大学付属浦安高等学校

国語

出題傾向の分析と 合格への対策

●出題傾向と内容

本年度も，現代文の読解問題，古文の読解問題，知識問題の大問3題の出題であった。

現代文は論説文で，「環世界」について述べられたもの。内容吟味，文脈把握問題を中心に，漢字や語句の意味，脱語補充などが問われた。

古文は『おくのほそ道』からの出題で，口語訳，仮名遣いを問う問題も出されたが，内容を的確に読み取る力を試す問題に重点が置かれていた。本年度も例年通り，確実な古文理解力を必要とした文章であった。

知識問題は，品詞，部首，故事成語，文学史などが出題された。

解答形式は，すべてマークシート方式。

✔学習のポイント

現代文や古文の読解問題は，多くの問題集にあたっておこう。知識問題は広範なので，不得意な分野はなくし確実に得点しよう。

●2025年度の予想と対策

現代文は，文学的文章と説明的文章，両方の学習をしておこう。文学的文章では，場面の変化，会話や行動などに注意して，情景や登場人物の心情を読み取ること，説明的文章では，指示語や接続語，特にキーワードに注意して論理の流れを把握し，筆者の主張を読み取ることが大切である。

古文は，重要古語や古典知識のほか，韻文の知識，基本的な文法なども身につけておきたい。

漢字，熟語，語句，文学史などの知識問題は，日頃から十分に学習しておきたい。

▼年度別出題内容分類表 ……

出題内容			2020年	2021年	2022年	2023年	2024年
内容の分類	読解	主題・表題					
		大意・要旨	○	○	○	○	○
		情景・心情			○		
		内容吟味	○	○	○	○	○
		文脈把握	○	○	○	○	○
		段落・文章構成					
		指示語の問題		○			○
		接続語の問題	○	○	○	○	○
		脱文・脱語補充	○	○	○	○	○
	漢字・語句	漢字の読み書き	○	○	○	○	○
		筆順・画数・部首					○
		語句の意味	○	○		○	○
		同義語・対義語					
		熟語	○	○	○	○	
		ことわざ・慣用句		○		○	○
	表現	短文作成					
		作文(自由・課題)					
		その他					
	文法	文と文節		○			
		品詞・用法	○				○
		仮名遣い			○	○	○
		敬語・その他			○		
	古文の口語訳		○	○	○	○	○
	表現技法			○	○		○
	文学史		○	○	○	○	○
問題文の種類	散文	論説文・説明文	○	○	○	○	○
		記録文・報告文					
		小説・物語・伝記					
		随筆・紀行・日記					
	韻文	詩					
		和歌(短歌)			○		
		俳句・川柳			○		○
	古文		○	○	○	○	○
	漢文・漢詩			○		○	

東海大学付属浦安高等学校

2024年度 合否の鍵はこの問題だ!!

数学 [2] (2), [3], [4], [5] (2)

[2]（2） 梨3個の配り方で決まることに気づきたい。

[3]・[4] 標準レベルの必出問題であるから，完答したい。

[5]（2） 有理数の解をもつのは，根号の中が0か平方数のときである。a^2+4bの最小値は，$1^2+4\times1=5$，最大値は，$3^2+4\times6=33$であることに留意する。

◎前半の独立小問を確実に解き，後半の図形や関数の大問も小問を順に解いていけば，高得点が期待できる。ミスをしないようにしよう。

英語 [6] (4), (5)

語句整序問題は確かな文法事項を身につける必要があるため，苦手とする受験生が多い出題形式である。

(4) The books which I borrowed from Miki are on (my desk.)「私がミキから借りた本」とするには関係代名詞を用いる必要がある。関係代名詞を用いた場合，和文と英文の語順が異なるため，間違えやすい問題となっている。このような，後置修飾は関係代名詞以外には

・分詞の形容詞的用法
・不定詞の副詞的用法
・名詞を修飾する前置詞句

などが挙げられる。これらの問題に慣れるためには，数多くの問題に触れて，英文の形に慣れるようにしたい。

(5) (I) want to know what time the game starts. 間接疑問文の語順は，普通の疑問文とは語順が異なるため，注意が必要である。特にbe動詞や助動詞を用いた間接疑問文は語順を間違えやすいので注意が必要である。

これらの文法問題を確実にとるために，過去問や同レベルの問題集を繰り返し解いてよく出る表現を身につけるようにしよう。

国語 [一] 問五

★ なぜこの問題が合否を分けたのか

指示内容を的確にとらえる力が試される設問である。文脈を丁寧に追って解答しよう！

★ こう答えると「合格できない」！

直前に「どんな生物もその生物なりの世界を生きているのだ」とあることから，2の「すべての生物が別々の時間を生きている世界」を選ばないようにしよう。「そのような世界ではなくて，それぞれの生物が生きている世界を考える必要が出てくる。……」とつながっていることを見落とさないよう注意しよう！

★ これで「合格」！

同様のことは，直前で「そんな世界」と表現されていることに着目しよう。「しかし，いかなる生物もそんな『世界』を生きてはいない。どんな生物もその生物なりの世界を生きているのだ」とあることから，「その生物なりの世界を生きている」とは逆の「世界」を「そんな世界」とし，続いて「そのような世界」と表現しているとわかるので，「すべての生物が同じ時間と同じ空間を生きている世界」とある3を選ぼう。「すべての生物が同じ時間と同じ空間を生きている世界」などない，という文脈をしっかりと読み取ろう！

2024年度

★★★★★★★★★★★★★★★★★★★★★★★

入　試　問　題

2024年度

東海大学付属浦安高等学校前期選抜入試問題

【数　学】（50分）〈満点：100点〉

【注意】

1. 問題の[1]，[2]については，それぞれ解答群の中から正しい答えを選んで，その番号をマークしなさい。

（例）[ア]の答えが20である場合

【解答群】

①　10　　②　15　　③　20　　④　25　　⑤　30　　⑥　その他

	解　答　欄					
ア	①	②	●	④	⑤	⑥

2. 問題の[3]，[4]，[5]については，下記の方法に従ってマークしなさい。

（1）[ア]～[ク]の1つ1つには，それぞれ0から9までのいずれか1つの数字が入ります。それらをア，イ，ウ，……で示された解答用紙の各欄にマークしなさい。

（例）[イ]に8と答えたいとき，

	解　答　欄									
イ	①	②	③	④	⑤	⑥	⑦	●	⑨	⓪

（例）[ウ][エ]に8と答えたいとき，

	解　答　欄									
ウ	①	②	③	④	⑤	⑥	⑦	⑧	⑨	●
エ	①	②	③	④	⑤	⑥	⑦	●	⑨	⓪

（2）分数の場合は，分子分母の順になっています。その解答はすべて既約分数で答えなさい。

（例）$\frac{[オ]}{[カ]}$に$\frac{2}{3}$と答えたいとき，

	解　答　欄									
オ	①	●	③	④	⑤	⑥	⑦	⑧	⑨	⓪
カ	①	②	●	④	⑤	⑥	⑦	⑧	⑨	⓪

1 次の各問いに答えなさい。

（1） $(-3)^3-4\times(-3^2)$を計算すると，［ア］になります。

① 279　② 15　③ -63　④ 9　⑤ -33　⑥ その他

（2） $\dfrac{\sqrt{24}}{\sqrt{2}}+(\sqrt{3}+5)(\sqrt{3}-2)$を計算すると，［イ］になります。

① $13+5\sqrt{3}$　② $-7+5\sqrt{3}$　③ $-7+4\sqrt{3}$　④ $2\sqrt{6}+3\sqrt{3}$
⑤ $7-5\sqrt{3}$　⑥ その他

（3） 等式$a=\dfrac{c}{b}+d$をcについて解くと，$c=$［ウ］になります。

① $ab+bd$　② $a-bd$　③ $ab-d$　④ $ad-bd$　⑤ $ab-bd$
⑥ その他

（4） 連立方程式$\begin{cases}0.1x-0.3y=1\\2x-\dfrac{y+2}{3}=8\end{cases}$を解くと，［エ］になります。

① $\begin{cases}x=4\\y=-2\end{cases}$　② $\begin{cases}x=1\\y=0\end{cases}$　③ $\begin{cases}x=\dfrac{8}{17}\\y=-\dfrac{54}{17}\end{cases}$

④ $\begin{cases}x=-4\\y=-2\end{cases}$　⑤ $\begin{cases}x=\dfrac{56}{17}\\y=\dfrac{41}{17}\end{cases}$　⑥ その他

（5） 2次方程式$2x^2=(x-1)^2$を解くと，$x=$［オ］になります。

① $-1\pm\sqrt{2}$　② -1　③ ±1　④ $1\pm\sqrt{2}$　⑤ $-\dfrac{1}{3}$，1
⑥ その他

（6） $106\times106-2\times106\times103+103\times103$を計算すると，［カ］になります。

① 627　② 883　③ 9　④ -9　⑤ 81　⑥ その他

2 次の各問いに答えなさい。

（1） 毎日同じ時刻に家を出て，ある日家から学校まで毎分70mの速さで歩いたら5分遅刻しました。その翌日は毎分100mの速さで歩いたら7分前につきました。家から学校までの距離を求めると［ア］kmになります。

① 2800　② 2.8　③ 28　④ 40　⑤ 4　⑥ その他

（2） もも9個，梨3個をA，B，Cの3人に4個ずつ配ります。配り方は全部で［イ］通りになります。

① 6　② 7　③ 9　④ 10　⑤ 12　⑥ その他

（3） 次の表は数学の試験の度数分布表です。

60 ～ 70の階級の相対度数が0.28のとき，a=［ウ］になります。

点　数	人数
40点以上50点未満	a
50点以上60点未満	10
60点以上70点未満	14
70点以上80点未満	8
80点以上90点未満	6
合　計	b

① 12　② 50　③ 48　④ 10　⑤ 5
⑥ その他

（4） 図のようなAB＝4，BC＝3の直角三角形ABCがあります。ACに垂直な線分PQがこの三角形の面積を2等分します。このとき，AQ＝［エ］になります。

① 2　② $\frac{5}{2}$　③ $\frac{\sqrt{5}}{2}$

④ $\sqrt{2}$　⑤ $2\sqrt{2}$　⑥ その他

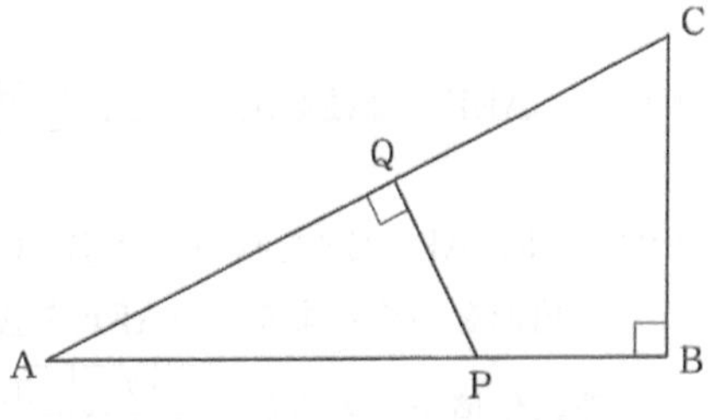

（5） 図のような点Oを中心とする円があります。

このとき，$\angle x$=［オ］になります。

① 65°　② 70°　③ 60°　④ 50°
⑤ 80°　⑥ その他

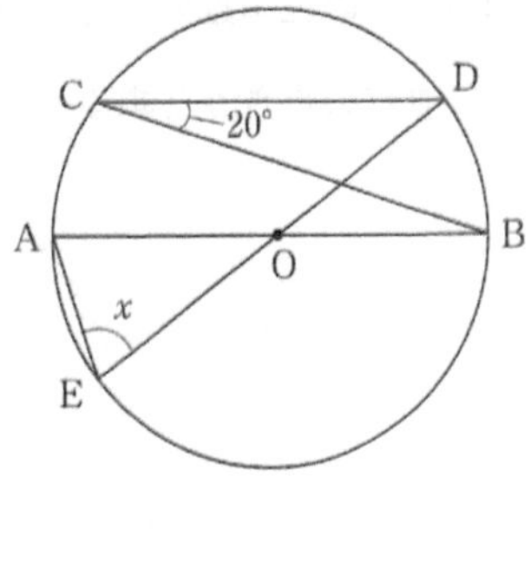

（6） 二等辺三角形ABCに円が外接しています。
AB＝AC＝5，BC＝6のとき，この外接している円の半径rを求めるとr＝［カ］になります。

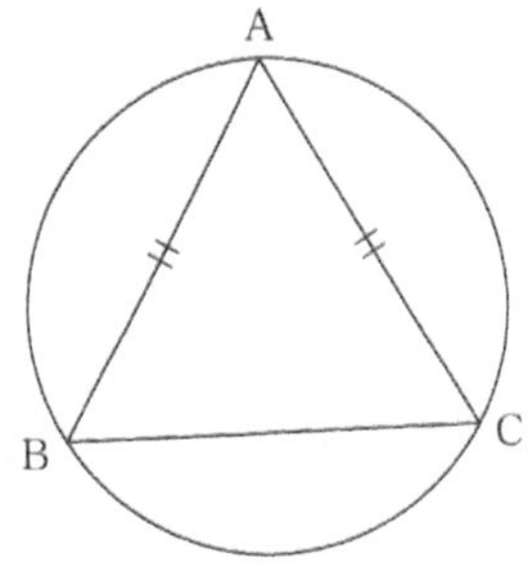

① $\frac{25}{8}$　② 4　③ $\frac{\sqrt{10}}{2}$　④ $\frac{25}{4}$　⑤ $\frac{5}{2}$

⑥ その他

3 図のように放物線$y=ax^2$上に点A，Bがあります。点Aのx座標は1，点B$(-2,\ 2)$です。放物線上に点Bと異なる点Cがあり，△AOBと△AOCの面積が等しいとき，次の問いに答えなさい。

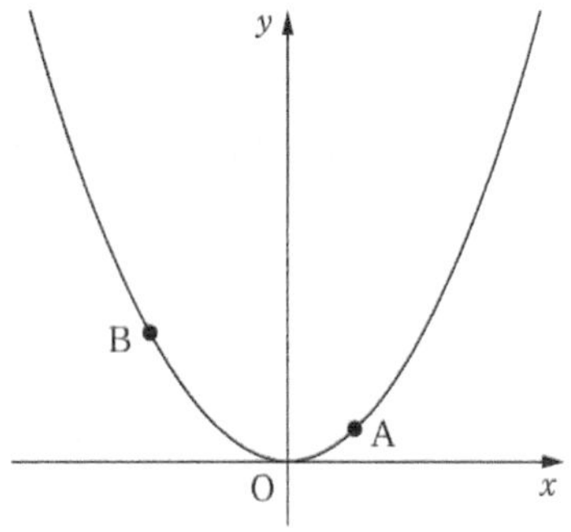

（1） aの値を求めると，$a=\frac{［ア］}{［イ］}$になります。

（2） 直線BCの式を求めると，$y=\frac{［ウ］}{［エ］}x+$［オ］になります。

（3） 点Cの座標を求めると，$\left(［カ］,\ \frac{［キ］}{［ク］}\right)$になります。

4 図のような1辺の長さが8の正方形ABCDがあります。点E，Fは正方形の1辺の中点であるとき，次の問いに答えなさい。

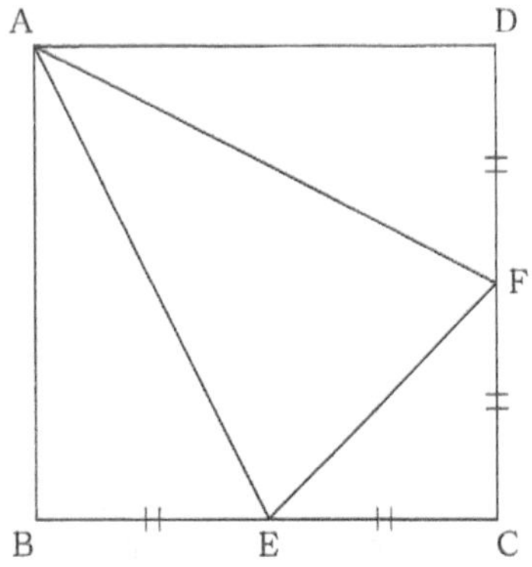

（1） △AEFの面積を求めると，［ア］［イ］になります。

（2） AE，AF，EFを折り，点B，C，Dが1点にくるように三角錐をつくります。△AEFを底面とするとき，この三角錐の体積を求めると，$\frac{［ウ］［エ］}{［オ］}$になります。

（3） この三角錐の頂点から△AEFに垂線を下したとき，この垂線の長さhとすると，$h=\frac{［カ］}{［キ］}$になります。

5 Aの袋には数字が1，2，3と書いてあるカードがそれぞれ1枚ずつ合計3枚入っています。Bの袋には1，2，3，4，5，6と書いてあるカードがそれぞれ1枚ずつ合計6枚入っています。このA，Bの袋からそれぞれ1枚のカードを取り出し，2次方程式$x^2+ax-b=0$をつくります。ただし，係数aはAの袋から取り出したカードで，係数bはBの袋から取り出したカードとします。このとき，次の問いに答えなさい。

（1） この2次方程式のつくり方は全部で［ア］［イ］通りになります。

（2） この2次方程式が有理数の解をもつ確率を求めると$\frac{\boxed{ウ}}{\boxed{エ}}$になります。

【英　語】（50分）〈満点：100点〉

1 リスニングテスト

Part1 下の写真および図に関する英文が，それぞれ4つ放送されます。
それらの状況や内容を表す最も適切な英文をそれぞれ1つ選び，その番号をマークしなさい。

No.1 （解答番号は 1 ）

No.2 （解答番号は 2 ）

No.3 （解答番号は 3 ）

No.4 （解答番号は 4 ）

No.5 （解答番号は 5 ）

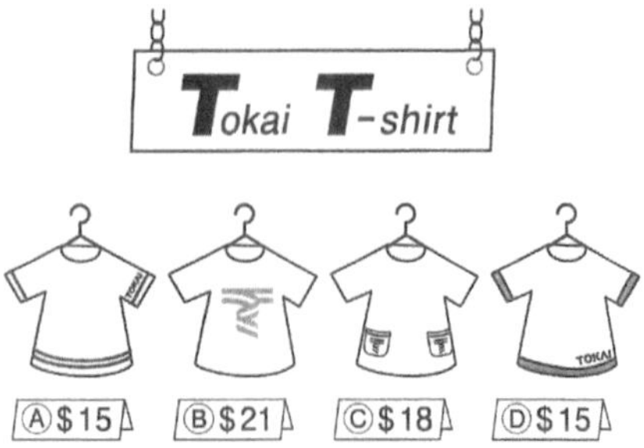

Part2 それぞれの対話を聞き，その最後の発言に対する相手の応答として最も適切なものを，①~④の中から1つ選び，その番号をマークしなさい。英文は2度読まれます。

No.1 (解答番号は 6)

① I know it will be raining. We need umbrellas.
② Please bring some snacks.
③ I agree. We need to tell guests about that.
④ Could you tell Jack that the party is starting now ?

No.2 (解答番号は 7)

① That baseball game was awesome! When is the next match?
② Did you eat dinner? I can give you a sandwich.
③ It's not enough. Throw out the trash.
④ No way! I'll clean my room right now.

No.3 (解答番号は 8)

① I'm 35 years old and have no son.
② He is eight and will be nine next month.
③ His birthday party was over.
④ I think that present will make him happy.

No.4 (解答番号は 9)

① I think you should put it in lost items box.
② You should buy a new pen and give it to Alex.
③ Did you lose your pencase? I'll look for it with you.
④ I think green is better than yellow. How about this one?

No.5 (解答番号は 10)

① I have to put my homework on the science teacher's desk today.
② I know. I don't want to make him angry, so I'll do my best.
③ I don't think so. I finished it yesterday.
④ I have finished my history homework and I'll do my science homework.

Part3 次の英文を聞いて各質問に対する最も適切な答えをそれぞれ①~④の中から1つ選び，その番号をマークしなさい。英文は2度読まれます。

No.1 (解答番号は 11)

① Spring.
② Summer.
③ Fall.
④ Winter.

No.2 (解答番号は 12)

① October 11th 11：30.

② October 12th 18：00.

③ October 13th 19：00.

④ October 14th 19：30.

No.3 (解答番号は 13)

① From a boat on the lake.

② From the City Hall.

③ From the lake side park hotel.

④ From the Autumn Festival Hall.

No.4 (解答番号は 14)

① Go to the Center Stage at the first day of the festival.

② Show the performance in front of the festival staff.

③ Go to the City Hall to present yourself and take a picture.

④ Put the paper in the box in City Hall or send the paper by mail.

No.5 (解答番号は 15)

① An event ticket of the festival.

② A special lunch.

③ A photo of the famous performer.

④ Special seat ticket to watch fireworks.

※リスニングテスト放送台本は非公表です。

2 アフリカ系アメリカ人初のメジャーリーガーとなった，ジャッキー・ロビンソンと球団社長のブランチ・リッキーについての物語を読んで，後の問いに答えなさい。

Jackie asked, “Do you want a ballplayer who’s afraid to fight back?”

“I want a ballplayer with the *guts not to *fight back,” Branch answered. “If you fight or answer the *insults, you will lose. And *so will all the other black players who are waiting to play. You must promise me that you will *hold your temper and your tongue.”

Jackie Robinson made that promise. On October 25,1945, he signed a *contract with Branch Rickey. It was big news on sports pages all across the country. In black newspapers it made front-page headlines.

Many people thought Branch Rickey made the wrong choice. Even players in the *Negro leagues. Jackie Robinson was a *rookie, people *pointed out. He played only one year with the Monarchs. Yes, he was a good hitter and a *daring base runner. But *out in the field he wasn’t that great.

Branch knew all this. But he had a plan. Jackie would start out with the Montreal Royals. This was a farm team for the Dodgers. It was a place where young players like Jackie could get training for the major leagues.

The 1946 season was a good one for the Montreal Royals. And a good one for Jackie, too. He played well, and the fans liked him.

The next year Jackie was ready for the Dodgers. But right away there was trouble.

During spring training some Dodgers said they would sign a letter. The letter *demanded that Jackie leave the team.

The manager of the team found out about the letter. He called all the players together. He told them that Jackie was staying. Anyone who didn't want to play with him could go to another team. That was the end of the letter. But there was more trouble.

Right at the start of the season, two teams said they would not play against the Dodgers. They would go on *strike.

The teams were the Philadelphia Phillies and the St. Louis Cardinals. But the *president of the league was *tough. If the two teams wouldn't play, he promised to throw them out of the league for the rest of the season. That was the end of the strike. But that was still not the end of the trouble.

A few weeks later the Phillies arrived at Ebbets Field for their first game with the Dodgers. From the moment the game started, the Phillies *called Jackie every name in the book.

Jackie could do nothing. He could say nothing. He made a promise to Branch Rickey. The other Dodgers knew this. And they felt bad for Jackie.

The next day the Dodgers told the Phillies and their manager to leave Jackie alone. Even the Dodgers who wanted to keep Jackie off the team *stuck up for him now.

The games went on. There were more hard times ahead for Jackie. But he knew one thing. He really and truly was one of the Dodgers.

For ten seasons Jackie Robinson played second base for the Brooklyn Dodgers. He played in six World Series. He was voted *Most Valuable Player in 1949. His *lifetime batting average was .311. In 1962 he was elected to *the Baseball Hall of Fame. It was another first. No black man received this *honor before.

But for millions of fans Jackie Robinson *meant so much more than awards and averages. He was not just a hero for black people. He was a hero for the whole country.

(出典：Jim O'Connor, *Jackie Robinson and the Story of All-Black Baseball*, Random House Books for Young Readers)

*guts 根性　*fight back 反撃する，抵抗する　*insults 侮辱　*so will ～ ～もまた同じだろう
*hold your temper and your tongue あなたの怒りを抑えて黙っておく　*contract 契約
*Negro leagues ニグロリーグ(野球リーグの名前)　*rookie 新人　*point out 指摘する
*daring 大胆な　*out in the field 球場外では　*demand 要求する　*strike ストライキ

*president　会長　　　*tough　厳しい
*called Jackie every name in the book　ジャッキーをありとあらゆる言葉で罵る　　*stuck up　forかばう
*Most Valuable Player　最優秀選手　　　*lifetime batting average　生涯打率
*the Baseball Hall of Fame　野球殿堂入り　　*honor栄誉　　　*meant 意味した

問１　下線部Yesと同じ意味として最も適切なものを一つ選び，その番号をマークしなさい。
(解答番号は 16)

① badly　　② easily　　③ certainly　　④ loudly

問２　以下の質問に対する最も適切な答えをそれぞれ一つずつ選び，その番号をマークしなさい。

(１)　What is NOT told about Branch Rickey?　(解答番号は 17)

① He wanted a baseball player who didn't fight back.
② He wanted the black players to quit the baseball game.
③ He knew that Jackie was a good hitter.
④ Many people thought he made the wrong choice.

(２)　Why did the Dodgers players sign a letter?　(解答番号は 18)

① They wanted Branch to write address.
② They wanted Jackie to go to the post office.
③ They wanted Branch to move to another team.
④ They wanted Jackie to leave the team.

(３)　What did the Philadelphia Phillies and the St. Louis Cardinals do at the beginning of the season?　(解答番号は 19)

① They said to Branch that they would leave Jackie alone.
② They tried to stop playing the game against the Dodgers.
③ They threw the Dodgers out of the league.
④ They asked Branch to invite Jackie to their team as a new member.

(４)　How many times did Jackie Robinson play in the World Series?　(解答番号は 20)

① Once.　　② Twice.　　③ Six times.　　④ Ten times.

問３　次の英文が本文の内容と一致していれば1を，そうでなければ2をマークしなさい。
(解答番号は 21 ～ 23)

① Branch thought that Jackie could play in Major League without training in farm team.
② It was not so surprising to people that Jackie started to play in Major League.
③ Jackie didn't say anything to the Phillies because he remembered the promise with Branch.

3 次の英文を読んで，後の問いに答えなさい。

Ten-year-old Princess Elizabeth *had spent time in castles and palaces in England and Scotland since she'd been born. Her father was a *duke. Her grandfather was the king of the United Kingdom, or the UK, which *included England, Scotland, Wales, and Northern Ireland. Like a *fairy-tale princess, Elizabeth *led a happy, *carefree life in a big house in London.

*Called Lilibet by family members, Elizabeth had everything a princess could want — dogs, ponies, *tiaras, closets full of pretty dresses, and a lot of free time. She didn't go to school. She was taught by her *nanny at home. At the age of six, she was [ア] her own *tiny *cottage with a *thatched roof made of *straw. It was a *playhouse for her and her *younger sister, Margaret. It *came with a working kitchen and child-sized furniture in all the rooms.

Lilibet and Margaret were *incredibly popular with the British people. *Even as a baby, Lilibet received letters and gifts — three *tons of toys! — from people as far away as Australia.

Although Elizabeth was a princess, she never *expected to become a queen herself.

Her uncle Edward was the oldest son of the king, so he *was first in line for the *throne. That *meant that Edward would become king after his father died. Lilibet's father, *who was Edward's younger brother, was second in line. But once Edward had a family of his own, his oldest child would *be second in line.

And at first, when Lilibet's grandfather died in January 1936, that's what happened. Her uncle became King Edward VIII.

But later that year, everything changed.

Edward fell in love with an American woman. He wanted to marry her. But she *had been divorced twice. *According to the Church of England, a king could not marry a divorced woman. Edward wanted to marry her so much, he [イ] to give up being king. On December 10, 1936, King Edward signed papers and *immediately *stepped down. Lilibet's father instantly became king. Her father's real name was Albert, but he chose George as his royal name: King George VI. *Now that her father was king, Lilibet was suddenly next in line for the throne!

A *servant came to tell Elizabeth the news. He *bowed when he entered the room. From that moment on, everyone *treated her differently, and her life was *planned out for her. She had only one job — learning how to become a queen.

One day, she would *rule over an *empire that included fifty-six countries around the world. At the age of ten, Elizabeth had no idea how [ウ] that might happen.

（出典：Megan Stine, *Who was Queen Elizabeth II?*, Penguin Random House）

*had spent：過ごした　*duke：公爵　*include：含む　*fairy-tale：おとぎ話
*lead a life：生活を送る　*carefree：気ままな　*called：～と呼ばれて　*tiaras：宝石のついた頭飾り

*nanny：乳母
*tiny：小さい
*cottage：コテージ
*shatched：わらぶき
*straw：わら
*playhouse：おもちゃの家
*younger sister, Margaret：妹のマーガレット
*came with：～が付いていた
*incredibly：とても
*even as：～なのに
*tons of：大量の
*expect：期待する
*be first in line for：継承順位第一位
*throne：王位
*meant：意味した
*, who：エリザベスの父親を指す
*had been divorced：離婚した経験があった
*according to：～によると
*the Church of England：英国国教会
*immediately：即座に
*step down：身を引く
*instantly：すぐに
*now that：今や～なので
*servant：使用人
*bow：お辞儀をする
*treat：取り扱う
*plan out：計画を立てる
*rule over：～を統治する
*empire：帝国

問１　本文の内容に合うように，［ア］，［イ］，［ウ］に当てはまる最も適切な語をそれぞれ１つ選び，その番号をマークしなさい。

［ア］：① changed　② carried　③ given　④ jumped　（解答番号は［24］）
［イ］：① decided　② kept　③ saw　④ cut　（解答番号は［25］）
［ウ］：① slowly　② long　③ often　④ quickly　（解答番号は［26］）

問２　次の各問いに対する最も適切な答えをそれぞれ①～④の中から１つ選び，その番号をマークしなさい。

（１）　Who became a king in 1936?　（解答番号は［27］）
① Lilibet's father.② Albert's son.
③ Lilibet's uncle. ④ The son of Lilibet's uncle.

（２）　What was the problem about Edward's marriage?　（解答番号は［28］）
① Edward couldn't marry with a woman that he really loved because she was from America.
② Edward had a lady that he wanted to get marry with, but there was a rule about a king's marriage.
③ No one could become a king if Edward got married with someone.
④ Edward could marry with anyone he loved but he had no one.

（３）　What happened to Lilibet after George VI became a king?　（解答番号は［29］）
① She lost the chance to be a queen.
② She had to do everything about her life by herself.
③ She had to learn about how to become a queen.
④ Nothing changed.

問３　次の英文のなかで，本文の内容と同じものを１つ選び，その番号をマークしなさい。
（解答番号は［30］）
① Elizabeth was a good student at a school when she was a child.
② Elizabeth received a lot of letters and gifts from Australian people.

③ Elizabeth believed that she would become a queen someday.
④ Elizabeth was busy because she had a lot of jobs as a princess.

4 次の 1 ~10までの各文の [31] ~ [40] に入る最も適切なものをそれぞれ①~④の中から選び，その番号をマークしなさい。

(1) I finished [31] this movie.
① watch ② to watch ③ watching ④ watched

(2) He is [32] than any other classmate.
① taller ② as tall as ③ the tallest ④ tall

(3) I was talking on the phone [33] my mother called me.
① if ② that ③ when ④ who

(4) When [34] the museum built?
① does ② did ③ were ④ was

(5) Kota helps her [35] the big box.
① carry ② carries ③ is carrying ④ carried

(6) He [36] tennis for two hours.
① play ② was played ③ had play ④ has played

(7) You [37] park here. Please move your car now.
① have not ② must not ③ have not to ④ must not to

(8) If it [38] sunny today, I could play tennis with him.
① be ② will be ③ are ④ were

(9) We came up [39] the new idea.
① on ② into ③ with ④ out

(10) It is getting dark. Can you turn [40] the light?
① of ② on ③ in ④ at

5 以下の対話文が成り立つように，（　1　）～（　4　）にA～Dの英文を入れる時，その最も適切な組み合わせを①～④の中からそれぞれ選び，その番号をマークしなさい。

（1） Tom：Hello, Yuta. I'm Tom. Nice to meet you.
Yuta：Nice to meet you, too.（　1　）
Tom：（　2　）
Yuta：（　3　）
Tom：（　4　）
Yuta：Good idea. I will tell him about it.

A. Really? Let's play soccer with him this weekend. I like to play soccer very much.
B. I heard a lot about you from Jackson.
C. Yes. Jackson is my teammate on the soccer club.
D. Oh, do you know him, too?

① A－C－D－B　② A－B－D－C　③ B－D－C－A　④ B－A－C－D
（解答番号は 41 ）

（2） Hana：Hello, Mr. Smith. Can I ask a question about English class?
Mr. Smith：Sure.
Hana：（　1　）
Mr. Smith：（　2　）
Hana：（　3　）
Mr. Smith：（　4　）
Hana：I got it. See you Friday.

A. Thank you. I didn't take an English test yesterday because I was sick. I must take it, right?
B. It takes about thirty minutes. Please bring pencils and an eraser.
C. Yes, I am. How long does it take?
D. You're right. That test is important for grade. Are you free next Friday after school?

① A－B－C－D　② A－D－C－B　③ D－A－B－C　④ D－B－A－C
（解答番号は 42 ）

（3） A man：Excuse me.（　1　）
Misa：（　2　）
A man：（　3　）
Misa：（　4　）
A man：Thank you very much.

A. I see. Where is the bus stop?
B. Turn right at the first signal and go straight for 5 minutes. You will see it on your left.
C. Please tell me the way to the Urayasu Station.
D. Sure. I think you should take a bus because it is far from here.

① A－B－D－C ② A－C－D－B ③ C－D－A－B ④ C－A－B－D

(解答番号は 43)

(4) Shop staff：May I help you?
Customer：(1)
Shop staff：(2)
Customer：(3)
Shop staff：(4)
Customer：I see. I'll take it.

A. Sounds good. But it looks so expensive.
B. I see. This jacket can protect you from strong winds and keep you warm.
C. This jacket will be 30 percent off if you buy it today.
D. I want to buy a new jacket for winter. What do you recommend?

① C－D－B－A ② C－D－A－B ③ D－B－C－A ④ D－B－A－C

(解答番号は 44)

(5) Lucy：Hi, Ken. What time will we meet tomorrow?
Ken：(1)
Lucy：(2)
Ken：(3)
Lucy：(4)
Ken：Great. I can't wait!

A. The movie will start at 2 p.m., so how about 1 p.m.?
B. Good idea. If we will have lunch together, we should meet earlier.
C. OK, then I will be at the nearest station at 12 p.m.. Is it OK?
D. Shall we have lunch together before that?

① A－D－B－C ② A－C－D－B ③ B－A－D－C ④ B－C－D－A

(解答番号は 45)

6 次の対話文が成り立つように，[　　]内の語(句)を並び替え，46～55に入る最も適切な語(句)をそれぞれ選び，その番号をマークしなさい。ただし，文頭に来る語も小文字にしてあります。

(1) A：Your French is so well. [① long ② you ③ French ④ how ⑤ studied ⑥ have]?
B：I have studied French for five years.

Your French is so well. [46 ＿ 47 ＿ ＿ ＿]?

(2) A：[① you ② that ③ what ④ doing ⑤ at ⑥ were] time?
B：I was watching the soccer game on TV.

[＿ 48 ＿ ＿ 49 ＿]time?

(3) A：Can you help me now?
B：Sorry, I can't help you. [① to ② busy ③ finish ④ am ⑤ too ⑥ I] my homework.

Sorry, I can't help you. [＿ ＿ 50 ＿ 51 ＿]my homework.

(4) A：[① Miki ② on ③ the books ④ from ⑤ which ⑥ are ⑦ I borrowed] my desk. Can you bring them?
B：Sure. No problem.

[52 ＿ ＿ ＿ ＿ 53 ＿] my desk. Can you bring them?

(5) A：I [① what ② the game ③ want ④ know ⑤ time ⑥ starts ⑦ to].
B：It starts at 7 p.m..

I [＿ ＿ ＿ ＿ 54 ＿ 55].

イ　蛍雪の功　[30]

1　美しいものを作り上げること
2　夏と冬の景色のすばらしいこと
3　ありえない組み合わせのこと
4　苦労して学問にはげむこと
5　遅れて頭角をあらわすこと

問四　太宰治の作品ではないものを次の中から一つ選び、その番号を解答番号[31]にマークしなさい。

1　津軽　2　人間失格　3　雁
4　走れメロス　5　桜桃

問五　石川啄木の作品として最も適切なものを次の中から一つ選び、その番号を解答番号[32]にマークしなさい。

1　白鳥は哀しからずや空の青海のあをにも染まずただよふ
2　くれなゐの二尺伸びたる薔薇（ばら）の芽の針やはらかに春雨のふる
3　みちのくの母のいのちを一目見ん一目見んとぞただにいそげる
4　不来方のお城の草に寝ころびて空に吸はれし十五のこころ
5　瓶にさす藤の花ぶさみじかければたたみの上にとどかざりけり

(3) 傍線部⑤の解釈として最も適切なものを次の中から一つ選び、その番号を解答番号 21 にマークしなさい。

1 これから夏の山々を登ろうとしているが、その峰々を踏破した健脚の役小角にあやかりたいと願い、役小角の足駄を拝んだことだ。

2 みちのくの夏の山々を登る準備のために、登るときに履く下駄を新調する門出であることだ。

3 夏山を登っていく中で足音だけが周囲に響き、役小角の神聖な空間であると感じて思わず拝んでしまうことだ。

4 夏の山々の過酷な道に挑むので、気をひきしめて八幡宮に祈ったことだ。

5 夏山を登らなくてはいけないことが苦痛であるので、役小角に代わりに踏破してほしいと思い、行者堂を拝むことだ。

問六 『おくのほそ道』の作者は誰ですか。最も適切なものを次の中から一つ選び、その番号を解答番号 22 にマークしなさい。

1 兼好法師　2 清少納言　3 松尾芭蕉
4 紀貫之　5 鴨長明

三

次の各問いに答えなさい。

問一 次の傍線部の品詞として最も適切なものを次の中からそれぞれ一つずつ選び、その番号を解答番号 23 ・ 24 ・ 25 にマークしなさい。

ア 三月に入り、だんだん暖かくなってきた。 23

イ あきらめず努力した結果、大会で優勝した。 24

ウ 当日はおそらく晴れるだろう。 25

【選択肢】
1 名詞　2 動詞　3 形容詞
4 形容動詞　5 助動詞

問二 次の漢字の部首名として最も適切なものを次の中からそれぞれ一つずつ選び、その番号を解答番号 26 ・ 27 ・ 28 にマークしなさい。

ア 底 26
1 まだれ　2 なべぶた　3 しかばね
4 いち　5 がんだれ

イ 起 27
1 しんにょう　2 おのれ　3 ぎょうにんべん
4 にくづき　5 そうにょう

ウ 囲 28
1 くにがまえ　2 ぎょうがまえ　3 こざとへん
4 はこがまえ　5 つつみがまえ

問三 次の故事成語の意味として最も適切なものを次の中からそれぞれ一つずつ選び、その番号を解答番号 29 ・ 30 にマークしなさい。

ア 蛇足 29
1 すばらしいもの　2 余計なもの
3 完璧なもの　4 見苦しいもの
5 想像上のもの

1　はんいて　2　はんひて　3　ともないて
4　ともなひて　5　さそいて

問三　傍線部③「一日」とありますが、同じ段落に書かれた一日の筆者の動きはどのようなものですか。最も適切なものを次の中から一つ選び、その番号を解答番号 **16** にマークしなさい。

1　犬追物の行われた跡→那須の篠原→八幡宮→玉藻の前の古墳→桃翠の家
2　犬追物の行われた跡→那須の篠原→玉藻の前の古墳→八幡宮→桃翠の家
3　犬追物の行われた跡→那須の篠原→玉藻の前の古墳→八幡宮→修験光明寺
4　黒羽の城→浄法寺→桃翠の家→桃翠の親族の家
5　黒羽の館代浄法寺何某の家→桃翠の家→桃翠の親族の家

問四　傍線部④「与市扇の的を射し時、『別してはわが国の氏神正八幡』と誓ひしも、この神社にてはべる」について、以下の問いに答えなさい。

(1)　この現代語訳として、最も適切なものを次の中から一つ選び、その番号を解答番号 **17** にマークしなさい。

1　(那須の) 与市が扇の的を射られた時、「さようなら、自分の国の氏神正八幡」と別れを告げたのも、この神社でございます。
2　(那須の) 与市が扇の的を指さした時、「あれがわが国の氏神正八幡である」と宣言されたのも、この神社でのことでございます。
3　(那須の) 与市が扇の的を射ることができなかった時、「私の国の氏神正八幡に顔向けができない」と語ったのも、この神社の神のことでございます。
4　(那須の) 与市が扇の的を射た時、「とりわけわが国の氏神正八幡」と祈願したのは、この神社の神でございます。
5　(那須の) 与市が扇の的を射ようとした時、「わが国の氏神正八幡」が特別に加護をしてくれたというのも、この神社の神のことでございます。

(2)　この話は鎌倉時代に成立したとされる軍記物語に記述されています。その作品名は何ですか。最も適切なものを次の中から一つ選び、その番号を解答番号 **18** にマークしなさい。

1　宇治拾遺物語　2　源氏物語　3　方丈記
4　平家物語　5　春雨物語

問五　傍線部⑤「夏山に足駄を拝む首途（かどで）かな」について、以下の問いに答えなさい。

(1)　このような「五・七・五」の十七音からなる形式の詩を現代では何と呼んでいますか。最も適切なものを次の中から一つ選び、その番号を解答番号 **19** にマークしなさい。

1　短歌　2　長歌　3　連歌
4　俳句　5　自由詩

(2)　傍線部⑤の季語は何ですか。最も適切なものを次の中から一つ選び、その番号を解答番号 **20** にマークしなさい。

1　夏山　2　足駄　3　拝む
4　首　5　途

2　盲導犬は、容易に環世界を移動する点において、人間と同じ能力を獲得している。

3　環境への適応、本能の変化という生物の進化の過程は、環世界の移動を伴っている。

4　人間は家や学校といった環境に応じて環世界を往復したり巡回したりしながら生きている。

5　人間も動物も、環世界を移動することができることは共通している。

二

次の古文を読んで、後の問いに答えなさい。

※黒羽の館代浄法寺何某のかたにおとづる。①思ひかけぬあるじの喜び、日夜語り続けて、その弟桃翠などいふが、朝夕勤め訪ひ、自らの家にも②伴ひて、親族のかたにも招かれ、日を経るままに、③一日郊外に逍遥して、犬追物の跡を一見し、那須の篠原を分けて、※玉藻の前の古墳を訪ふ。それより八幡宮に詣づ。④与市扇の的を射し時、「別してはわが国の氏神正八幡」と誓ひしも、この神社にてはべると聞けば、感応殊にしきりにおぼえらる。暮るれば桃翠宅に帰る。

修験光明寺といふあり。そこに招かれて、※行者堂を拝す。

⑤夏山に足駄を拝む首途（かどで）かな

（『おくのほそ道』）

※注
黒羽…現在の栃木県大田原市。
玉藻の前…天皇の后となったという伝説上の絶世の美女。正体は九尾の狐で、正体が露見して退治される。
行者堂…行者とは役小角（えんのおづの）という修験道（山岳での修行をする山伏の宗教）の開祖。多くの山々を巡り修行し、神通力を身につけたという。二枚歯の高足駄（下駄）を履き、錫杖を持つ姿で描かれることが多い。行者堂とはその役小角を祀ったお堂のこと。

問一　傍線部①「思ひかけぬあるじの喜び、日夜語り続けて」とはどういうことですか。最も適切なものを次の中から一つ選び、その番号を解答番号 14 にマークしなさい。

1　筆者はずっと思っていたあるじに会えた喜びを、昼も夜も語り続けたということ。

2　思い通りになったことを黒羽の城のあるじは喜び、感謝の気持ちを日夜語り続けたということ。

3　筆者が思っていた通りの人だったのであるじはたいそう喜び、気に入ったので昼も夜も話し続けたということ。

4　筆者により思いもよらない解釈を提示され、あるじは喜んでそれについて昼も夜も質問をし続けたということ。

5　筆者の思いがけない訪問を浄法寺何某はとても喜んで、昼も夜も筆者と語り続けたということ。

問二　傍線部②「伴ひて」をすべて現代仮名遣いで表記したものはどれですか。最も適切なものを次の中から一つ選び、その番号を解答番号 15 にマークしなさい。

4　人間と他の生物が協力し合っている世界。
5　ダニを取り囲む非常に豊かで非常に複雑な世界。

問六　傍線部⑥「客観的」⑨「相対的」の意味として正しいものをそれぞれ一つずつ選び、その番号を解答番号 9 ・ 10 にマークしなさい。

⑥「客観的」 9 　⑨「相対的」 10

1　二つの事物の違いがはなはだしいこと。
2　他との比較の上に成り立っていること。
3　他とくらべずとも成り立っていること。
4　特定の立場にとらわれず物事を考えること。
5　自分一人のものの考え方のこと。

問七　傍線部⑦「盲導犬を一人前に仕立て上げることの難しさ」とありますが、なぜ難しいのですか。最も適切なものを次の中から一つ選び、その番号を解答番号 11 にマークしなさい。

1　犬の一生は短いので、限られた時間の中で認知を変える訓練をしなければならないから。
2　犬は人間と違って色を識別できないといわれるので、人間と同じように世界を理解することができないから。
3　「環世界を移動できる能力があるか」という盲導犬の適性があるかどうかを見極め、訓練をしていかなければならないから。
4　犬の環世界では気にもとめないものに気を配るように訓練し、人の環世界に近づけなければならないから。
5　盲導犬は環世界の移動をすることが難しく、身につかないまま活動を続ける場合が多いから。

問八　傍線部⑧「たとえば宇宙物理学について何も知らない高校生でも、大学で四年間それを勉強すれば、高校の時とはまったく違う夜空を眺めることになろう」とはどういうことですか。最も適切なものを次の中から一つ選び、その番号を解答番号 12 にマークしなさい。

1　宇宙物理学を学ぶとそれまでの空の見方とは全く異なる見方で夜空を理解できるように、人間には環世界を移動することができるということ。
2　宇宙物理学について何も知らなくても、大学で四年間も勉強すれば容易に理解できる知性が人間にはあるということ。
3　大学で宇宙物理学を学ぶことだけが環世界を獲得することにつながるため、大学で専攻するべきであるということ。
4　宇宙物理学を専攻することにより世界を理解する解像度が上がり、どのようなことに直面しても理解できるようになるということ。
5　宇宙物理学を学んでしまうと純粋に夜空を美しいと感じる感性を失い、科学的なものの見方に終始してしまうようになるということ。

問九　本文の内容としてふさわしくないものを次の中から一つ選び、その番号を解答番号 13 にマークしなさい。

1　ハイデッガーが見ようとしなかった人間の特性とは、人間がその他の動物に比べて極めて高い環世界間移動能力をもっているということである。

究所を設立しようという発想。

5　ダニを取り囲む森の中の環境は非常に豊かで、においや音が飛び交い、光も絶えず変化をしていく非常に複雑なものであるという発想。

問二　空欄A～Cに当てはまる言葉をそれぞれ一つずつ選び、その番号を解答番号 2 ・ 3 ・ 4 にマークしなさい。

空欄A　2　空欄B　3　空欄C　4

1　しかし　2　また　3　たとえば

4　さて　5　つまり

問三　傍線部②「ボウ」、③「タダヨ」を漢字に直したとき、同じ漢字が含まれるものをそれぞれ一つずつ選び、その番号を解答番号 5 ・ 6 にマークしなさい。

②「ボウ」頭　5

1　流行性カンボウとは風邪のことである。
2　日差しが強いのでボウシを忘れないように。
3　ガンディーはヒボウリョク不服従運動を指導した。
4　このビルの屋上からのチョウボウは素晴らしい。
5　ボウジャクブジンなふるまいに腹が立つ。

③「タダヨ」う　6

1　新聞のショヒョウを参考に本を買う。
2　提出物をヒョウカする。
3　ヒョウコウ三七七六メートルの富士山。
4　商品のヒョウジを確認して購入する。
5　各地をヒョウハクして歩いた詩人。

問四　傍線部④「私たちは何気なく、『ダニは枝の上で哺乳類が近くに来るのを待つ』と言ってしまう」とありますが、これは何が問題なのですか。最も適切なものを次の中から一つ選び、その番号を解答番号 7 にマークしなさい。

1　ダニはなんでも哺乳類であると認識してしまい、哺乳類でなくてもとびついてしまうので、間違いだということ。
2　ダニは私たちと同じように森の空気を感じ、光に目をやり、足場の悪さを気にかけるため、枝の上でうまく待っていられないという欠点があるということ。
3　ダニは酪酸があれば哺乳類であると認識し、フラスコの酪酸も哺乳類と思ってしまうため、間違っているということ。
4　ダニも複数の環世界を往復することができ、人間の考えるような思考を行うこともあるため、ダニだけではないという問題があるということ。
5　ダニの世界には哺乳類という概念は存在せず、ただ哺乳類の発する酪酸のにおいに反応しているので、ダニが哺乳類を待っているという表現は正しくないということ。

問五　傍線部⑤「そのような世界」とはどのような世界ですか。最も適切なものを次の中から一つ選び、その番号を解答番号 8 にマークしなさい。

1　それぞれの生物が一個の主体として経験している具体的な世界。
2　すべての生物が別々の時間を生きている世界。
3　すべての生物が同じ時間と同じ空間を生きている世界。

⑧たとえば宇宙物理学について何も知らない高校生でも、大学で四年間それを勉強すれば、高校のときとはまったく違う夜空を眺めることになろう。作曲の勉強をすれば、それまで聞いていたポピュラーミュージックはまったく別様に聞こえるだろう。鉱物学の勉強をすれば、単なる石ころ一つ一つが目につくようになる。

それだけではない。人間は複数の環世界を往復したり、巡回したりしながら生きている。たとえば会社員はオフィスでは人間関係に気を配り、書類や数字に敏感に反応しながら生きている。しかし、自宅に戻ればそのような注意力は働かない。子どもは遊びながら空想の世界を駆け巡る。彼らの目には人形が生き物のように見えるし、いかなる場所も遊び場になる。しかし学校に行ったら教師の言うことに注意し、友人の顔色に反応しながら、勉強に集中せねばならない。人間のように環世界を往復したり巡回したりしながら生きている生物を他に見つけることはおそらく難しいだろう。

人間はその他の動物とは比べものにならないほど容易に別の環世界へと移動する。ここにこそ、※ハイデッガーが見落としていた、いや、見ようとしなかった人間の特性がある。

環世界論から見出される人間と動物との差異とは何か？　それは人間がその他の動物に比べて極めて高い環世界間移動能力をもっているということである。人間は動物に比べて、比較的容易に環世界を移動する。

「比較的」というところが重要である。その他の動物もまた困難でこそあれ、環世界を移動することができる。盲導犬の例はそれにあたるし、生物が進化の過程で環境に適応していくのもそれにあたる。しかし、人間の場合にはこの移動能力がずば抜けて高い。つまり、動物と人間の差異は⑨相対的である。そして相対的ではあるが、量的にはかなり大きな差、相当な差である。ここにこそ、人間とその他の動物との区別が見出されるのではないだろうか？

この環世界を移動する生物の能力を本書では「環世界間移動能力 inter-umwelt mobility」と名づけたい。そしてそれを人間と動物の差異について考えるための新しい概念としてここに提唱したい。

（國分功一郎『暇と退屈の倫理学』）

※三つのシグナル…（1）哺乳類の皮膚から発せられる酪酸のにおい、（2）摂氏37度の温度、（3）体毛の少ない皮膚組織、のシグナルを順番通りに続いて受け取ることで、ダニは吸血行動を行う。

※ハイデッガー…ドイツの哲学者。

問一　傍線部①「この発想」とありますが、これは何ですか。最も適切なものを次の中から一つ選び、その番号を解答番号［1］にマークしなさい。

1　自分たちをも含めたあらゆる生物が、同じ一つの世界のなかで生きているという発想。
2　動物が環境変化をどのように予測し、対応しているのかについて研究していこうという発想。
3　それぞれの生物が、一個の主体として経験している具体的な世界を生きているという発想。
4　若い研究者たちを育てるために、ハンブルク大学に環世界研当然このことはダニだけではなくて、あらゆる生物に当てはまる。私たちは頭のなかですべての生物が投げ込まれている「世界」なるものをイメージする。しかし、いかなる生物もそんな「世界」を生きてはいない。どんな生物もその生物なりの世界を生きているのだ。ダニが三つのシグナルから成る世界を生きているように。

そうすると、⑤そのような「世界」ではなくて、それぞれの生物が生きている世界を考える必要が出てくる。人間の頭のなかで、抽象的に作り上げられた、⑥客観的な「世界」なるものではなく、それぞれの生物が、一個の主体として経験している、具体的な世界のことだ。

これこそが、ユクスキュルの言う「環世界 Umwelt」に他ならない。あらゆる生物はそれぞれがそれぞれの環世界を生きている。たとえばダニは三つのシグナルからなる環世界を生きている。(中略)

⑦盲導犬を一人前に仕立て上げることの難しさはよく知られている。訓練を受けた盲導犬がすべて盲導犬としての役割を果たすようになるわけではない。

なぜ盲導犬を訓練によって一人前に仕立て上げることはこれほど難しいのか？　それは、その犬が生きる環世界のなかに、犬の利益になるシグナルではなくて、盲人の利益になるシグナルを組み込まなければならないからである。要するに、その犬の環世界を変形し、人間の環世界に近づけなければならないのだ。

盲導犬は盲人がぶつかるかもしれない障害物を迂回（うかい）しなければならない。しかもその障害物は犬にとってはすこしも障害でない場合がある。［　B　］窓が道に向かって開いている場合、犬は難なくその下を通り抜けるが、人間はその窓にぶつかってしまう。一匹の犬を盲導犬にするためには、その犬がもともと有していた環世界では気にもとめなかったものに、わざわざ気を配るように訓練しなければならない。これが大変難しいのだ。

この例が教えるところは非常に重要である。盲導犬は訓練を受けることで、犬の環世界から人間の環世界に近いものへと移動する。それは困難であるが、不可能ではない。盲導犬は見事に環世界の移動を成し遂げる。

おそらく生物の進化の過程についてもここから考察を深めることができるはずである。ダーウィンがカッコウの托卵（たくらん）、奴隷をつくるアリ、ミツバチの巣房などの驚くべき例をもって説明したように、生物は自らが生きる環境に適応すべく、その本能を変化させていく。対応できなければ死滅することもある。

さて、環境への適応、本能の変化は、当然ながら環世界の移動を伴うだろう。それは長い生存競争を経て果たされる変化である。容易ではない。だが、すこしも不可能ではない。こうしてみると、あらゆる生物には環世界の間を移動する能力があると言うべきなのだろう。

人間にも環世界を移動する能力がある。その点ではその他の動物(さらには生物全般)と変わらない。ただし、人間の場合には他の動物とはすこし事情が異なっている。どういうことかと言うと、人間は他の動物とは比較にならないほど容易に環世界の間を移動するのである。［　C　］環世界の間を移動する能力が相当に発達しているのだ。

【国語】（五〇分）〈満点：一〇〇点〉

一 次の文章を読んで、後の問いに答えなさい。

ヤーコプ・フォン・ユクスキュル［1864―1944］はエストニア生まれの理論生物学者。ハイデルベルク大学で動物比較生理学の研究に従事し、そのなかで「環世界Umwelt」という概念に思い至った。

①この発想が非科学的と思われたのか大学での職にはありつけず、フリーの身で研究を続けた。だが六二歳のとき、ハンブルク大学に設立された環世界研究所の名誉教授となり、その後、一〇年間にわたり、若い研究者の指導にあたった。その後、ユクスキュルの見解はさまざまな分野に大きな影響を与えることになった。

ではユクスキュルの言う環世界とは何か？

私たちは普段、自分たちをも含めたあらゆる生物が一つの世界のなかで生きていると考えている。すべての生物が同じ時間と同じ空間を生きていると考えている。ユクスキュルが疑ったのはそこである。彼はこう述べる。すべての生物がそのなかに置かれているような単一の世界など実は存在しない。すべての生物は別々の時間と空間を生きている！

これだけ聞くとSFのようである。そこで、ユクスキュルがその著書『生物から見た世界』（一九三四年）の②ボウ頭で掲げる実に印象的な事例を見ながら、その意味するところを考えていきたい。登場するのは、とても小さな生物である。（中略）

ダニを取り囲む環境は非常に豊かで、非常に複雑なものである。森のなかではさまざまなにおいが③タダヨい、さまざまな音が飛び交っている。昼も夜もあり、光は絶えず変化する。風も吹けば、雨も降る。

［A］そうした現象はダニにとっては存在しない。狩りのために待ち伏せるダニが感じとるのは、※先に見た三つのシグナルだけである。だからダニの世界には、それ以外のものは存在していない。

もうすこし言葉を足そう。④私たちは何気なく、「ダニは枝の上で哺乳類が近くに来るのを待つ」と言ってしまう。さらには「うまく哺乳類が通ってくれるとそれに飛びかかる」とも言う。

しかし、これは人間から見たダニの行動でしかない。よく想像してみて欲しい。ダニは哺乳類を待っているのではない。ダニは酪酸のにおいを待っているのである。ダニの世界には哺乳類は存在しないのだ。ダニには哺乳類の姿など見えていない。飛びかかる獲物が鹿だとか犬だとか人間だとか、そういうことも認識しない。ダニはただ酪酸のにおいに反応するだけだ。だからフラスコの酪酸にも反応するし、37度に温められた人工膜からも「血」を吸おうとするのだ。

ダニは私たち人間とはまったく異なる「世界」を生きている。たとえばあなたが森に入れば、森の空気を感じ、光に目をやり、足場の悪さを気にかけるだろう。しかし、そんな環境を体験しているのはあなただけなのだ。その横で枝でじっと待つダニは、森の空気も、光も、足場の悪さもまったく感じてはいない。

MEMO

大切なことはメモしておこうネ！

2024年度

解　答　と　解　説

《2024年度の配点は解答欄に掲載してあります。》

＜数学解答＞ 《学校からの正答の発表はありません。》

1 (1) ア ④　(2) イ ②　(3) ウ ⑤　(4) エ ①　(5) オ ①
(6) カ ③

2 (1) ア ②　(2) イ ④　(3) ウ ①　(4) エ ⑤　(5) オ ②
(6) カ ①

3 (1) ア 1　イ 2　(2) ウ 1　エ 2　オ 3
(3) カ 3　キ 9　ク 2

4 (1) ア 2　イ 4　(2) ウ 6　エ 4　オ 3　(3) カ 8　キ 3

5 (1) ア 1　イ 8　(2) ウ 2　エ 9

○推定配点○

各5点×20　　計100点

＜数学解説＞

基本 1 （正負の数，平方根，等式の変形，連立方程式，二次方程式，計算の工夫）

(1) $(-3)^3-4\times(-3^2)=-27-4\times(-9)=-27+36=9$

(2) $\dfrac{\sqrt{24}}{\sqrt{2}}+(\sqrt{3}+5)(\sqrt{3}-2)=2\sqrt{3}+3+3\sqrt{3}-10=-7+5\sqrt{3}$

(3) $a=\dfrac{c}{b}+d$　$\dfrac{c}{b}+d=a$　$\dfrac{c}{b}=a-d$　$c=b(a-d)$　$c=ab-bd$

(4) $0.1x-0.3y=1$より，$x-3y=10\cdots$①，$2x-\dfrac{y+2}{3}=8$より，$6x-y=26\cdots$②　②－①×6より，$17y=-34$　$y=-2$　これを①に代入して，$x+6=10$　$x=4$

(5) $2x^2=(x-1)^2$　$2x^2=x^2-2x+1$　$x^2+2x=1$　$(x+1)^2=2$　$x+1=\pm\sqrt{2}$　$x=-1\pm\sqrt{2}$

(6) $106\times106-2\times106\times103+103\times103=(106-103)^2=3^2=9$

2 （方程式の利用，場合の数，データの整理，平面図形，角度）

基本 (1) 家から学校までの距離をxmとすると，$\dfrac{x}{70}-5=\dfrac{x}{100}+7$　$10x-3500=7x+4900$　$3x=8400$　$x=2800$　よって，家から学校までの距離は2.8km

重要 (2) 梨3個の配り方を決めると，ももの配り方は1通りに決まる。梨の数の組み合わせは，(3，0，0)，(2，1，0)，(1，1，1)で，それぞれ3通り，6通り，1通りの配り方があるので，全部で，3＋6＋1＝10(通り)

基本 (3) $\dfrac{14}{b}=0.28$より，$b=14\div0.28=50$　よって，$a=50-(10+14+8+6)=12$

重要 (4) $\triangle ABC=\dfrac{1}{2}\times4\times3=6$より，$\triangle AQP=\dfrac{1}{2}\times6=3$　2組の角がそれぞれ等しいので，$\triangle ABC\backsim$

△AQP　よって，AQ：QP＝AB：BC＝4：3　AQ＝xとすると，QP＝$\frac{3}{4}x$　よって，△AQP＝$\frac{1}{2}\times x\times\frac{3}{4}x=\frac{3}{8}x^2$　$\frac{3}{8}x^2=3$　$x^2=8$　$x>0$より，$x=2\sqrt{2}$

基本 (5)　ABは直径だから，∠AEB＝90°　弧BDの円周角だから，∠BED＝∠BCD＝20°　よって，$\angle x=90^\circ-20^\circ=70^\circ$

重要 (6)　AからBCにひいた垂線をAHとすると，BH＝$\frac{1}{2}$BC＝$\frac{1}{2}\times6=3$より，AH＝$\sqrt{5^2-3^2}=4$　円の中心Oは線分AH上にあるから，△OBHに三平方の定理を用いて，$OB^2=OH^2+BH^2$　$r^2=(4-r)^2+3^2$　$8r=25$　$r=\frac{25}{8}$

基本 3 (図形と関数・グラフの融合問題)

(1)　$y=ax^2$は点Bを通るから，$2=a\times(-2)^2$　$a=\frac{1}{2}$

(2)　$y=\frac{1}{2}x^2$に$x=1$を代入して，$y=\frac{1}{2}$　よって，A$\left(1,\ \frac{1}{2}\right)$　△AOB＝△AOCより，OA//BC　直線OAの傾きは，$\left(\frac{1}{2}-0\right)\div(1-0)=\frac{1}{2}$　直線BCの式を$y=\frac{1}{2}x+b$とすると，点Bを通るから，$2=-1+b$　$b=3$　よって，$y=\frac{1}{2}x+3$

(3)　$y=\frac{1}{2}x^2$と$y=\frac{1}{2}x+3$からyを消去して，$\frac{1}{2}x^2=\frac{1}{2}x+3$　$x^2-x-6=0$　$(x+2)(x-3)=0$　$x=-2,\ 3$　$y=\frac{1}{2}x^2$に$x=3$を代入して，$y=\frac{9}{2}$　よって，C$\left(3,\ \frac{9}{2}\right)$

基本 4 (平面図形の計量)

(1)　△AEF＝(正方形ABCD)－△ABE－△ECF－△FDA＝$8^2-\frac{1}{2}\times4\times8-\frac{1}{2}\times4^2-\frac{1}{2}\times4\times8=24$

(2)　求める三角錐の体積は，$\frac{1}{3}\times$△CEF$\times$AB$=\frac{1}{3}\times8\times8=\frac{64}{3}$

(3)　この三角錐の体積は，$\frac{1}{3}\times$△AEF$\times h$で求まるから，$\frac{1}{3}\times24\times h=\frac{64}{3}$　$h=\frac{8}{3}$

5 (場合の数，確率)

基本 (1)　3×6＝18(通り)

重要 (2)　$x^2+ax-b=0$の解は，$x=\frac{-a\pm\sqrt{a^2-4\times1\times(-b)}}{2\times1}=\frac{-a\pm\sqrt{a^2+4b}}{2}$　有理数の解をもつのは，$5\leqq a^2+4b\leqq33$より，$a^2+4b=9,\ 16,\ 25$のときである。$a^2+4b=9$を満たす$a,\ b$の値は，$(a,\ b)=(1,\ 2)$　$a^2+4b=16$を満たす$a,\ b$の値は，$(a,\ b)=(2,\ 3)$　$a^2+4b=25$を満たす$a,\ b$の値は，$(a,\ b)=(1,\ 6),\ (3,\ 4)$　以上より，求める確率は，$\frac{1+1+2}{18}=\frac{2}{9}$

★ワンポイントアドバイス★

昨年と出題構成や難易度に大きな変化はない。基本重視の取り組みやすい内容であるから，ミスのないように解いていこう。

＜英語解答＞ 《学校からの正答の発表はありません。》

1 リスニング問題解答省略

2 問1 ③ 問2 (1) ② (2) ④ (3) ② (4) ③
問3 21 ② 22 ② 23 ①

3 問1 ア ③ イ ① ウ ④ 問2 (1) ③ (2) ② (3) ③ 問3 ②

4 (1) ③ (2) ① (3) ③ (4) ④ (5) ① (6) ④ (7) ②
(8) ④ (9) ③ (10) ②

5 (1) ③ (2) ② (3) ③ (4) ④ (5) ①

6 (1) 46 ④ 47 ⑥ (2) 48 ⑥ 49 ⑤ (3) 50 ⑤ 51 ①
(4) 52 ③ 53 ⑥ (5) 54 ⑤ 55 ⑥

○推定配点○
各2点×50(6各完答) 計100点

＜英語解説＞

1 リスニング問題解説省略。

重要 2 (長文読解・物語文：語句解釈，要旨把握，内容吟味)

(大意) ジャッキーは「反撃するのを恐れる選手が欲しいのですか？」と尋ねた。

「反撃しない勇気を持つ選手が欲しいのだ」とブランチは答えた。「もし君が戦ったり，侮辱に応えたら，君は負けだ。そして待っている他の黒人選手たちも負ける。君には，気持ちを抑えて，口を閉ざすことを約束してほしい」

ジャッキー・ロビンソンはその約束をした。1945年10月25日，彼はブランチ・リッキーと契約を結んだ。全国でニュースとなった。黒人新聞では一面の見出しとなった。

多くの人がブランチ・リッキーが間違った選択をしたと思った。ニグロリーグの選手でさえも思った。ジャッキー・ロビンソンは新人だと人々は指摘した。<u>確かに</u>，彼は優れた打者であり，大胆な走塁をする選手だった。しかし，球場外ではそれほど素晴らしいわけではなかった。

ブランチはこれらを知っていた。彼には計画があった。ジャッキーはモントリオール・ロイヤルズからスタートすることになる。これはドジャースのファームチームだった。メジャーリーグでプレイするトレーニングを受ける若手選手たちの場所だった。

1946年のシーズンはモントリオール・ロイヤルズにとっても，ジャッキーにとっても良いものだった。彼は上手くプレイし，ファンにも好かれた。

翌年，ジャッキーはドジャースへの準備が整った。しかし，問題が発生した。

春のトレーニング中に，いくつかのドジャースの選手が署名をすると言った。その署名はジャッキーにチームを去るよう要求した。

マネージャーはその署名について知った。彼はすべての選手を集め，ジャッキーが残ると伝えた。一緒にプレイしたくない人は，他のチームに行くことができた。それで署名の件は終わった。しかし，問題はまだ終わりではなかった。

シーズンが始まる直前に，2つのチームがドジャースに対してプレイしないと言った。彼らはストライキをすると言った。

そのチームはフィラデルフィア・フィリーズとセントルイス・カージナルスだった。しかし，リーグの会長は厳しかった。2つのチームがプレイしないなら，そのシーズンの残りの間，リーグから追放すると約束した。それでストライキは終わった。しかし，問題がすべて解決したわけではなかった。

数週間後，フィリーズはドジャースとの初めての試合が始まった瞬間から，フィリーズはジャッキーをありとあらゆる言葉で罵った。

ジャッキーは何もすることができなかった。何も言うこともできなかった。彼はブランチ・リッキーとの約束を覚えていた。他のドジャース選手もこれを知っていた。そしてジャッキーを気の毒に思った。

次の日，ドジャースはフィリーズとそのマネージャーにジャッキーにちょっかいを出さないように言った。ジャッキーをチームから追い出したいと思ったドジャースは今や彼をかばった。

試合は続いた。ジャッキーにはこれからも困難な時期が待っていた。しかし，彼は一つのことを確かに知っていた。彼は本当に，真にドジャースの一員であった。

ジャッキー・ロビンソンはブルックリン・ドジャースのセカンドとして10シーズンプレイした。彼は6回のワールドシリーズに出場し，1949年には最優秀選手に選ばれた。彼の生涯打率は.311だった。1962年には，彼は野球殿堂入りを果たした。これはまたしても初めてのことだった。この栄誉を受けた黒人は彼が初めてだった。

しかし，数百万のファンにとってジャッキー・ロビンソンは賞や打率以上の意味を持っていた。彼は黒人のためのヒーローだけではなく，全国のヒーローだった。

問1　Yes を置き換えることができるのは certainly「確かに」であり，彼が優れた打者であり，大胆な走塁をする選手であることを確認する形で使われている。

問2　(1)「ブランチ・リッキーに関する記述で述べられていないものは何か」 ブランチ・リッキーは黒人選手が野球を辞めることを望んだわけではなく，むしろジャッキー・ロビンソンをサポートし，彼が成功できるように努めた人物である。　(2)「なぜドジャースの選手が署名をしたか」 この署名はジャッキー・ロビンソンにチームを去るよう求める内容だった。　(3)「フィラデルフィア・フィリーズとセントルイス・カージナルスがシーズンのはじめに何をしたか」これらのチームはドジャースがジャッキーをチームに加えたことに反対し，試合をボイコットすると脅した。　(4)「ジャッキー・ロビンソンはワールドシリーズに何回出場したか」 ジャッキー・ロビンソンは彼のキャリアの間に6回ワールドシリーズに出場した。

問3　①「ブランチ・リッキーはジャッキー・ロビンソンがファームチームでのトレーニングなしにメジャーリーグでプレイできると考えていた」 第5段落第3文参照。ブランチはドジャースのファームチームであるモントリオール・ロイヤルズからスタートすることになると考えていたので不適切。　②「ジャッキーがメジャーリーグでプレイすることは人々にとってそれほど驚きではなかった」 第3段落第3文参照。全国でニュースとなったので不適切。　③「ジャッキー・ロビンソンはブランチとの約束を覚えていたので，フィラデルフィア・フィリーズからの反応に何も言わなかった」 第13段落参照。ジャッキー・ロビンソンはブランチ・リッキーとの約束を守り，フィリーズの選手やファンからの悪口や挑発に反応しないようにしたので適切。

3　**(長文読解・物語文：語句補充，要旨把握，内容吟味)**

(大意)　10歳のエリザベス王女は，生まれてからイングランドとスコットランドの城や宮殿で時間を過ごしてきた。彼女の父親は公爵だった。祖父はイギリス(英国)の王だった。英国にはイングランド，スコットランド，ウェールズ，北アイルランドが含まれる。エリザベスは大きな家で幸せで，のんびりとした生活を送っていた。

家族からリリベットと呼ばれたエリザベスは，プリンセスが望むすべてのもの，そして多くの自由時間を持っていた。彼女は学校には行かず，家で乳母に教えられた。6歳の時，彼女は自分だけの小さなわらぶき屋根のコテージを$_{ア}$<u>与えられた</u>。それは彼女と妹のマーガレットのためのおもちャの家で，すべての部屋にキッチンと子ども用の家具が付いていた。

リリベットとマーガレットはイギリスの人々に人気があった。リリベットはオーストラリアのような遠く離れた場所の人々から手紙や贈り物－3トンものおもちゃ！－を受け取った。

エリザベスが王女であったにもかかわらず，自身が女王になることを期待したことはなかった。

彼女の叔父エドワードが王の長男だったので，彼が王位継承第一位だった。リリベットの父親はエドワードの弟で，王位継承第二位だった。しかし，エドワードが自分の家族を持ったら，彼の長子が第二位になる。

そして最初に，リリベットの祖父が1936年1月に亡くなった時，それが起こった。彼の叔父はエドワード8世になった。

しかし，その年の後半に，全てが変わった。

エドワードはアメリカ人の女性と恋に落ちた。彼女は2回離婚の経験があった。イングランド国教会によれば，王は離婚した女性と結婚することはできなかった。エドワードは彼女と結婚したいと強く望んだので，王位を諦めることを$_イ$決めた。1936年12月10日，エドワード王は直ちに王位を退いた。リリベットの父は即座に王になった。彼の本名はアルバートだったが，彼は自分の王名としてジョージを選んだ：ジョージ6世だ。今や彼女の父が王になったので，リリベットは突然，王位継承第一位になった！

使用人がエリザベスにこのニュースを伝えるために来た。彼が部屋に入るとき，彼はお辞儀をした。その瞬間から，みんなが彼女を異なる方法で扱い始め，彼女の人生は彼女のために計画された。彼女にはただ一つの仕事があった－女王になる方法を学ぶことだ。

ある日，彼女は世界中の56か国を含む帝国を統治するだろう。10歳のエリザベスは，それがどれほど$_ウ$すぐに起こるか全く想像できなかった。

問1　ア　「小さいコテージが与えられた」が適切なので given があてはまる。　イ　「～することを決める」 decide to ～　ウ　「どれほど早く(所要時間)」を表すには how quickly が適切である。

問2　(1)　「1936年に王になったのは誰か？」 1936年に王になったのは，エリザベスの叔父である。彼はエドワード8世として即位したが，アメリカ人の女性との結婚を望んだために王位を放棄した。　(2)　「エドワードの結婚に関する問題は何か？」 イングランド国教会の規則によると，王は離婚歴のある女性と結婚することが許されていなかった。　(3)　「ジョージ6世が王になった後，リリベットに何が起きたか？」 ジョージ6世が王になり，これにより王位継承順位1位となったことで，女王になる方法を学ぶ必要があったのである。

問3　①　「エリザベスは子供の頃，学校で優秀な生徒だった」 第2段落第2，3文参照。彼女の教育は乳母によるものだったので不適切。　②　「エリザベスはオーストラリアの人々から多くの手紙や贈り物を受け取った」 第3段落参照。多くの手紙や贈り物を受け取ったので適切。　③　「エリザベスはいつか女王になると信じていた」 第4段落参照。「自身が女王になることを期待したことはなかった」ので不適切。　④　「エリザベスは王女としての多くの仕事があったため忙しかった」 第9段落最終文参照。エリザベスがするべき仕事はただ一つであったので不適切。

4　(語句補充問題：動名詞，比較，接続詞，受動態，不定詞，現在完了，助動詞，仮定法，熟語)

基本　(1)　finish の後は動名詞のみを目的語とする。

基本　(2)　〈比較級＋ than any other ＋単数名詞〉「他のどの～よりも…だ」

(3)　when は2つの出来事が同時に起こった時を表す。ここでは「電話をしている時に母から呼ばれた」を意味する。

基本　(4)　受動態の過去形での疑問文であり，主語が単数形なので was を用いる。

重要 (5) 〈help ＋人＋原形〉「人が～するのを手伝う」

(6) 〈have(has) ＋過去分詞＋ for～〉「～の間ずっと…している」という現在完了の継続用法の文になる。

(7) 禁止を表す時には〈must not(または mustn't)＋動詞の原形〉を用いる。

重要 (8) 〈If ＋主語＋過去形，主語＋ would ＋原形～〉「…だったら～のに」という仮定法の文になる。

(9) come up with ～「～を思いつく」

(10) turn on ～「(電気など)～をつける」

重要 5 (会話文：文整序)

(1) トム　：こんにちは，ユウタ。私はトムです。お会いできて嬉しいです。
ユウタ：私もお会いできて嬉しいです。(1)Bジャクソンからあなたのことをたくさん聞きました。
トム　：(2)Dあなたも彼を知っていますか？
ユウタ：(3)Cはい。ジャクソンはサッカークラブのチームメイトです。
トム　：(4)A本当ですか？この週末，彼と一緒にサッカーをしましょう。私はサッカーがとても好きです。
ユウタ：いいですね。それについて彼に伝えるつもりです。

(2) ハナ　　　：こんにちは，スミス先生。英語の授業について質問してもいいですか？
スミス先生：もちろん。
ハナ　　　：(1)Aありがとうございます。昨日，病気で英語のテストを受けられませんでした。受けなければなりませんよね？
スミス先生：(2)Dその通りです。そのテストはあなたの成績にとって重要です。次の金曜日の放課後は空いていますか？
ハナ　　　：(3)Cはい，空いています。どのくらい時間がかかりますか？
スミス先生：(4)B約30分です。鉛筆と消しゴムを持ってきてください。
ハナ　　　：わかりました。金曜日に来ますね。

(3) 男性：すみません。(1)C浦安駅への行き方を教えてください。
ミサ：(2)Dもちろんです。ここから遠いので，バスに乗るべきだと思います。
男性：(3)Aわかりました。バス停はどこですか？
ミサ：(4)B最初の信号を右に曲がって，5分直進してください。左手に見えます。
男性：どうもありがとうございます。

(4) 店員：お手伝いしましょうか？
客　：(1)D冬用の新しいジャケットを買いたいのですが，お勧めはありますか？
店員：(2)Bわかりました。このジャケットは強風から守り，暖かく保てます。
客　：(3)A良さそうですね。でも，高そうですね。
店員：(4)C今日買えば，このジャケットは30％オフになります。
客　：わかりました。それをもらいます。

(5) ルーシー：こんにちは，ケン。明日は何時に会いますか？
ケン　　：(1)A映画は午後2時から始まるので，午後1時はどうですか？
ルーシー：(2)Dそれより前に一緒にランチはどうですか？
ケン　　：(3)Bいいですね。一緒にランチをするなら，もっと早く会うべきです。
ルーシー：(4)Cわかりました。それなら，最寄り駅で午後12時にしますね。大丈夫ですか？
ケン　　：いいですね。待ちきれないです。

重要 **[6]（語句整序問題：現在完了，進行形，不定詞，関係代名詞，間接疑問文）**

(1) How long have you studied French(?)　how long　～? は現在完了形を用いて，過去から現在までの期間を尋ねる文となる。

(2) What were you doing at that (time?)　過去進行形は〈was/were ＋動詞の-ing形〉で構成され，疑問文の場合は主語の前にbe動詞を置く。at that time「その時」

(3) I am too busy to finish (my homework.)　too ～ to …「～すぎて…することができない」

(4) The books which I borrowed from Miki are on (my desk.)　which I borrowed from Miki は前の名詞を修飾する関係代名詞の目的格である。

(5) (I) want to know what time the game starts.　間接疑問文の語順は〈what time ＋主語＋動詞〉の語順になる。

★ワンポイントアドバイス★

文法問題の割合が比較的高くなっている。例年，形式に大きな変更はないため，過去問を用いて出題傾向をつかむようにしよう。

＜国語解答＞ 《学校からの正答の発表はありません。》

[一] 問一 3　問二 [2] 1　[3] 3　[4] 5　問三 [5] 1　[6] 5　問四 5
問五 3　問六 [9] 4　[10] 2　問七 4　問八 1　問九 2

[二] 問一 5　問二 3　問三 2　問四 [17] 4　[18] 4　問五 [19] 4　[20] 1
[21] 1　問六 3

[三] 問一 [23] 3　[24] 2　[25] 5　問二 [26] 1　[27] 5　[28] 1　問三 [29] 2
[30] 4　問四 3　問五 4

○推定配点○

[一] 問一・問四・問五・問七～問九　各5点×6　他　各3点×7
[二] 問二・問五[19]・[20]　各3点×3　問四[18]・問六　各2点×2　他　各4点×4
[三] 各2点×10　計100点

＜国語解説＞

[一]（論説文一指示語，脱語補充，接続語，漢字，文脈把握，内容吟味，語句の意味，要旨）

やや難 問一　直前の「『環世界Umwelt』という概念」を指し，「環世界」については，後に「では，ユクスキュルの言う環世界とは何か」とあり，「私たちは普段，自分たちをも含めたあらゆる生物が一つの世界のなかで，生きていると考えている。……すべての生物がそのなかに置かれているような単一の世界など実は存在しない。すべての生物は別々の時間と空間を生きている」と説明されている。さらに「これこそが，ユクスキュルの言う『環世界Umwelt』に他ならない」とあり，直前に「それぞれの生物が，一個の主体として経験している，具体的な世界」とあるので，3が適切。

問二　A　直後で「……存在しない」と打ち消しているので，逆接を表す「しかし」が入る。

B　直前に「その障害物は犬にとってはすこしも障害ではない場合がある」とあり，直後で「窓が道に向かって開いている場合，犬は難なくその下を通り抜ける」と具体例が示されているので，例示を表す「たとえば」が入る。 C 直前に「人間は他の動物とは比較にならないほど容易に環世界の間を移動するのである」とあり，直後で「環世界の間を移動する能力が相当に発達しているのだ」と言い換えているので，言い換え・説明を表す「つまり」が入る。

問三 ② 冒頭 1 感冒 2 帽子 3 非暴力 4 眺望 5 傍若無人
③ 漂う 1 書評 2 評価 3 標高 4 表示 5 漂泊

やや難 問四 直後に「しかし，これは人間から見たダニの行動でしかない」とあり，「ダニは哺乳類を待っているのではない。ダニは酪酸のにおいを待っているのである。ダニの世界には哺乳類は存在しないのだ。……ダニはただ酪酸のにおいに反応するだけだ」と説明されているので，「ただ哺乳類の発する酪酸のにおいに反応しているので，ダニが哺乳類を待っているという表現は正しくない」とする5が適切。

やや難 問五 直前に「いかなる生物もそんな『世界』を生きてはいない。どんな生物もその生物なりの世界を生きているのだ」とあることから，「その生物なりの世界」とは逆の「世界」を指すとわかるので，「すべての生物が同じ時間と同じ空間で生きている世界」とする3が適切。

問六 ⑥ 「客観的」は，誰が見てももっともだと認めるような立場で物事を考える態度，という意味なので4が適切。 ⑨ 「相対的」は，物事が他との関係において存在している様子，という意味なので2が適切。

問七 直後の段落の冒頭に「なぜ盲導犬を訓練によって一人前に仕立て上げることはこれほど難しいのか？」とあり，「それは，その犬が生きる環世界のなかに，犬の利益になるシグナルではなくて，盲人の利益になるシグナルを組み込まなければならないからである」と説明されているので，「人間の環世界に近づけなければならないから」とする4が適切。

問八 直前に「人間は他の動物とは比較にならないほど容易に環世界を移動するのである。……環世界の間を移動する能力が相当に発達しているのだ」と説明されているので，「人間には環世界を移動することができるということ」とする1が適切。

やや難 問九 2は，「『比較的』……」で始まる段落に「しかし，人間の場合にはこの移動能力がずば抜けて高い。つまり，動物と人間の差異は相対的である。そして相対的ではあるが，量的にはかなり大きな差，相当な差である」とあることと合致しない。

二 **(古文・俳句―口語訳，文脈把握，内容吟味，仮名遣い，文学史，季語，表現技法)**

〈口語訳〉 黒羽の館代浄法寺何々という人のもとを訪ねた。思いがけない私たちの来訪を，主人はたいへん喜んで，昼も夜も話が尽きず，また，その弟の桃翠という人が，朝夕相手をしに訪れてくれ，(桃翠は)自分の家にも連れて行き，親戚の人の家にも招かれ，日数が経つのであったが，ある一日，黒羽の郊外に遊びに出かけ，犬追物の跡を一見し，那須の篠原のあたりを篠を分けて通り，玉藻の前の古墳を訪ねた。それから八幡宮に参詣する。那須与一が扇の的を射た時に「とりわけ国の氏神であられる八幡様」と誓いを捧げて祈ったのは，この神社でございます，と言うのを聞くと，感動もひとしおである。日が暮れたので，桃翠の家へ戻った。

修験道の寺である光明寺というのが近くにある。そこに招かれて，行者堂を拝み，次の句を作った。

これから夏の山々を登ろうとしているが，自分はいま，その峰々を踏み破った，役行者にあやかりたいと願い，高下駄を拝んだことだ。

問一 直前に「黒羽の館代浄法寺何某のかたにおとづる」とあることから，筆者の来訪を「館代浄法寺何某」が喜んで，一昼夜語り続けた，という意味だとわかるので，5が適切。

問二 「伴ひて」は「ともなひて」となるが，現代仮名遣いでは，語頭以外の「はひふへほ」は「わいうえお」となるので，「ひ」は「い」に直して，「ともないて」となる。

問三　この「一日」の行動は，直後に「郊外に逍遥して，犬追物の跡を一見し，那須の篠原を分けて，玉藻の前の古墳を訪ふ。それより八幡宮に詣づ。……暮るれば桃翠宅に帰る」とあるので，2が適切。

問四　(1)「別して」は，とりわけ，特に，という意味なので，4が適切。　(2)　鎌倉時代に成立した軍記物語は『平家物語』で，作者は未詳。『宇治拾遺物語』は鎌倉時代に成立した説話集。『源氏物語』は平安時代中期に成立した紫式部による長編物語。『方丈記』は鎌倉時代初期に成立した鴨長明による随筆。『春雨物語』は江戸時代に成立した上田秋成による読本。

問五　(1)「五・七・五」の十七音からなる形式の詩を，現代では「俳句」という。「俳句」には，「五・七・五」の音数と，季語を必ず一つ詠み込むというきまりがある。　(2)　⑤の句においては，「夏山」が夏の季語となっている。　(3)　直前に「行者堂を拝す」とあり，「行者堂」については，注釈に「行者とは役小角という修験道……の開祖。多くの山々を巡り修行し，神通力を身につけたという。二枚歯の高足駄(下駄)を履き，錫杖を持つ姿で描かれることが多い。行者堂とはその役子角を祀ったお堂のこと」と説明されていることから，これから夏山に登るにあたり，多くの山々を巡り修行した役小角にあやかって，足駄を拝んだ，という意味だとわかるので，1が適切。

問六　『おくのほそ道』は，江戸時代に成立した松尾芭蕉による俳諧紀行。兼好法師は『徒然草』，清少納言は『枕草子』，紀貫之は『土佐日記』，鴨長明は『方丈記』の作者。

三　(知識問題ー品詞，部首，故事成語，文学史)

問一　ア　「暖かく」は，終止形が「暖かい」となる形容詞の連用形。形容詞は「かろ／かっ・く／い／い／けれ／○」と活用する。　イ　「努力し」は，終止形が「努力する」となるサ行変格活用動詞の連用形。　ウ　「だろう」は，「だろ(断定の助動詞の未然形)・う(推量の助動詞)」と分けられる。

問二　ア　「底」の部首は「广(まだれ)」。部首が「まだれ」の漢字はほかに「広」「床」「庫」など。　イ　「起」の部首は「走(そうにょう)」。部首が「そうにょう」の漢字はほかに「赴」「越」「趣」など。　ウ　「囲」の部首は「囗(くにがまえ)」。部首が「くにがまえ」の漢字はほかに「四」「回」「図」など。

問三　ア　「蛇足(だそく)」は，余計なもの，無用のもの，という意味で，出典は『戦国策』。昔，中国楚の国で，数人の者が，蛇の絵を早く描く競争をしたところ，いちばん早く描き上げた者が，蛇にはあるはずのない足を描き加えて負けになってしまった，という説話による。　イ　「蛍雪の功(けいせつのこう)」は，苦労を重ねて学問にはげむこと。出典は『晋書』。中国晋の車胤と孫康はともに貧しかったため，車胤は蛍の光で，孫康は雪明かりで読書し，勉学に励んだという故事による。

問四　『雁』の作者は森鷗外。森鷗外の作品はほかに「舞姫」「高瀬舟」「山椒大夫」など。

問五　1は若山牧水，2・5は正岡子規，3は斎藤茂吉の作品。

★ワンポイントアドバイス★

論説文は，やや難しい内容の文章に慣れることを意識して，さまざまな文章にあたっておこう！　古文は，注釈を参照しながら現代語訳できる力，大意を把握できる力をつけておこう！

MEMO

大切なことはメモしておこうネ！

2023年度

★★★★★★★★★★★★★★★★★★★★★★★★

入　試　問　題

2023年度

東海大学付属浦安高等学校入試問題

【数　学】（50分）　＜満点：100点＞

【注意】 1．問題の[1]，[2]については，それぞれ解答群の中から正しい答えを選んで，その番号をマークしなさい。

（例）[ア]の答えが20である場合

【解答群】

① 10　② 15　③ 20　④ 25　⑤ 30　⑥ その他

	解答欄					
ア	①	②	●	④	⑤	⑥

2．問題の[3]，[4]，[5]，については，下記の方法に従ってマークしなさい。

(1) [ア]～[ク]の１つ１つには，それぞれ０から９までのいずれか１つの数字が入ります。それらをア，イ，ウ，……で示された解答用紙の各欄にマークしなさい。

（例）[イ]に８と答えたいとき，

	解答欄									
イ	①	②	③	④	⑤	⑥	⑦	●	⑨	⓪

（例）[ウ][エ]に－８と答えたいとき，

	解答欄									
ウ	①	②	③	④	⑤	⑥	⑦	⑧	⑨	●
エ	①	②	③	④	⑤	⑥	⑦	●	⑨	⓪

(2) 分数の場合は，分子分母の順になっています。その解答はすべて既約分数で答えなさい。

（例）$\dfrac{\boxed{オ}}{\boxed{カ}}$に$\dfrac{2}{3}$と答えたいとき，

	解答欄									
オ	①	●	③	④	⑤	⑥	⑦	⑧	⑨	⓪
カ	①	②	●	④	⑤	⑥	⑦	⑧	⑨	⓪

1 次の各問いに答えなさい。

(1) $(-3)\times(-2^3)-18\div(-3)^2$を計算すると ア になります。

① -26 ② 15 ③ 20 ④ 22 ⑤ 26 ⑥ その他

(2) $(x^2y-xy^2)\div y\times(3x^2y)^2$を計算すると イ になります。

① $\dfrac{x-y}{3xy^2}$ ② $\dfrac{x-y}{9x^3y^2}$ ③ $3x^4y^2-3x^3y^3$

④ $6x^6y^2-6x^5y^3$ ⑤ $9x^6y^2-9x^5y^3$ ⑥ その他

(3) $\dfrac{-2a+b}{3}-\dfrac{3a-b}{10}$を計算すると ウ になります。

① $\dfrac{-29a+13b}{30}$ ② $\dfrac{-29a+7b}{30}$ ③ $\dfrac{-11a+7b}{30}$

④ $\dfrac{-29a+13b}{15}$ ⑤ $\dfrac{-11a+7b}{15}$ ⑥ その他

(4) $\dfrac{12}{\sqrt{6}}-\left(2-\sqrt{6}\right)^2$を計算すると エ になります。

① $-2\sqrt{6}+2$ ② $2\sqrt{6}-2$ ③ $6\sqrt{6}-2$

④ $6\sqrt{6}-10$ ⑤ $6\sqrt{6}+10$ ⑥ その他

(5) 2次方程式 $(x+3)(x-3)=2(x+3)$ を解くと オ になります。

① $x=3$ ② $x=5$ ③ $x=-3,\ 5$

④ $x=3,\ -5$ ⑤ $x=-3,\ -5$ ⑥ その他

(6) $\sqrt{125n}$が整数となるような自然数nのうち，2番目に小さい自然数は カ になります。

① $n=25$ ② $n=20$ ③ $n=15$ ④ $n=10$ ⑤ $n=5$ ⑥ その他

2 次の各問いに答えなさい。

(1) $ax^3-2ax^2+a(x-2)$ を因数分解すると ア になります。

① $ax(x-1)(x-2)$ ② $ax(x+1)(x-2)$ ③ $a(x^2+1)(x-2)$

④ $(ax^2-1)(x-2)$ ⑤ $(ax^2+1)(x-2)$ ⑥ その他

(2) 定数a，b，c，x，yがすべて正の整数のとき，$c=\dfrac{ay-bx}{xy}$をxについて解くと イ になります。

① $x=\dfrac{ay}{c+by}$ ② $x=\dfrac{by}{cy+a}$ ③ $x=\dfrac{by}{cy-a}$

④ $x=\dfrac{ay}{cy+b}$ ⑤ $x=\dfrac{ay}{cy-b}$ ⑥ その他

(3) 周囲3.6kmの池があります。Aは自転車で，Bは徒歩で進みます。同じ地点から同時に出発して，それぞれ反対方向に進むと，15分後に合流します。また，同じ方向に進むとAはBに30分後に追いつきます。このとき，Bの速さは毎分 ウ mになります。

① 60 ② 120 ③ 180 ④ 240 ⑤ 300 ⑥ その他

(4) 図のように，直角二等辺三角形ABCで，点Pは点Aを出発して辺AB上を点Bまで動きます。また，点Qは，点Pと同時に点Cを出発し，点Pと同じ速さで辺BC上を点Bまで動きます。台形APQCの面積が20cm^2のとき，点Pの動いた距離は［エ］cmになります。

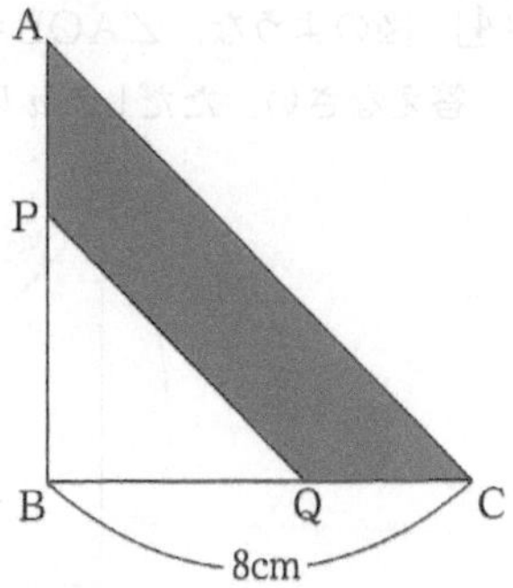

① $2\sqrt{6}$　② $8-2\sqrt{6}$　③ $8+2\sqrt{6}$
④ $4-2\sqrt{6}$　⑤ $4+2\sqrt{6}$　⑥ その他

(5) 座標平面上の2点A（2，1），B（7，4）について，AP＋BPが最小となるようにx軸上に点Pをとるとき，AP＋BPは［オ］になります。

① $2\sqrt{7}$　② $5\sqrt{2}$　③ $\sqrt{10}$　④ $\sqrt{14}$　⑤ $2\sqrt{5}$　⑥ その他

(6) 袋の中に赤玉が4個，白玉が2個，合わせて6個入っています。この袋から同時に2個の玉を取り出すとき，少なくとも1個は白玉である確率は［カ］になります。

① $\frac{3}{5}$　② $\frac{4}{5}$　③ $\frac{2}{5}$　④ $\frac{7}{15}$　⑤ $\frac{8}{15}$　⑥ その他

3 2次関数$y=\frac{1}{2}x^2$において，直線$y=-2x$との交点で原点とは異なる点をAとします。また，点Aを通り，傾きが$-\frac{1}{2}$の直線と2次関数$y=\frac{1}{2}x^2$との交点で点Aとは異なる点をBとします。

このとき，次の問いに答えなさい。

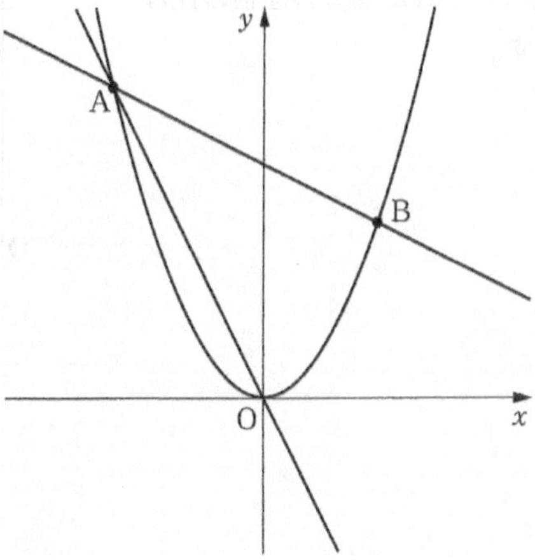

(1) 点Aの座標は（［ア］［イ］，［ウ］）になります。

(2) △OABの面積は［エ］［オ］になります。

(3) x軸上に点Pをとります。△OAB＝△OAPのとき，点Pの座標は$\left(\frac{［カ］［キ］}{［ク］},\ 0\right)$になります。

ただし，点Pのx座標は$x>0$とします。

4 図のような，∠AOB＝90°，OA＝1，OB＝nとする直角三角形AOBについて，次の問いに答えなさい。ただし，nは自然数とします。

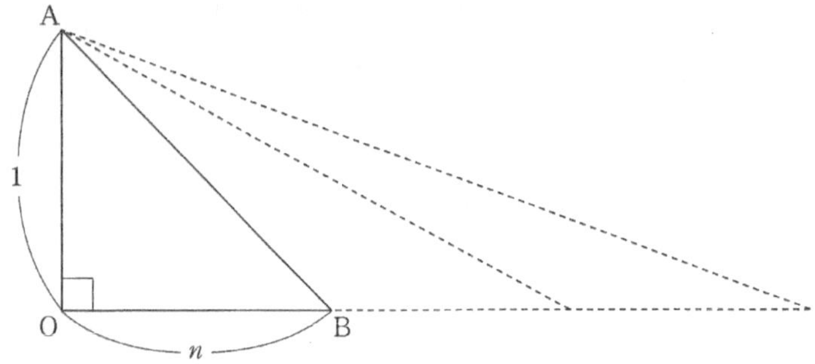

(1) n＝2のとき，ABの長さは$\sqrt{\boxed{ア}}$になります。

(2) n＝1のときのABの長さをxとする。ABの長さがはじめてxの整数倍となるのは，n＝$\boxed{イ}$のときです。ただし，$\boxed{イ}$に入る値は，n＞1とします。

5 図のように，中心角が90度のおうぎ形OABがあります。弧AB上に∠AOC＝∠COD＝∠DOBとなるように，点C，Dをとります。また，点C，Dから線分BOに垂線を引いたときの交点をそれぞれE，Fとし，線分CEと線分DOの交点をGとします。OA＝6のとき，次の問いに答えなさい。

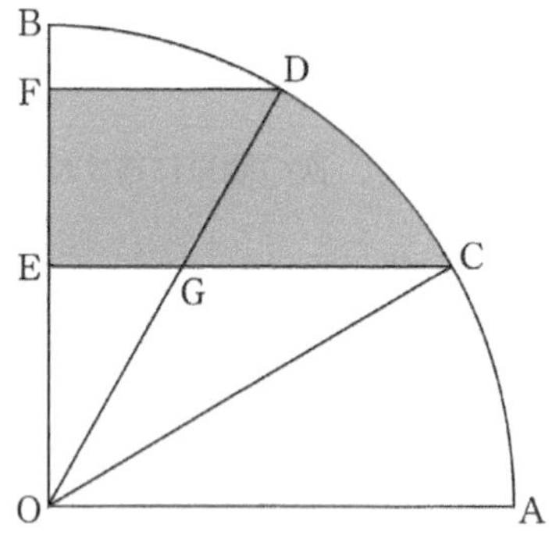

(1) おうぎ形OABの面積は$\boxed{ア}\pi$になります。

(2) 線分EGの長さは$\sqrt{\boxed{イ}}$になります。

(3) おうぎ形OABと図の色塗りされた部分の面積の比は$\boxed{ウ}$：$\boxed{エ}$になります。

【英　語】（50分）　＜満点：100点＞

1　リスニング　テスト

Part 1　下の写真および図に関する英文が，それぞれ4つ放送されます。
それらの状況や内容を表す最も適切な英文をそれぞれ1つ選び，その番号をマークしなさい。

No. 1　（解答番号は 1 ）

No. 2　（解答番号は 2 ）

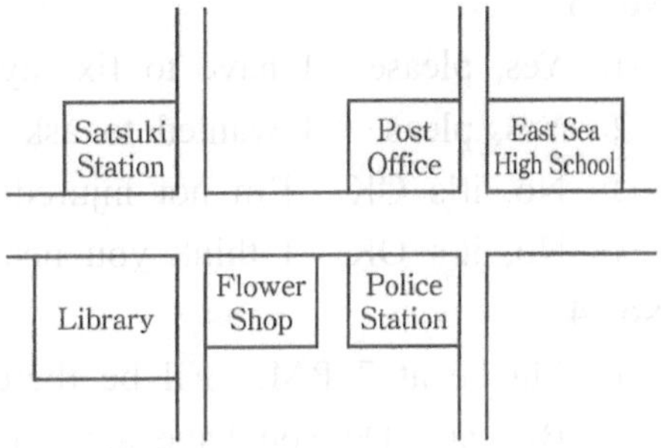

No. 3　（解答番号は 3 ）

No. 4　（解答番号は 4 ）

No. 5　（解答番号は 5 ）

Part 2 それぞれの対話文を聞き，その最後の発言に対する相手の応答として最も適切なものを，①～④の中から１つ選び，その番号を答えなさい。英文は２度読まれます。

No. 1 （解答番号は 6 ）

① I don't have it. ② I've been looking for two hours.
③ When did you come here? ④ It's a blue color.

No. 2 （解答番号は 7 ）

① The cheapest room please. ② Just one night, please.
③ Sorry, we are already full. ④ It was last week.

No. 3 （解答番号は 8 ）

① Yes, please. I have to fix my bicycle.
② Yes, please. I wanted to ask you that.
③ No, it's OK. I'm not injured.
④ No, it's OK. I think you need to go to the hospital.

No. 4 （解答番号は 9 ）

① Maybe at 7 P.M. I'll be there as soon as I finish my part-time job.
② By car. Do you have any parking space at your house?
③ With John. I asked Nick first, but he has something to do.
④ Sorry, I can't. I have to finish my homework by the weekend.

No. 5 （解答番号は 10 ）

① Oh, it is really close! Turn right at the house with the blue roof and go straight for two blocks to my house.
② I don't know the house with a brown roof. Please find the house with a red roof.
③ Sorry, the party is already over. I hope you will be able to join us for our next party.
④ That tempura restaurant has closed. So, why don't we go to the sushi restaurant?

Part 3 次の英文を聞いて各質問に対する最も適切な答えをそれぞれ①～④の中から１つ選び，その番号をマークしなさい。英文は２度読まれます。

Q 1 （解答番号は 11 ）

① 2℃ ② 3℃ ③ 5℃ ④ 8℃

Q 2 （解答番号は 12 ）

① sunny ② cloudy ③ rainy ④ snowy

Q 3 （解答番号は 13 ）

① Wear rain shoes to go out.
② Leave your umbrella at home.
③ Listen carefully tomorrow's weather news.
④ Go home as early as possible in the evening.

Q4 (解答番号は 14)

① －3℃　② 6℃　③ 9℃　④ 12℃

Q5 (解答番号は 15)

① 12：00　② 12：15　③ 12：30　④ 12：45

※リスニングテストの放送台本は非公表です。

2 次の英文を読んで，後の問いに答えなさい。

Michelle LaVaughn Robinson was born in the South Side of Chicago, Illinois, USA, on 17th January 1964. When Michelle was a child, she had a happy life. Her parents, Fraser and Marian, had *ordinary jobs. Fraser worked for the city's public services, and Marian was a *secretary for a clothes firm. Michelle's brother, Craig, was two years older than her. The family did not have much money, so their apartment had only one bedroom. Michelle and Craig shared the living room, but they made it into two rooms by putting a bed sheet in the *centre.

The children were very lucky because their parents understood that education was very important. When she was a child, Marian wanted to be a children's doctor, but she never had the *opportunity to go to college. She was from a large family and both her parents had to work hard. Her dad painted houses and her mum was a nurse. Marian wanted Craig and Michelle to have a good education, and taught them a lot at home. This gave Michelle and Craig a strong start in life, and both children could read when they were four. They studied hard, but they always helped their mother with the housework too.

After the children were born, Marian stayed at home to look after them. Michelle's dad had multiple sclerosis, a *terrible illness. People with this illness can have problems with their eyes, and moving their arms and legs. But Fraser's illness did not stop him from going to work every day. So the young Michelle learned that working hard is very important. Later, she said, "My father worked so hard to give us a home." She knew that the best way to help him was to study hard and make him proud of her.

*The Robinsons had a lot of fun too. They sometimes enjoyed eating pizza on a Friday evening. On Saturdays, Michelle did jobs in the apartment like cleaning the bathroom, but on Sundays, the family went for long drives. In the evenings and at weekends, they played games, read books, and visited other people in the family. The Robinsons only *allowed their children to watch one hour of TV every day. Michelle's *favourite TV *programme was *The Brady Bunch*. It was a funny programme about a large American family in *the 1970s.

Michelle also remembers the long, fun days of summers, when the family went on holiday to White Cloud. This was a small town on the White River in Michigan.

Michelle's *great-aunt Robbie lived *downstairs from the Robinson family. Robbie was a strong, clever woman, and Michelle loved her very much. Perhaps she also learned some lessons for life from Robbie. Robbie was a student at Northwestern University. At night, the students had to sleep together in a *dormitory, a large room with beds. But the university did not allow Robbie to sleep in the dormitory because she was black. Robbie was not happy about this, and she asked some *lawyers to help her. *In the end, the university had to pay her a lot of money.

Robbie also taught Michelle to play the piano and sing. Michelle loved playing the piano. She played it every day and every night. When she was a child, people often had to tell her to stop!

（出典： Dr Sheila Kanani, *The Extraordinary Life of Michelle Obama*, Penguin Random House）

*ordinary　普通の，ありふれた　　*secretary　秘書　　*centre = center

*opportunity　機会，チャンス　　*terrible　ひどく悪い　　*the Robinsons　ロビンソン一家

*allow ~ to…　~に…することを許す　　*favourite = favorite　　*programme = program

*the 1970s　1970 年代　　*great-aunt　大おば（祖父母の姉妹）　　*downstairs　階下に

*dormitory　寮　　*lawyers　弁護士　　*in the end　最終的に

問１　次の表は Michelle の家族の職業をまとめたものです。空欄 16 ～ 19 にあてはまるものを下から一つずつ選び，その番号をマークしなさい。

Michelle's	Job
Father	解答番号は 16
Mother	解答番号は 17
Grandfather	解答番号は 18
Grandmother	解答番号は 19

① a children's doctor　　② a nurse
③ a painter　　④ a secretary
⑤ a student at Northwestern University　　⑥ a worker for City of Chicago
⑦ a teacher

問２　以下の質問または指示に対する最も適切な答えをそれぞれ一つずつ選び，その番号をマークしなさい。

1．Why did Michelle and her brother have a good start in their lives?

（解答番号は 20 ）

① Because they were given a chance to go to school when they were four.
② Because they were always helping their mother.
③ Because their mother taught them many things.
④ Because they were in good health, so they never became sick.

2．How did Michelle learn the importance of working hard?（解答番号は 21 ）

① Because she was so sick that she could not work.

② By seeing her father who worked even though he was seriously sick.

③ Because she was tired after studying hard.

④ By having trouble making enough money to have Italian food.

3．Choose one thing that the Robinsons did NOT do on weekends.

（解答番号は 22 ）

① Programming a fun game.

② Taking care of their house.

③ Reading books.

④ Taking a trip in a car.

問３　次の英文のなかで本文の内容と一致するものを一つ選び，その番号をマークしなさい。

（解答番号は 23 ）

① Michelle's family was rich, so she was happy when she was a child.

② Michelle used the living room as her bedroom alone.

③ Michelle's great-aunt fought to be able to sleep in the dormitory.

④ Michelle was often told to stop playing the piano because she was not very good at it.

3 次の英文を読んで，後の問いに答えなさい。

COVID-19 is a new kind of coronavirus. It can spread easily between humans. COVID-19 spread quickly across the world. Many people react differently to COVID-19. Some people feel normal or slightly sick. Other people may cough, or feel warm. Usually they will find it difficult to breathe.

People can catch COVID-19 from tiny *droplets. Droplets land on people when sick people sneeze or cough. COVID-19 can also live on things that people touch. Touching these things can make others sick. COVID-19 can survive in the air for up to three hours. The virus can survive on various surfaces for different length of time.

Some people are more likely to become sick from COVID-19. Older adults *struggle to *fight off viruses. People over the age of 60 are at a higher risk. People who have illnesses like cancer are also at risk. Heart, *blood, and *lung diseases put people at high risk.

COVID-19 has little to no effect on young children. Children can ［ ア ］ the virus, though. They can pass it on to others. In some places, COVID-19 spread quickly among adults. In these places, children played with their friends. Keeping away from friends is a way to ［ イ ］ the spread of COVID-19. Children get sick from viruses quite often. They can catch about 6 to 8 viruses each year.

A *vaccine is a type of medicine. It can help fight viruses. Vaccine teaches the body how to fight a virus on its own. COVID-19 could return every *flu season. A vaccine can help to [ウ] this from happening.

（出典：Alexis Roumanis, *What is COVID-19? Level 2 reader*, Engage Books）

（注） *droplet：飛沫 *struggle to ～：～するのに苦しむ *fight off：～を撃退する
*blood：血液 *lung：肺 *vaccine：ワクチン *flu：インフルエンザ

問１ 本文の内容に合うように，[ア]，[イ]，[ウ] に当てはまる最も適切な語句をそれぞれ一つ選び，その番号をマークしなさい。

[ア]：① change ② kill ③ carry ④ pollute
（解答番号は [24] ）

[イ]：① encourage ② slow ③ participate ④ keep
（解答番号は [25] ）

[ウ]：① stop ② invite ③ take ④ get
（解答番号は [26] ）

問２ 次の各問いに対する最も適切な答えをそれぞれ①～④の中から１つ選び，その番号をマークしなさい。

1．What is correct about COVID-19? （解答番号は [27] ）
① When people catch COVID-19, all of them feel warm.
② Some people don't feel sick although they have COVID-19.
③ The virus can stay on different surfaces for the same length of time.
④ It can survive only two hours in the air.

2．What is correct about the vaccine for COVID-19? （解答番号は [28] ）
① It is effective to kill viruses but it's not a kind of medicine.
② It tells people's body a way of fighting viruses.
③ We will never catch COVID-19 by the vaccine.
④ It is useful only in young people.

3．What is NOT correct about a risk of COVID-19? （解答番号は [29] ）
① COVID-19 can be passed from person to person.
② Older people and people with illnesses have higher risks than younger people.
③ It is impossible to get COVID-19 virus by touching something.
④ Children can easily get COVID-19.

[4] 次の１～10までの各文の [30] ～ [39] に入る最も適切なものをそれぞれ①～④の中から選び，その番号をマークしなさい。 （[ ] の番号は解答番号と同じです。）

1．I'm glad （ [30] ） this news.
① to hearing ② heard ③ to hear ④ hearing

2．Bob enjoyed （ [31] ） in the sea.
① to swim ② swimming ③ swim ④ swam

3. This long table (32)wood.
① is made of ② are made of ③ is made about ④ are made from

4. Many people (33) in this city for a long time.
① have lived ② has lived ③ will lived ④ are lived

5. It is (34) hotter this year than last year.
① many ② much ③ some ④ any

6. We (35) swimming in the sea at that time.
① are ② is ③ were ④ was

7. Leave home now (36) you will miss the train.
① or ② of ③ and ④ in

8. If you (37) here, I would be happy.
① were ② are ③ is ④ will be

9. It's very kind (38) you to say so.
① of ② with ③ for ④ at

10. Your voice is (39) this singer's one.
① as beautiful ② beautiful as ③ beautiful ④ as beautiful as

5 以下の対話文が成り立つように，（1）～（4）にＡ～Ｄの英文を入れる時，その最も適切な組み合わせを①～④の中からそれぞれ選び，その番号をマークしなさい。

(1) Mr. Uchida : Good Morning, Atsushi. What's wrong?
Atsushi : (1)
Mr. Uchida : (2)
Atsushi : (3)
Mr. Uchida : (4)
Atsushi : Sure. Thank you.

A. Oh, you were absent yesterday. Are you free after school this Friday?
B. Let me see... I don't have any plans on that day.
C. Actually, I have not taken the math quiz yet.
D. Great! Please come to the school office after homeroom.

① C－A－B－D ② B－C－A－D ③ C－D－A－B ④ B－D－C－A

（解答番号は 40 ）

(2) Student A: I got 95 points on the English test.
Student B: (1)
Student A: (2)
Student B: (3)
Student A: (4)

A. I got a bad score on the test. I have to study English more from now.
B. That's right. How was yours?
C. I believe you can do it.

D. Really?　That is the highest score in our class.

①　B－D－C－A　②　B－A－D－C　③　D－A－B－C　④　D－B－A－C

（解答番号は 41 ）

(3) (In a park, there is a family talking.)

Son　: Wow, there are many kinds of flowers in this park.

Mother : (　1　)

Son　: (　2　)

Mother : (　3　)

Son　: (　4　)

A. How did you know about it?

B. I read a flower book that you bought recently.

C. That's right.　Hey, look at this beautiful flower.

D. I know that one.　That is called a rose.

①　C－D－B－A　②　C－D－A－B　③　B－A－C－D　④　B－D－A－C

（解答番号は 42 ）

(4) Lucy : Hurry up, Ken.　The movie will start soon!

Ken　: (　1　)

Lucy : (　2　)

Ken　: (　3　)

Lucy : (　4　)

A. But, we have to buy the ticket for the movie and I want to buy popcorn.

B. Don't worry, Lucy.　We have 15 minutes before the movie starts.

C. I told you many times.　Hurry up.

D. Really?　I didn't know that.

①　A－D－C－B　②　A－C－D－B　③　B－A－D－C　④　B－C－D－A

（解答番号は 43 ）

(5) Kenji　: Hi, Charlotte!　How was your stay at Vietnam?

Charlotte : (　1　)

Kenji　: Really?　What was good for you?

Charlotte : (　2　)

Kenji　: (　3　)

Charlotte : (　4　)

Kenji　: Thank you.　I cannot wait.

A. It was the greatest trip that I've ever taken.

B. Then, I'll take you to a Vietnamese restaurant sometime soon.　Shall we go there?

C. Sounds great.　I've never eaten Vietnamese food.

D. All the Vietnamese people were kind and their dishes were all delicious, too.

① D－A－B－C　② A－D－C－B　③ A－B－D－C　④ D－B－A－C

（解答番号は [44] ）

[6] 次の対話文が成り立つように，[ ] 内の語（句）を並び替え，[45] ～ [54] に入る最も適切な語（句）をそれぞれ選び，その番号をマークしなさい。ただし，文頭に来る語も小文字にしてあります。（[ ] の番号は解答番号と同じです。）

(1) A: Could you [① how ② tell ③ to ④ Urayasu Station ⑤ me ⑥ get to]?

B: Sure. Go straight on this street and turn right if you can see the drugstore.

Could you [45] [ ] [46] [ ] [ ] [ ]?

(2) A: I [① had ② would ③ I ④ anything ⑤ buy ⑥ if] much money.

B: Yes, but it is important to save money too.

I [ ] [ ] [ ] [47] [ ] [48] much money.

(3) A: I cannot wait to start my high school life.

B: I [① that ② enjoy ③ sure ④ am ⑤ will ⑥ you] it.

I [ ] [49] [ ] [ ] [50] [ ] it.

(4) A: You are good at playing tennis.

B: I [① playing ② was ③ have ④ I ⑤ since ⑥ tennis ⑦ been] in kindergarten.

I [ ] [51] [ ] [ ] [ ] [52] [ ] in kindergarten.

(5) A: I learned that [① mountain ② is ③ any ④ higher ⑤ Mt. Fuji ⑥ other ⑦ than] in Japan.

B: Yeah, that is a symbol of Japan.

I learned that [ ] [ ] [53] [ ] [54] [ ] [ ] in Japan.

2　きっかけとなったこと。
3　まだ行われていないこと。
4　ほんのちょっとしたこと。
5　子どもたちに伝えないとならないこと。

② 臥薪嘗胆（がしんしょうたん）　21

1　きわめて切迫している様子。
2　あつかましくて恥知らずな様子。
3　物事をなしとげるため大変な苦労をすること。
4　見かけに実質が伴っていないこと。
5　すぐに他者の意見に賛同してしまうこと。

問二　次の熟語の対義語として最も適当なものを次の中からそれぞれ一つ選び、その番号を解答番号 22 23 にマークしなさい。

① 供給　22

1　流行　2　需要　3　売買　4　懸念　5　陳腐

② 諮問　23

1　錯誤　2　正解　3　手段　4　答申　5　弛緩（しかん）

問三　次のことわざの意味として最も適当なものを次の中からそれぞれ一つ選び、その番号を解答番号 24 25 にマークしなさい。

① 井の中の蛙　24

1　物語に出てくるような風景のこと。
2　自分の狭い知識や経験にとらわれている人のこと。
3　共に努力してきた友人のこと。
4　とても些末（さまつ）な物事のこと。
5　難しい問題についてひたすら考え続けている人のこと。

② 朱に交われば赤くなる　25

1　上手な人でも失敗することがあるということ。
2　中途半端に交わっても役に立たないこと。
3　何事も着実に行っていくことがよいということ。
4　関わる仲間や友人によって人は感化されやすいということ。
5　言わずともわかるような簡単なこと。

問四　次の熟語の読み方の種類として最も適当なものを次の中からそれぞれ一つ選び、その番号を解答番号 26 27 にマークしなさい。

① 絵画　26

② 雨具　27

1　音読み　2　訓読み　3　重箱読み　4　湯桶読み

問五　次の熟語の構造として最も適当なものを次の中からそれぞれ一つ選び、その番号を解答番号 28 29 30 にマークしなさい。

① 賞罰　28

② 観劇　29

③ 県営　30

1　同じような意味の漢字を重ねたもの。
2　反対または対応の意味を表す字を重ねたもの。
3　上の字が下の字を修飾しているもの。
4　下の字が上の字の目的語・補語になっているもの。
5　上の字が主語、下の字が述語になっているもの。

5　清少納言が簾を掻き上げて、鬼のような尼姿で顔を出したということ。

問六　傍線部⑤「駿馬の骨をば買わずやありし」とはどういうことか。最も適当なものを次の中から一つ選び、その番号を解答番号 16 にマークしなさい。

1　駿馬の骨を買いたいならば、老婆になっていたとしても、優れた女性である清少納言のような人に話しかけるのがよいのになぜ言わないのかと責めている。

2　駿馬の骨を買わずにいられるならば、殿上人たちはきっと立身出世もできるだろうという占いの結果を、尼となった清少納言は重々しく告げている。

3　駿馬の骨を買わずにいられたということは、殿上人たちには先見の明があるということであるので、尼としてひそかに暮らしていた清少納言は驚いて飛び出し、褒め称えている。

4　すぐれたものなら骨になっても大切にするというような心がけが周囲によい人材を集めることにつながるのに、清少納言を零落した身だからと大切にしないとは残念だと告げている。

5　すぐれたものであっても骨になったら大切にしないのが普通のことであるから、清少納言のような尼を大切にしないのも理解できることだと冷静に述べている。

問七　傍線部⑥「燕王好レ馬買レ骨事也」を書き下しにした際、最も適当なものを次の中から一つ選び、その番号を解答番号 17 にマークしなさい。

1　燕王好む馬を買ひ骨とする事なり

2　燕王馬を好み骨を買ふ事なりや

3　燕王馬を好み骨を買ふ事なり

4　燕の王は好く馬と骨を買ふことなり

5　燕の王は馬買ひを好み骨とする事かな

問八　傍線部⑥の故事を基にした故事成語として最も適当なものを次の中から一つ選び、その番号を解答番号 18 にマークしなさい。

1　隗より始めよ　　2　燕雀安んぞ鴻鵠の志を知らんや

3　烏合の衆　　4　塞翁が馬

5　泣いて馬謖を斬る

問九　本文の内容と合致し**ない**ものを次の中から一つ選び、その番号を解答番号 19 にマークしなさい。

1　清少納言は落ちぶれてしまっていた。

2　清少納言の家の前を殿上人たちが乗った車が通りかかった。

3　清少納言の家は壊れており、若い殿上人に揶揄されてしまった。

4　清少納言は元々桟敷に座っていたが、殿上人の言葉を聞いて、簾をかき上げた。

5　清少納言の言ったことを殿上人たちは理解できず、怒ってしまった。

三　次の各問いに答えなさい。

問一　次の熟語の意味として最も適当なものを次の中からそれぞれ一つ選び、その番号を解答番号 20 ・ 21 にマークしなさい。

①　未曾有　　20

1　かつて一度もなかった大きなこと。

であるのに対し、一人の人物の感情を掘り下げて描くことが前近代においての物語を語るということであるので、多少は共通点があるということ。

問八　傍線部⑦「現実の聴衆よりも以前に見えない存在へむけて発せられる」とあるが、これはどういうことか。最も適当なものを次の中から一つ選び、その番号を解答番号 10 にマークしなさい。

1　ユタのようなシャーマンが語る言葉は、現実の人々へというよりも、神へと捧げられるものであるということ。
2　耳なし芳一は他の琵琶法師とは違い、現実の人々へというよりも、神仏に向けて物語を語ったということ。
3　琵琶法師のパフォーマンスは、神仏からのメッセージを聴衆に伝えるためだけに磨かれていくということ。
4　琵琶法師の語りは、目の前にいる聴衆に向けてというよりも、あの世の霊のような見えない存在に向けて行われるということ。
5　琵琶法師は複数の霊的な人格になりきって語ることで、聴衆のためだけにパフォーマンスを行うということ。

二

次の古文を読み、後の問いに答えなさい。

「①清少納言、零落の後、若殿上人、②あまた同車して、彼の宅の前を渡る間、宅の体、破壊したるをみて、『少納言、無下に ア 成りにけれ。』と、車中に③云ふを聞きて、本より桟敷(さじき)に立ちたりけるが、簾(すだれ)を掻(か)き揚げ、④鬼のごとき形の女法師、顔を指し出だす」と云々。「⑤駿馬の骨をば買わずやありし」と云々。〈⑥燕王好レ馬買レ骨事也、〉

「古事談」

問一　傍線部①「清少納言」が書いた作品として最も適当なものを次の中から一つ選び、その番号を解答番号 11 にマークしなさい。

1　おくの細道　2　枕草子　3　源氏物語
4　方丈記　5　徒然草

問二　傍線部②「あまた」の意味として最も適当なものを次の中から一つ選び、その番号を解答番号 12 にマークしなさい。

1　再び　2　ひとりで　3　数人
4　数多く　5　さみしく

問三　ア に入るものとして最も適当なものを次の中から一つ選び、その番号を解答番号 13 にマークしなさい。

1　ぞ　2　なむ　3　や　4　か　5　こそ

問四　傍線部③「云ふ」の読み方を現代仮名遣いで表したとき、最も適当なものを次の中から一つ選び、その番号を解答番号 14 にマークしなさい。

1　でんふ　2　いふ　3　つたふ
4　いう　5　つたう

問五　傍線部④「鬼のごとき形の女法師、顔を指し出だす」とはどういうことか。最も適当なものを次の中から一つ選び、その番号を解答番号 15 にマークしなさい。

1　清少納言に言われた侍女が、怒り狂って顔を出したということ。
2　清少納言の母親が、顔を出して殿上人の方を見たということ。
3　殿上人たちがのぞき込んだところ、尼(あま)姿の女性がいたということ。
4　殿上人は鬼のような形相で、女をにらみつけたということ。

4 シンテンとある封書は、名宛人以外は開けないこと。

5 洪水でシンスイ被害が出る。

問五 傍線部③「そんな不可視のざわめきのなかへみずからを開放し、共振させてゆくことが、前近代の社会にあっては、〈異界〉とコンタクトする方法でもあった」とあるが、どういうことか。最も適当なものを次の中から一つ選び、その番号を解答番号 7 にマークしなさい。

1 物事を理解していないために混乱状態に陥ることで、前近代ではかえって真実が理解できるようになるのではないかと考えられたということ。

2 現実を直視せず思いつくままに行動し、他者に共感していくことが、前近代の社会ではこの世ならぬモノとつながるとされたということ。

3 見えない状態で過ごし自分というものを見つめなおすことで、前近代の社会では霊が見えるようになってくると考えられたということ。

4 物事の良し悪しを判断するために、前近代の世界では目の見えない人々のシャーマニックな資質を有効に活用していたということ。

5 見えない状態で音を聞き自他の境界を曖昧(あいまい)にしていくため、前近代では目の見えない人々は霊とつながることができるとされたということ。

問六 傍線部④「ポジティブ」、⑤「プロセス」の意味の組み合わせとして最も適当なものを次の中から一つ選び、その番号を解答番号 8 にマークしなさい。

1 ポジティブ…悲観的　　プロセス…選別

2 ポジティブ…積極的　　プロセス…過程

3 ポジティブ…巨視的　　プロセス…優先

4 ポジティブ…双方向的　　プロセス…発表

5 ポジティブ…圧倒的　　プロセス…枠組み

問七 傍線部⑥「物語を語るという行為は、近代的な意味でのいわゆる「表現」などではありえない」とあるが、これはどういうことか。本文の内容に最も近いものを次の中から一つ選び、その番号を解答番号 9 にマークしなさい。

1 一人で「自己」の考えを明示し、共感を得ていくことが近代的「表現」であるのに対し、複数の人物が協力してさまざまな物語を伝えていくことが前近代の物語を語るということであるので、全く違うということ。

2 現実的な物事を記述していくことが近代的「表現」であるのに対し、非現実的な物事をまるで本当にあったかのように表すことが前近代においての物語を語るということであるので、全く違うということ。

3 「自己」の考えを表すことが近代的「表現」であるのに対し、さまざまな人格に成り代わり、憑依するようにして語ることが前近代においての物語を語るということであるので、全く違うものであるということ。

4 「自己」の思い込みを壊すことが近代的「表現」であるのに対し、多くの人々の考えを取材に基づいて語ることが前近代においての物語を語るということであるので、多少は違うものであるということ。

5 一人の人格の中での複数の立場を明確に表すことが近代的「表現」

者が同時に宗教者でもあるという中世的な芸能伝承のありかたは、西日本の琵琶法師によって近代まで伝えられた。

兵藤裕己『琵琶法師――〈異界〉を語る人びと』（岩波書店、２００９年）

問一　傍線部①「琵琶法師」とあるが、これはどのような人を指すか。最も適当なものを次の中から一つ選び、その番号を解答番号 1 にマークしなさい。

1　若くして故国をはなれ、文筆の才だけをたよりに新大陸や東洋への旅に出た人。
2　中世の盲人芸能者で、平家物語や死霊のたたりが恐れられた曾我兄弟、源義経の物語を語った人。
3　一定期間の修行をおえ、あの世とこの世、狂気と正気というふたつの人格の交替を統御できる人。
4　平安時代の貴族社会で行なわれた『源氏物語』以下のフィクションの物語である「つくり物語」を語った人。
5　話し手の表情から言語外のメッセージを受けとり、周囲のざわめきはノイズ（雑音）としてのぞくことができる人。

問二　傍線部②「目と耳、視覚と聴覚は密接に連動している」とはどういうことか。最も適当なものを次の中から一つ選び、その番号を解答番号 2 にマークしなさい。

1　人間は聞こうという気持ちを強く持っていないと、物事を聞き漏らしてしまうことがあるということ。
2　人間が音の聞こえる方向を見てしまうのは、生物的な本能であり、逃れられない性だということ。
3　人間は聞こうとする音の方を見ることで、その音を集中して聞くことができるようになっているということ。
4　人間の聴覚はよくできているので、ただぼんやり聴いているだけでも自然と重要な音とそうでない音を区別することができるということ。
5　人間には視界に入らないところから発される音はまったく聞こえていないということ。

問三　ア イ に入る言葉として最も適当なものを次の中からそれぞれ一つ選び、その番号を解答番号 3 4 にマークしなさい。

1　しかし　2　また　3　たとえば
4　つまり　5　ところで

問四　傍線部Ａ「ハイジョ」とＢ「シンニュウ」の漢字と同じものを、次の中からそれぞれ一つ選び、その番号を解答番号 5 6 にマークしなさい。

Ａ　ハイジョ 5
1　ジョクンを受ける。
2　ジョコウ運転をする。
3　ソウジはしっかりと行おう。
4　この二つの図形はソウジである。
5　不安をジョチョウするような事を言うな。

Ｂ　シンニュウ 6
1　著作権のシンガイだ。
2　シンシュツキボツの怪盗。
3　首相のショシン表明演説を聞く。

巫病を必須の階梯とする召命型（召命は、神に召される意）のシャーマンにたいして、巫病の⑤プロセスを経ないシャーマンを、修行型という。修行型のシャーマンは視覚の障害者に多いのだが、視覚障害者のばあい、心身の変調・錯乱などを経験しなくても、一定の修練によって、この世ならぬモノ（＝霊）とのコンタクトが可能だったのだ。

聴覚と皮膚感覚によって世界を体験する盲目のかれらは、自己の統一的イメージを視覚的に（つまり鏡にうつる像として）もたないという点で、自己の輪郭や主体のありようにおいて常人とは異なるだろう。それはシャーマニックな資質のもちぬしに、盲人が多いことの理由でもある。そして自己の輪郭を容易に変化させうるかれらは、前近代の社会にあっては、物語・語り物伝承の主要な担い手でもあった。

平家の物語が琵琶法師によって語られたことはよく知られているが、死霊のたたりが恐れられた曾我（そが）兄弟や源義経の物語も、中世にはおもに盲人芸能者によって担われた。

平安時代の貴族社会で行なわれた「つくり物語」（『源氏物語』以下のフィクションの物語をさす）はともかく、民間で語られた物語は、過去（むかし）の死者たちの語りである。モノ語りを語るとは、見えないモノのざわめきに声をあたえることであり、それは盲人のシャーマニックな職能と地つづきの行為である。そして声によって現前する世界のなかで、語り手がさまざまなペルソナ（役割としての人格・霊格）に転移してゆくのであれば、⑥物語を語るという行為は、近代的な意味でのいわゆる「表現」などではありえない。

むしろ「表現」（express＝搾りだす）の前提にある「自己」が拡散し、さまざまなペルソナに転移してゆく過程として、物語を語るという行為はある。語る行為が不可避的に要求する主体の転移と複数化は、民俗学ふうにいえば一種の憑依（ひょうい）体験だが、視覚を介さずに世界とコンタクトする盲人は、物語の伝承とパフォーマンスにおいて非凡な能力を発揮したのである。

物語の語り手になるとは、さまざまな人格や霊格をひきうけることである。そんなパフォーマンスの現場では、話し手と聞き手とのあいだの通常のコミュニケーション・モデルもなりたたない。

物語を語るのは、不断に複数化してゆく主体である。その声も、たとえば、琵琶法師の芳一が安徳天皇の墓前で語っていたように、⑦現実の聴衆よりも以前に見えない存在へむけて発せられる。そんな複数化した主体によるモノローグのような語りの声を聴衆は傍聴しているのであり、語られる世界と聴衆とのはざまにあって、盲目の琵琶法師は、たしかにあの世とこの世の媒介者（メディエーター）である。

［イ］、琵琶の伴奏でさまざまな語り物や歌謡を演唱した中世の琵琶法師は、十六世紀の末ごろから、しだいに新しい三味線音楽に転向していった。たとえば、東北地方の奥浄瑠璃（じょうるり）や、有名な津軽三味線は、いずれも座頭三味線の系統である。近世の語り物音楽を代表する浄瑠璃・文楽も、もとは座頭の三味線芸から出発した。

時代の流行が琵琶から三味線へ移行したなかで、中国地方の西部（耳なし芳一の話の舞台となった赤間関一帯もふくむ）から九州一円にかけては、琵琶法師の琵琶が江戸時代以後も行なわれた。

理由のひとつは、盲人の琵琶演奏が、この地方では、地神祭や荒神祓（ばら）いなどの民間の宗教儀礼と密接に結びついて存在したからである。法具としての琵琶のありかたが、三味線との交替を困難にしたのだが、芸能

【国　語】（五〇分）〈満点：一〇〇点〉

一　次の文章を読み、後の問いに答えなさい。

芳一がそうであるように、①琵琶(びわ)法師はふつう盲(もう)人である。目が不自由なかれらにとって、耳とはなんなのか。

一般の晴眼者のばあい、②目と耳、視覚と聴覚は密接に連動している。［ア］、人の話を聞くとき、私たちはその人の顔をみる。話し手の表情から言語外のメッセージを受けとるという以外に、あいての顔をみることで、意識の焦点がその人に結ばれ、声は聞き分けられ（分節化され）、周囲のざわめきはノイズ（雑音）としてのぞかれる。

本を読んだりテレビをみるのに熱中しているときも、まわりのもの音に気がつかないということはよくある。私たちの意識の焦点は、ふつう目が焦点を結ぶところに結ばれる。耳からの刺激は視覚によって選別され、不要なものはハイAジョまたは抑制される。

目の焦点をうつろにしてぼんやりしているとき、またはその状態で目をとじてみたとき、目をあけていたときには気づかなかったもの音が聞こえてくる。目による選別がなければ、私たちの周囲は、見えない存在のざわめきに満ちている。

耳からの刺激は、からだの内部の聴覚器官を振動させる空気の波動である。私たちの内部に直接Bシンニュウしてくるノイズは、視覚の統御をはなれれば、意識主体としての「私」の輪郭さえあいまいにしかねない。③そんな不可視のざわめきのなかへみずからを開放し、共振(シンクロナイズ)させてゆくことが、前近代の社会にあっては、〈異界〉とコンタクトする方法でもあった。

「耳なし芳一の話」を英文で再話したハーンじしん、片目に障害があったことはよく知られている。視覚の不自由なかれが、霊的(スピリチュアル)な世界に関心を寄せる「耳の人」だったことは、平川祐弘が述べている（『小泉八雲——西洋脱出の夢』一九八一年）。

若くして故国をはなれ、文筆の才だけをたよりに新大陸や東洋への旅に出たハーンの前半生は、遍歴の芸能民の境涯(がい)をおもわせる。そんなハーンがついのすみかとした東洋の島国日本には、見えない存在のざわめきを聴きとり、それに声をあたえることを職能とした人びとが近代にいたるまで存在した。

［ア］、奄美(あまみ)や沖縄にはユタという女性シャーマンがいる。彼女らが神霊の使いとなるきっかけは、家庭内の不幸や近所づきあいのトラブルなどに起因する心身の変調である。心身の変調（巫病(ふびょう)という）は、ときに精神の錯乱となるが、そんなときの相談あいては、精神科医ではなく、ひと時代まえまでは近くに住む先輩ユタだった。

心身の変調・錯乱が、「ユタになれ」という神の思し召しと判断されると、神の命令をこばむかぎりは病は治らないとされる。先輩ユタに弟子入りして修行がはじまるのだが、その段階では、心身の変調や錯乱も霊能の強さとして④ポジティブにうけいれられる。そして一定期間の修行をおえた者は、あの世とこの世、狂気と正気というふたつの人格の交替を統御できるシャーマンになってゆく。

巫病を成巫儀礼(イニシエーション)の階梯(かいてい)とするユタは、一般に晴眼者である。それにたいして、巫病を経ずに、師匠のもとでの修行だけでシャーマンになるのは、北部九州のトウニン、近畿地方のダイサン、東北地方のイタコ・オナカマなど、いずれも盲目のシャーマンである。

2023年度

解　答　と　解　説

《2023年度の配点は解答欄に掲載してあります。》

＜数学解答＞《学校からの正答の発表はありません。》

1　(1)　ア　④　(2)　イ　⑤　(3)　ウ　①　(4)　エ　④　(5)　オ　③
(6)　カ　②

2　(1)　ア　③　(2)　イ　④　(3)　ウ　①　(4)　エ　②　(5)　オ　②
(6)　カ　①

3　(1)　ア　－(0)　イ　4　ウ　8　(2)　エ　2　オ　1
(3)　カ　2　キ　1　ク　4

4　(1)　ア　5　(2)　イ　7

5　(1)　ア　9　(2)　イ　3　(3)　ウ　3　エ　1

○推定配点○

各5点×20　計100点

＜数学解説＞

基本　1　(正負の数，式の計算，平方根，二次方程式，数の性質)

(1)　$(-3)\times(-2^3)-18\div(-3)^2=-3\times(-8)-18\div9=24-2=22$

(2)　$(x^2y-xy^2)\div y\times(3x^2y)^2=\dfrac{(x^2y-xy^2)\times9x^4y^2}{y}=9x^6y^2-9x^5y^3$

(3)　$\dfrac{-2a+b}{3}-\dfrac{3a-b}{10}=\dfrac{10(-2a+b)-3(3a-b)}{30}=\dfrac{-20a+10b-9a+3b}{30}=\dfrac{-29a+13b}{30}$

(4)　$\dfrac{12}{\sqrt{6}}-(2-\sqrt{6})^2=2\sqrt{6}-(4-4\sqrt{6}+6)=6\sqrt{6}-10$

(5)　$(x+3)(x-3)=2(x+3)$　$(x+3)\{(x-3)-2\}=0$　$(x+3)(x-5)=0$　$x=-3,\ 5$

(6)　$125=5^3$より，題意を満たす自然数nは，$5\times2^2=20$

2　(因数分解，等式の変形，方程式の利用，平面図形，最短経路，確率)

基本　(1)　$ax^3-2ax^2+a(x-2)=ax^2(x-2)+a(x-2)=a(x-2)(x^2+1)=a(x^2+1)(x-2)$

基本　(2)　$c=\dfrac{ay-bx}{xy}$　$cxy=ay-bx$　$(cy+b)x=ay$　$x=\dfrac{ay}{cy+b}$

(3)　Aの速さを毎分xm，Bの速さを毎分ymとすると，$15x+15y=3600$より，$x+y=240$…①
$30x-30y=3600$より，$x-y=120$…②　①－②より，$2y=120$　$y=60$　よって，Bの速さは毎分60m

(4)　AP＝CQ＝$x$cmとすると，$\triangle\mathrm{PBQ}=\dfrac{1}{2}\times(8-x)^2=\dfrac{1}{2}\times8^2-20=12$　$(8-x)^2=24$　$8-x=\pm2\sqrt{6}$　$x=8\pm2\sqrt{6}$　$0<x<8$より，$x=8-2\sqrt{6}$(cm)

重要　(5)　A′(2，－1)とする。AP＋PB＝A′P＋PB≧A′Bより，直線A′Bとx軸との交点をPとすれば題意を満たす。このとき，$\mathrm{A'B}=\sqrt{(2-7)^2+(-1-4)^2}=5\sqrt{2}$

重要 (6)　2個とも赤玉を取り出す確率は，$\frac{4\times3}{6\times5}=\frac{2}{5}$だから，少なくとも1個は白玉である確率は，$1-\frac{2}{5}=\frac{3}{5}$

3　(図形と関数・グラフの融合問題)

基本 (1)　$y=\frac{1}{2}x^2$と$y=-2x$からyを消去して，$\frac{1}{2}x^2=-2x$　$x^2+4x=0$　$x(x+4)=0$　$x=0,\ -4$　よって，A$(-4,\ 8)$

基本 (2)　直線ABの式を$y=-\frac{1}{2}x+b$とすると，点Aを通るから，$8=-\frac{1}{2}\times(-4)+b$　$b=6$　$y=\frac{1}{2}x^2$と$y=-\frac{1}{2}x+6$からyを消去して，$\frac{1}{2}x^2=-\frac{1}{2}x+6$　$x^2+x-12=0$　$(x+4)(x-3)=0$　$x=-4,\ 3$　よって，B$\left(3,\ \frac{9}{2}\right)$　C$(0,\ 6)$とすると，$\triangle$OAB$=\triangle$OAC$+\triangle$OBC$=\frac{1}{2}\times6\times4+\frac{1}{2}\times6\times3=21$

重要 (3)　$\triangle$OAB$=\triangle$OAPのとき，AO//BPとなる。直線BPの式を$y=-2x+c$とすると，点Bを通るから，$\frac{9}{2}=-2\times3+c$　$c=\frac{21}{2}$　$y=-2x+\frac{21}{2}$に$y=0$を代入して，$x=\frac{21}{4}$　よって，P$\left(\frac{21}{4},\ 0\right)$

4　(平方根)

基本 (1)　AB$=\sqrt{n^2+1}$と表せるから，$n=2$のとき，AB$=\sqrt{2^2+1}=\sqrt{5}$

(2)　$x=\sqrt{1^2+1}=\sqrt{2}$　nの値とABの長さの関係は表のようになるから，$n=7$のとき，AB$=\sqrt{50}=5\sqrt{2}$となり，はじめてxの整数倍になる。

n	1	2	3	4	5	6	7	…
AB	$\sqrt{2}$	$\sqrt{5}$	$\sqrt{10}$	$\sqrt{17}$	$\sqrt{26}$	$\sqrt{37}$	$\sqrt{50}$	…

5　(平面図形の計量)

基本 (1)　$\pi\times6^2\times\frac{90}{360}=9\pi$

基本 (2)　$\angle$COE$=90^\circ\times\frac{2}{3}=60^\circ$より，$\triangle$COEは内角が$30^\circ$，$60^\circ$，$90^\circ$の直角三角形だから，OE$=\frac{1}{2}OC=3$　$\angle$GOE$=30^\circ$より，$\triangle$OEGも内角が30°，60°，90°の直角三角形だから，EG$=\frac{1}{\sqrt{3}}$OE$=\frac{3}{\sqrt{3}}=\sqrt{3}$

重要 (3)　$\triangle$COE$\equiv\triangle$ODFより，$\triangle$COE$=\triangle$ODF　よって，$\triangle$OCGと四角形DFEGの面積は等しく，色塗り部分の図形の面積はおうぎ形OCDの面積に等しい。おうぎ形の面積は中心角の大きさに比例するから，求める面積の比は，$90^\circ:30^\circ=3:1$

★ワンポイントアドバイス★

昨年と出題構成や難易度に大きな変化はない。基本重視の取り組みやすい内容であるから，ミスのないように解いていこう。

＜英語解答＞ 《学校からの正答の発表はありません。》

1 リスニング問題解答省略

2 問1 16 ⑥ 17 ④ 18 ③ 19 ② 問2 1 ③ 2 ② 3 ①
問3 ③

3 問1 ア ③ イ ② ウ ① 問2 1 ② 2 ② 3 ③

4 1 ③ 2 ② 3 ① 4 ① 5 ② 6 ③ 7 ① 8 ① 9 ①
10 ④

5 (1) ① (2) ④ (3) ② (4) ③ (5) ②

6 (1) 45 ② 46 ① (2) 47 ⑥ 48 ① (3) 49 ③ 50 ⑤
(4) 51 ⑦ 52 ④ (5) 53 ④ 54 ③

○推定配点○

2 問3 4点 他 各2点×48 計100点

＜英語解説＞

1 リスニング問題解説省略。

重要 2 (長文読解・物語文：要旨把握，内容吟味)

(大意) ミシェル・ラヴォーン・ロビンソンは，1964年1月17日，イリノイ州シカゴのサウスサイドで生まれた。子供の頃，彼女は幸せな生活を送っていた。彼女の両親，フレイザーとマリアンは普通の仕事をしていた。フレイザーは市の公務員として働き，マリアンは衣料品会社の秘書だった。ミシェルの兄，クレイグは彼女より2歳年上だった。家族はあまりお金がなかったので，アパートには寝室が1つしかなかった。ミシェルとクレイグはリビングルームを共有していたが，中央にベッドシーツを置いて2つの部屋にした 。

両親は教育が重要であることを理解していたので，子供たちは幸運だった。子供の頃，マリアンは小児科医になりたいと思っていたが，大学に行く機会がなかった。彼女は大家族の出身で，両親は一生懸命働かなければならなかった。彼女の父は家を塗り，母は看護師だった。マリアンはクレイグとミシェルに良い教育を受けてもらいたいと思っており，家でたくさん教えた。これにより，ミシェルとクレイグは人生の力強いスタートを切ることができ，4歳のときに読むことができた。一生懸命勉強したが，母親の家事も手伝っていた。

子供たちが生まれた後，マリアンは世話をするために家にいた。ミシェルの父は多発性硬化症という重い病気を患っていた。この病気の人は，目や腕や脚の動きに問題がある可能性がある。しかし，フレイザーの病気は彼が毎日仕事に行くのを止めなかった。若いミシェルは一生懸命働くことが非常に重要であることを学んだ。彼女は「私の父は私たちに家を与えるために一生懸命働いた」と言った。彼女は彼を助ける最善の方法は一生懸命勉強し，彼に彼女を誇りに思うことであることを知っていた。

ロビンソン一家には楽しみもあった。彼らは金曜日の夜にピザを食べるのを楽しんだ。土曜日には，ミシェルはバスルームの掃除などの仕事をしたが，日曜日には家族で長いドライブに出かけた。夕方と週末には，ゲームをしたり，本を読んだり，人を訪ねたりした。ロビンソン一家は子供たちに毎日1時間テレビを見ることしか許可しなかった。ミシェルのお気に入りのテレビ番組はゆかいなブレディー家だった。それはアメリカの大家族についての面白い番組だった。

ミシェルはまた，家族が休暇を過ごしにホワイト・クラウドに行った夏の長くて楽しい日々を覚えている。そこはミシガン州のホワイトリバー沿いの小さな町だった。

ミシェルの大叔母ロビーは，階下に住んでいた。ロビーは強くて賢い女性で，ミシェルは彼女を愛していた。彼女はまた，ロビーから人生のいくつかの教訓を学んだ。ロビーはノースウェスタン大学の学生だった。夜，生徒たちは寮で一緒に寝なければならなかった。しかし，大学はロビーが黒人だったので寮で寝ることを許可しなかった。ロビーはこれに満足しておらず，何人かの弁護士に助けを求めた。結局，大学は彼女にたくさんのお金を払わなければならなかった。

ロビーはまた，ミシェルにピアノを弾き，歌うことを教えた。ミシェルはピアノを弾くのが好きだった。彼女はそれを毎朝晩演奏した。彼女が子供の頃，人々はしばしば彼女にやめるように言わなければならなかった！

問1　16　父のフレイザーは，市の職員として働いていた。　17　母のマリアンは，衣料品会社の秘書であった。　18　マリアンの父は，「家を塗っていた」とあることから判断する。　19　マリアンの母は看護師であった。

問2　1「なぜミシェルと彼女の兄は人生の良いスタートを切れたのか」　母のマリアンが家で多くのことを教えたからである。　2「どのようにしてミシェルは一生懸命働く大切さを学んだのか」　病気だが働くのをやめなかった父の姿を見たからである。　3「ロビンソン一家が週末にしなかったことを1つ選べ」　ゲームはしたが，ゲームのプログラミングはしなかった。

問3　ミシェルの大叔母のロビーは，黒人であることで寮で寝ることが許されなかったので，弁護士に助けを求めたのである。

3　（長文読解・説明文：語句補充，内容吟味）

（大意）　COVID-19は新しいコロナウイルスだ。それは人の間で簡単に広がる可能性がある。COVID-19は世界中に広がった。多くの人がCOVID-19に異なる反応をする。いつも通りかわずかに気分が悪くなる人もいる。咳をしたり，熱っぽく感じたりする人もいるかもしれない。通常，彼らは呼吸が困難になる。

人々は飛沫からCOVID-19に感染する。病気の人がくしゃみや咳をすると，飛沫が人に着く。COVID-19は，人が触れるものの表面でも生きる。これらのものに触れると，他の人が病気になる可能性がある。COVID-19は，空気中で最大3時間生き残ることができる。ウイルスは，さまざまな表面で異なる期間生き残ることができる。

一部の人々はCOVID-19から病気になる可能性が高くなる。高齢者はウイルスと戦うのに苦しんでいる。60歳以上の人はリスクが高くなる。癌のような病気を患っている人も危険にさらされている。心臓，血液，肺の病気は人々を高いリスクにさらす。

COVID-19は幼児にほとんどまたはまったく影響を与えない。子供はウイルスを$_ア$運ぶことができる。彼らは他の人に感染させる。いくつかの場所では，COVID-19は成人の間で急速に広がった。これらの場所では，子供たちは友達と遊んでいた。友達から遠ざけることは，COVID-19の蔓延を$_イ$遅らせる方法だ。子供は頻繁にウイルスで病気になる。彼らは毎年6～8個のウイルスに感染する。

ワクチンは薬の一種だ。ウイルスと戦うのを助けることができる。ワクチンは，ウイルスと自分で戦う方法を体に教える。COVID-19は，インフルエンザの季節ごとに再発する可能性がある。ワクチンはこれを$_ウ$防ぐのに役立つ。

問1　ア　次の文で「他人にウイルスに感染させる」とあるので，「ウイルスを運ぶことができる」が適切。　イ　友達から遠ざけることでウイルスの蔓延を「遅らせる」ことが可能になる。
ウ　〈stop A from ～ing〉「Aが～するのを妨げる(防ぐ)」

問2　1「COVID-19について何が正しいか」　第1段落第5文参照。COVID-19に感染してもいつも通りかわずかに気分が悪くなる人がいる。　2「COVID-19のワクチンについて何が正しいか」　最終段落最終文参照。ウイルスは体にウイルスとの戦い方を教える。　3「COVID-19のリスクについて何が正しくないか」 第2段落第2，3文参照。ウイルスは我々が触れるものの表面でも生きることができ，これらのものに触れることで病気になる。

4 （語句補充問題：不定詞，動名詞，受動態，現在完了，進行形，接続詞，仮定法，前置詞，比較）

基本 1 〈be glad to ~〉「~してうれしい」

2 enjoy ~ing「~して楽しむ」

3 〈be made of ＋材料〉「~で作られている」

基本 4 〈have ＋過去分詞＋ for ~〉「~の間ずっと…している」

5 比較級を強める場合には〈much ＋比較級〉の形になる。

6 at that time は過去形で用いる表現なので，過去進行形の文になる。

7 〈命令文，or ~〉「…しなさい，さもないと~」

重要 8 〈If ＋主語＋過去形，主語＋ would ＋原形~〉「…だったら~のに」という仮定法の文になる。

9 形容詞が人の性質の場合には，前置詞は of を用いる。

基本 10 〈as ~ as …〉「…と同じくらい~」

基本 5 （会話文）

(1) Mr. Uchida：おはよう，あつし。どうしたの？
Atsushi：(1)実は，まだ数学のテストを受けていないのです。
Mr. Uchida：(2)あぁ，君は昨日休みだったね。今週の金曜日の放課後は暇ですか。
Atsushi：(3)えぇっと…，その日は何も予定がありません。
Mr. Uchida：(4)よし！ホームルームの後，職員室に来てください。
Atsushi：わかりました。ありがとうございます。

(2) 生徒A：英語のテストで95点取りました。
生徒B：(1)本当に？それはクラスで最も高い得点です。
生徒A：(2)その通りです。君はどうだったの？
生徒B：(3)悪い点を取りました。今からもっと英語を勉強しなければ。
生徒A：(4)君ならできると信じているよ。

(3) （公園で話している家族がいる）
息子：わー，この公園にはたくさんの種類の花があるね。
母：(1)そうね。ほら，この美しい花を見て。
息子：(2)その花知っているよ。それはバラと呼ばれているんだ。
母：(3)どうやって知ったの？
息子：(4)お母さんが最近買った花の本を読んだんだ。

(4) Lucy：急いで，ケン。映画がすぐ始まっちゃうよ。
Ken：(1)心配しないで，ルーシー。映画が始まるまで15分あるよ。
Lucy：(2)でも映画のチケットを買わなきゃいけないし，ポップコーンも買いたいの。
Ken：(3)本当に？それは知らなかったな。
Lucy：(4)何度も言ったよ。急いで。

(5) Kenji：やぁ，シャーロット。ベトナムの滞在はどうだった？
Charlotte：(1)今までの中で最高の旅だったよ。
Kenji：本当に？君にとって何が良かった？
Charlotte：(2)ベトナムの人はみんな親切で，料理も全部美味しかったよ。
Kenji：(3)いいね。ベトナム料理を食べたことがないんだ。
Charlotte：(4)それじゃあ，そのうちベトナム料理のレストランに連れて行くよ。一緒に行かない？

Kenji：ありがとう。待ち切れないよ。

重要 [6] （語句整序問題：不定詞，仮定法，接続詞，現在完了，比較）

(1)　(Could you) tell me how to get to Urayasu Station(?)　how to get to ～「～への行き方」

(2)　(I) would buy anything if I had (much money.)　〈主語 would 原形＋ if 主語 過去形〉で仮定法過去の文になる。

(3)　(I) am sure that you will enjoy (it.)　I am sure that ～「きっと～だと思う」

(4)　(I) have been playing tennis since I was (in kindergarten.)　〈have been ～ing〉で現在完了進行形の文となる。

(5)　(I learned that) Mt. Fuji is higher than any other mountain (in Japan.)　〈比較級 than any other 単数名詞〉「他のどの～よりも…だ」

★ワンポイントアドバイス★

読解問題，文法問題ともに比較的平易な出題となっている。確実に得点できるように教科書に出てくる単語や例文は身につけるようにしたい。

＜国語解答＞ 《学校からの正答の発表はありません。》

[一]　問一　2　問二　3　問三　[3]　3　[4]　1　問四　[5]　3　[6]　1　問五　5
問六　2　問七　3　問八　4

[二]　問一　2　問二　4　問三　5　問四　4　問五　5　問六　4　問七　3
問八　1　問九　5

[三]　問一　[20]　1　[21]　3　問二　[22]　2　[23]　4　問三　[24]　2　[25]　4
問四　[26]　1　[27]　4　問五　[28]　2　[29]　4　[30]　5

○推定配点○

[一]　問一・問二・問五・問七・問八　各6点×5　他　各2点×5

[二]　問一～問四　各2点×4　他　各6点×5　[三]　各2点×11　計100点

＜国語解説＞

[一]　（論説文－文脈把握，内容吟味，脱語補充，接続語，漢字，語句の意味，要旨）

問一　「琵琶法師」については，直後に「ふつう盲人である」とあり，「平家の……」で始まる段落には「平家の物語が琵琶法師によって語られたことはよく知られているが，死霊のたたりが恐れられた曽我兄弟や源義経の物語も，中世にはおもに盲人芸能者によって担われた」と説明されているので2が適切。

やや難　問二　直後に「人の話を聞くとき，私たちはその人の顔をみる。話し手の表情から言語外のメッセージを受けとるという以外に，あいての顔をみることで，意識の焦点がその人に結ばれ，声は聞き分けられ，……周囲のざわめきはノイズ(雑音)としてのぞかれる」と説明されているので3が適切。

問三　ア　直後に「人の話を聞くとき……」「奄美や沖縄には……」とそれぞれ具体例が示されて

いるので，例示を表す「たとえば」が入る。イ　直前に「盲目の琵琶法師は，たしかにあの世とこの世の媒介者である」とあるが，直後には「中世の琵琶法師は……しだいに新しい三味線に転向していった」とあるので，逆接を表す「しかし」が入る。

問四　A　排除　1　叙勲　2　徐行　3　掃除　4　相似　5　助長
　　B　侵入　1　侵害　2　神出鬼没　3　所信　4　親展　5　浸水

問五　直前に「耳からの刺激は，からだの内部の聴覚器官を振動させる空気の波動である。……視覚の統御をはなれれば，意識主体としての『私』の輪郭さえあいまいにしかねない」とあり，「巫病を必須の……」で始まる段落には「視覚障害者のばあい，……一定の修練によって，この世ならぬモノ(＝霊)とのコンタクトが可能だった」とあるので5が適切。

問六　「ポジティブ」は，積極的，肯定的という意味，「プロセス」は，過程，工程，手続き，といった意味があるので2が適切。

やや難　問七　この後，「物語の……」で始まる段落に「物語の語り手になるとは，さまざまな人格や霊格をひきうけることである。そんなパフォーマンスの現場では，話し手と聞き手とのあいだの通常のコミュケーション・モデルもなりたたない」と説明されているので，「さまざまな人格に成り代わり，憑依するようにして語ることが前近代においての物語をかたることである」「(近代的表現とは)全く違うものである」とする3が適切。

問八　直前に「安徳天皇の墓前で語っていた」とあり，直後では「語られる世界と聴衆のはざまにあって，盲目の琵琶法師は，たしかにあの世とこの世の媒介者である」と説明されているので，「あの世の霊のような見えない存在に向けて行われる」とする4が適切。

二　(古文―文学史，語句の意味，係り結び，仮名遣い，口語訳，文脈把握，故事成語，大意)

〈口語訳〉「清少納言が零落した後，若い殿上人たちが数多く車に乗って，清少納言の家の前を通った時に，家が壊れているのを見て，『清少納言は(今となっては)ひどい有様だ』と，車中で言うのを聞いて，(清少納言は)元々桟敷に立っていたので，簾をかき上げて，鬼のような尼姿で顔を出した」という。「駿馬の骨を買わないことがあろうか，いや買う」と言ったそうだ。〈燕王馬を好み骨を買う事なり〉という意味である。

問一　清少納言は平安時代の歌人で，定子中宮に仕えた。『枕草子』は，平安時代に成立した清少納言による随筆。『おくの細道』は松尾芭蕉，『源氏物語』は紫式部，『方丈記』は鴨長明，『徒然草』は兼好法師の作品。

問二　「あまた」は，数多く，大勢，という意味。

問三　文末が「けれ」と已然形になっているので，「けれ」に対応する語として，係助詞の「こそ」が入る。係り結びの法則により，強意を表す係助詞「こそ」がある場合は，文末は已然形になる。

問四　「云ふ」は「いふ」と読み，現代仮名遣いでは，語頭以外の「はひふへほ」は「わいうえお」になるので，「ふ」は「う」に直して，「いう」と表す。

問五　冒頭に「清少納言，零落の後……彼の宅の前を渡る」とあることから，この家にいるのは「清少納言」であるとわかるので，「清少納言が簾を掻き上げて，鬼のような尼姿で顔を出した」とする5が適切。

やや難　問六　「駿馬の骨をば買わずやありし」は，駿馬の骨を買わないことがあろうか，いや買う，という意味。骨であっても，駿馬の骨であれば買う価値がある，という意味になるので，4が適切。

問七　レ点は一字返って読むので，「燕王馬好骨買事也」の順になる。書き下し文にした場合は，「燕王馬を好み骨を買う事也」となる。

やや難　問八　「隗より始めよ」は，優秀な人材を集めたければ，まず，手近な人材を優遇してみることから始めるのがよい，そうすれば，それ以上に優秀な人材が集まるだろう，という意味。

問九　本文に「怒ってしまった」という記述はないので，5はあてはまらない。

三　（四字・三字熟語，対義語，ことわざ，熟語の読み，熟語の構成）

問一　①「未曾有(みぞう)」は，未だかつて有らず，の意で，これまでに一度もなかった，という意味。特に重大なことに使われるので，1が適切。　②「臥薪嘗胆」は，目的を達成するために苦労を耐え忍ぶこと。「臥薪」は固い薪の上で寝ること。「嘗胆」は，苦い胆をなめること。かたきを討つために労苦を課して，期が来るまで古老を重ねる意。

問二　①「供給」は，要求に応じて物を与えること。対義語は，物品を求めること，という意味の「需要」。　②「諮問」は，相談して意見を求めること。特に，政府などが政策決定に先立って，その専門的意見を学識者などに相談すること。対義語は，上級の官庁や上役から意見を求められた事柄について意見を述べること，という意味の「答申」。

問三　①「井の中の蛙」は，考えや見聞が狭いことのたとえなので2が適切。井戸の中にすむ蛙は，大きな海，広い世界があることを知らない，という意味。　②「朱に交われば赤くなる」は，人間は環境に支配されやすく，付き合う人にしだいでよくも悪くもなるというたとえなので4が適切。

問四　①「絵画(かいが)」の読みは，「音読み＋音読み」なので「音読み」。　②「雨具(あまぐ)」の読みは，「訓読み＋音読み」なので「「湯桶読み(ゆとうよみ)」。「重箱読み(じゅうばこよみ)」は「音読み＋訓読み」。

問五　①「賞罰」は，「賞」と「罰」という反対の意味の語を重ねる構成。　②「観劇」は，「劇を観る」と下から上に返って読むことができ，下の字が上の字の目的語になる構成。　③「県営」は，「県」が「営む」と読みことができるので，「主語」と「述語」の構成。

★ワンポイントアドバイス★

現代文は，本文を精読し，文脈を丁寧に追う練習をしよう！　知識問題は，独立して出題されるので，幅広い出題に対応できる力をつけておこう！

2022年度

★★★★★★★★★★★★★★★★★★★★★★★

入　試　問　題

2022年度

東海大学付属浦安高等学校入試問題

【数　学】（50分）　＜満点：100点＞

【注意】 1．問題の1，2については，それぞれ解答群の中から正しい答えを選んで，その番号をマークしなさい。

（例）　アの答えが20である場合

【解答群】

①　10　　②　15　　③　20　　④　25　　⑤　30　　⑥　その他

	解答欄					
ア	①	②	●	④	⑤	⑥

2．問題の3，4，5については，下記の方法に従ってマークしなさい。

(1)　ア～クの1つ1つには，それぞれ0から9までのいずれか1つの数字が入ります。それらをア，イ，ウ，……で示された解答用紙の各欄にマークしなさい。

（例）　イに8と答えたいとき，

	解答欄									
イ	①	②	③	④	⑤	⑥	⑦	●	⑨	⓪

（例）　ウエに－8と答えたいとき，

	解答欄									
ウ	①	②	③	④	⑤	⑥	⑦	⑧	⑨	●
エ	①	②	③	④	⑤	⑥	⑦	●	⑨	⓪

(2)　分数の場合は，分子分母の順になっています。その解答はすべて既約分数で答えなさい。

（例）　$\frac{\text{オ}}{\text{カ}}$に$\frac{2}{3}$と答えたいとき，

	解答欄									
オ	①	●	③	④	⑤	⑥	⑦	⑧	⑨	⓪
カ	①	②	●	④	⑤	⑥	⑦	⑧	⑨	⓪

1 次の各問いに答えなさい。

(1) $9-5^2 \div \dfrac{3}{2}$ を計算すると，ア となります。

① $\dfrac{7}{3}$ ② $-\dfrac{23}{3}$ ③ $-\dfrac{32}{3}$ ④ $\dfrac{68}{3}$ ⑤ $\dfrac{77}{3}$ ⑥ その他

(2) $3(2x+3y)-\dfrac{1}{3}(x-4y)$ を計算すると，イ となります。

① $\dfrac{17x+31y}{3}$ ② $\dfrac{17x+23y}{3}$ ③ $17x+31y$ ④ $17x+23y$ ⑤ $x+7y$

⑥ その他

(3) $\sqrt{125}+4\sqrt{5}-\dfrac{10}{\sqrt{5}}$ を計算すると，ウ となります。

① $5\sqrt{5}$ ② $7\sqrt{5}$ ③ $\sqrt{195}$ ④ $7\sqrt{5}-\sqrt{2}$ ⑤ $9\sqrt{5}-\sqrt{2}$

⑥ その他

(4) 1次方程式 $x+9=\dfrac{2x-3}{5}$ の解は，エ となります。

① $x=-16$ ② $x=-12$ ③ $x=-4$ ④ $x=12$ ⑤ $x=16$ ⑥ その他

(5) $\dfrac{1}{2}x^2-8$ を因数分解すると，オ となります。

① $(x+4)(x-4)$ ② $(x+4)^2$ ③ $\dfrac{1}{2}(x+4)(x-4)$ ④ $\dfrac{1}{2}(x+4)^2$

⑤ $\dfrac{1}{2}(x-4)^2$ ⑥ その他

(6) 連立方程式 $\begin{cases} 2x+3y=5 \\ 3x-2y=1 \end{cases}$ の解は，カ となります。

① $x=-\dfrac{12}{5},\ y=-\dfrac{13}{5}$ ② $x=-1,\ y=-1$ ③ $x=1,\ y=1$

④ $x=\dfrac{12}{5},\ y=-\dfrac{13}{5}$ ⑤ $x=5,\ y=-1$ ⑥ その他

2 次の各問いに答えなさい。

(1) 2次方程式 $2x^2+5x+1=0$ の解は，ア となります。

① $x=\dfrac{-5\pm\sqrt{17}}{2}$ ② $x=\dfrac{-5\pm\sqrt{17}}{4}$ ③ $x=\dfrac{5\pm\sqrt{17}}{2}$

④ $x=\dfrac{5\pm\sqrt{17}}{4}$ ⑤ $x=\dfrac{-5\pm\sqrt{13}}{4}$ ⑥ その他

(2) 次のページの表はある数学のテストの結果を度数分布表にしたものです。60点以上の人は イ 人となります。

① 5 ② 12 ③ 13 ④ 17 ⑤ 22 ⑥ その他

階級（点）	度　数
40以上　50未満	8
50以上　60未満	5
60以上　70未満	5
70以上　80未満	6
80以上　90未満	5
90以上　100未満	1
計	30

(3)　２次関数 $y=x^2$ について，x の変域が $-3\leqq x\leqq 2$ のとき，y の変域は **ウ** となります。

①　$0\leqq y\leqq 4$　②　$0\leqq y\leqq 9$　③　$4\leqq y\leqq 9$　④　$-9\leqq y\leqq 4$
⑤　$-9\leqq y\leqq 0$　⑥　その他

(4)　底面の半径が３㎝，母線の長さが10㎝の円錐の表面積を求めると，**エ** ㎠となります。
ただし，円周率は π とします。

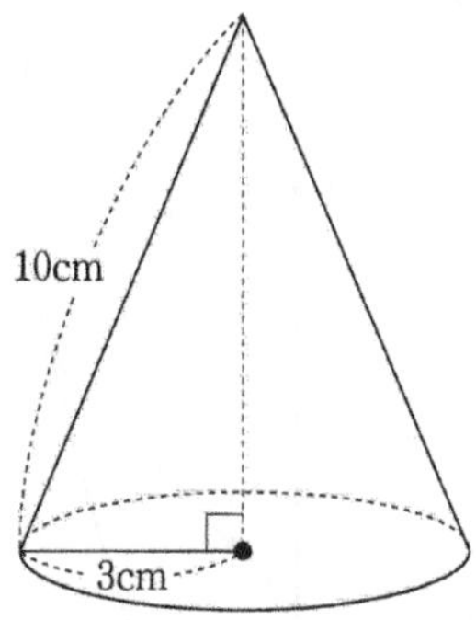

①　9π　②　30π　③　39π　④　$9\sqrt{91}\pi$　⑤　$3\sqrt{91}\pi$　⑥　その他

(5)　底面が直角三角形の三角柱があります。
辺BE上に点O，辺CF上に点Pをとります。
このときAO＋OP＋PDの最小値は，**オ** ㎝となります。
ただし，AB＝４㎝，BC＝３㎝，AD＝５㎝とする。

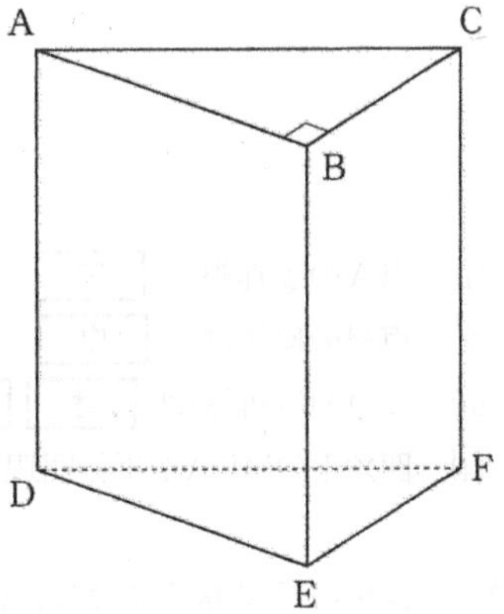

①　12　②　13　③　14　④　15　⑤　17
⑥　その他

(6)　４個の数字，1，2，3，6のうちの異なる３個を並べて，３桁の整数を作るとき，３の倍数となる確率は **カ** となります。

①　$\frac{1}{12}$　②　$\frac{1}{6}$　③　$\frac{1}{4}$　④　$\frac{1}{3}$　⑤　$\frac{1}{2}$　⑥　その他

3 図のように円周上に△ABCが正三角形となるように，３点A，B，Cをとります。

$\overset{\frown}{AD}:\overset{\frown}{CD}=3:1$ となる点Dをとり，線分ACと線分BDの交点をＥとします。

AC＝４のとき，次の問いに答えなさい。

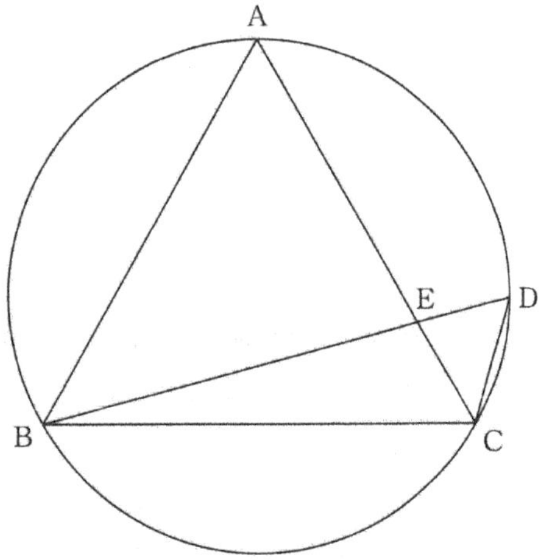

⑴ BD＝ $\boxed{\text{ア}}\sqrt{\boxed{\text{イ}}}+\dfrac{\boxed{\text{ウ}}\sqrt{\boxed{\text{エ}}}}{\boxed{\text{オ}}}$

となります。

⑵ △ABDの面積は $\boxed{\text{カ}}+\dfrac{\boxed{\text{キ}}\sqrt{\boxed{\text{ク}}}}{\boxed{\text{ケ}}}$

となります。

4 図のように，放物線 $y=\dfrac{1}{2}x^2$ と直線 $y=x+4$ が２点A，Ｂで交わっています。

また，線分ＡＢの中点をMとします。

このとき，次の問いに答えなさい。

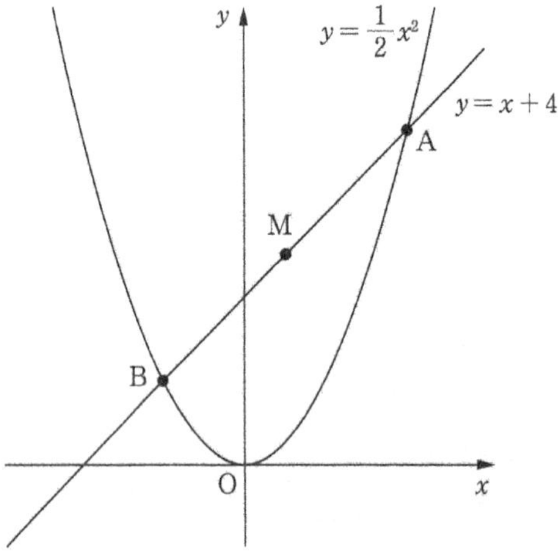

⑴ 点Aの x 座標は $\boxed{\text{ア}}$，点Ｂの x 座標は－ $\boxed{\text{イ}}$ となります。

⑵ 点Mの座標は（ $\boxed{\text{ウ}}$ ， $\boxed{\text{エ}}$ ）となります。

⑶ △OABの面積は $\boxed{\text{オ}}\boxed{\text{カ}}$ となります。

⑷ 四角形OMDAが平行四辺形になるときのＤの座標は（ $\boxed{\text{キ}}$ ， $\boxed{\text{ク}}\boxed{\text{ケ}}$ ）となります。

5 次のページの図のように，直角三角形ABCがあり，AC＝BC＝10㎝，∠ACB＝90°とします。大小２つのサイコロを同時に投げ，大きいサイコロの出た目の数を a，小さいサイコロの出た目の数を b とします。辺BC上に点Ｂから a ㎝のところに点Dをとり，辺AC上に点Ｃから b ㎝のところに点Ｅをとります。

このとき次のページの問いに答えなさい。

(1) CD＝CEとなる確率は $\dfrac{\boxed{ア}}{\boxed{イ}\boxed{ウ}}$ となります。

(2) △DCEの面積が10cm²となる確率は $\dfrac{\boxed{エ}}{\boxed{オ}\boxed{カ}}$ となります。

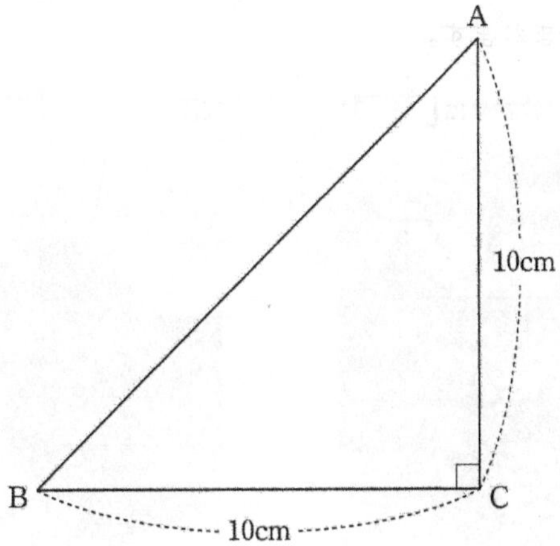

【英　語】（50分）　＜満点：100点＞

1　リスニング　テスト

Part 1　以下の写真およびグラフに関する英文がそれぞれ４つ放送されます。それらの状況や内容を表す最も適切な英文を１つ選び，その番号をマークしなさい。
英文は１度だけ読まれます。

No. 1　（解答番号は［1］）

No. 2　（解答番号は［2］）

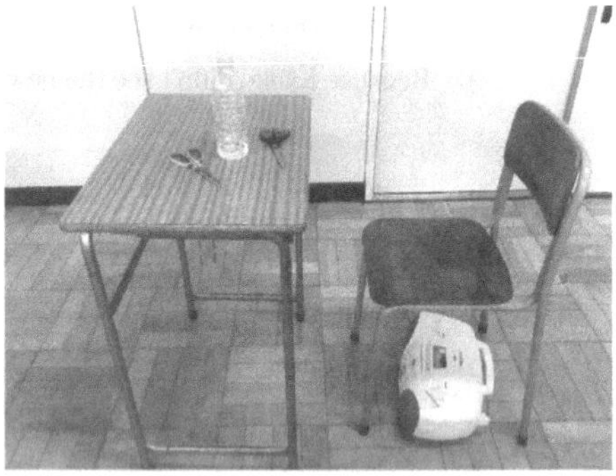

No. 3　（解答番号は［3］）

No. 4　（解答番号は［4］）

No. 5　（解答番号は［5］）

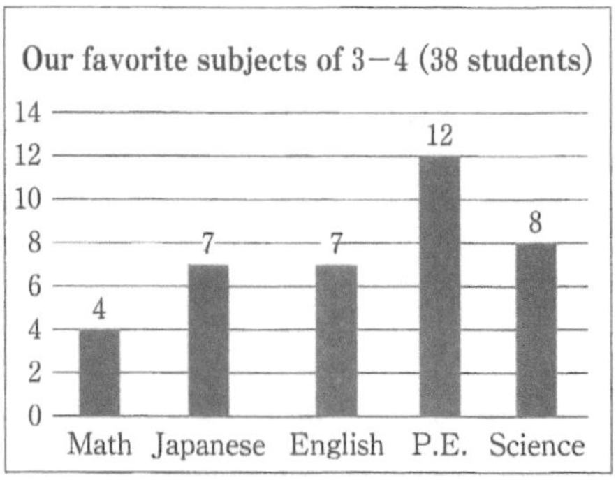

Part 2　ボブとクラスメートの京子が電話をしています。放送を聞いて，その会話についての質問の答えとして，最も適切なものをそれぞれ①～④の中から１つ選び，その番号をマークしなさい。英文は２度読まれます。

No. 1　(解答番号は 6)

① Because it was rainy.
② Because the members of the Japanese team were not good.
③ Because Bob has been sick since yesterday.
④ Because Kyoko didn't see the news.

No. 2　(解答番号は 7)

① On June 13th.　② On June 30th.　③ On July 13th.　④ On July 30th.

No. 3　(解答番号は 8)

① Some sweets.　② Sandwiches.　③ Some drinks.　④ Snacks.

No. 4　(解答番号は 9)

① At ten o'clock.　② At twelve o'clock.
③ At two o'clock.　④ At three o'clock.

No. 5　(解答番号は 10)

① It's 521-8226.　② It's 521-8262.
③ It's 512-8262.　④ It's 512-8226.

Part 3　中学生の太郎がホームステイでの経験を英語で紹介しています。放送を聞いて，各質問に対する最も適切な答えをそれぞれ①～④の中から１つ選び，その番号をマークしなさい。英文は２度読まれます。

No. 1　(解答番号は 11)

① He liked to play sports.　② He liked to go shopping.
③ He liked to cook with his wife.　④ He liked to do New Zealand dance.

No. 2　(解答番号は 12)

① Because he wanted to know about a famous rugby team.
② Because he wanted to hear about dance.
③ Because he wanted to communicate with the students.
④ Because he wanted to teach cooking.

No. 3　(解答番号は 13)

① He did Judo with his friend.
② He enjoyed practicing rugby.
③ He showed his friend Japanese culture.
④ He made a recipe of tempura and miso soup.

No. 4　(解答番号は 14)

① It is seeing the smiles of his host family.
② It is eating the lamb meat.
③ It is going to the local school.
④ It is going to the museum.

No. 5 （解答番号は 15 ）

① He baked some cakes with his host mother.
② He went to the pool with his host father.
③ He taught Japanese to the elementary school students.
④ He saw the traditional dance, "Haka."

※リスニングテストの放送台本は非公表です。

2 金箔や宝石を身につけた，ある銅像についての英文を読み，後の問いに答えなさい。

"*Alas! I have no *ruby now," said the Prince. "My eyes are all that I have left. They are made of *sapphires. Take one to him. He will sell it, and then he can buy food and *firewood, and finish his *play."

"Dear Prince," said the Swallow, (ア)"I cannot do that." He began to cry.

"Swallow, Swallow, little Swallow," said the Prince, "do as I tell you."

So the Swallow took one of the Prince's eyes and flew to the student's house. It was easy enough to get in as there was a hole in the roof. The young man did not hear the Swallow but when he looked up he found the beautiful sapphire *lying on his table.

"Somebody likes me," the student cried. "Now I can finish my play," and he looked very happy.

The next day the Swallow flew down to the *harbor. He watched the ships and the boats. That night he returned to the Happy Prince.

"I have come to say good-bye," he cried.

"Swallow, Swallow, little Swallow," said the Prince, "*will you not stay with me for one more night?"

"It is winter," answered the swallow, "and soon it will be very cold here. In Egypt the sun is warm. My friends are building a home for us. Dear Prince, I must leave you, but I will never forget you, and next spring I will bring you back a beautiful ruby and a sapphire."

"In the street below," said the Happy Prince, "there is a little girl. She is trying to sell pieces of wood, but she can't because they have got wet. Her father will be [A] if she does not bring home some money, and she is crying. She doesn't have a hat *nor any shoes. Take my other eye and give (イ)it to her, then her father will not be [A]."

"I will stay with you one more night," said the Swallow, "but I cannot take out your other eye. Then you would not be able to see anything."

"Swallow, Swallow, little Swallow," said the Prince, "do as I tell you."

So the Swallow took out the Prince's other eye, and flew down to the girl. He put the sapphire into her hand. "What a lovely piece of glass!" cried the little girl, and she ran home, *laughing.

Then the Swallow went back to the Prince. "You are *unable to see now" he said, "so I will always stay with you!"

"Dear little Swallow," said the Prince, "you tell me of wonderful things, but the worst thing is the *unhappiness of men and of women. Fly over my city, little Swallow, and tell me what you see there."

So the Swallow flew over the great city, and saw the rich people enjoying themselves in their beautiful houses, *while the poor people were sitting at the gates. He flew into dark *lanes and saw the white faces of hungry children. Under a bridge two little boys were lying close together to try and keep themselves warm. "How hungry we are!" they said.

Then he flew back and told the prince *what he had seen.

(出典：Oscar Wilde, *The Happy Prince and Other Stories*, IBC Publishing)

(注) *Alas ああ　*ruby ルビー　*sapphire (s) サファイア　*firewood まき，たき木
*play 劇　* lying 置かれている，横たわっている　* harbor 港
*will you not ~ (= won't you) ~してくれませんか　*nor ~もまた…ない
*laughing 笑いながら　*unable (~することが) できない　*unhappiness 不運，不幸
*while 一方で　*lane(s) 路地　*what he had seen 彼が見てきたもの

問1　下線部(ア)の中にあるthatが指すものとして最も適切なものを1つ選び，その番号をマークしなさい。(解答番号は 16)

① To buy food and firewood.　② To stop crying.
③ To take the prince's eye.　④ To finish the prince's play.

問2　下線部(イ)が指すものとして最も適切なものを1つ選び，その番号をマークしなさい。(解答番号は 17)

① the ruby　② the sapphire　③ the gold　④ the firewood

問3　A に入る最も適切な語を1つ選び，その番号をマークしなさい。(解答番号は 18)

① angry　② shy　③ valuable　④ sleepy

問4　次の各質問に対する最も適切な答えをそれぞれ1つ選び，その番号をマークしなさい。

1. The swallow was going to go to Egypt, but he didn't go there. Why did he decide to stay with the prince? (解答番号は 19)
① Because the swallow was lonely.
② Because the swallow wanted the prince's stone.
③ Because the swallow liked a cold place.
④ Because the swallow knew the prince couldn't see.

2. What did the prince hope to do through giving his body? (解答番号は 20)
① He hoped to make people happy.
② He hoped to be a hero.
③ He hoped to make a lot of money.
④ He hoped to get new stones.

問5　後の英文A～Dを，本文中で起こった出来事と同じ順番になるように並べかえたとき，最も

適切なものを１つ選び，その番号をマークしなさい。 （解答番号は 21 ）

A. The little girl was glad to get a lovely stone.

B. The Swallow said to the prince that he would bring back two kinds of stones.

C. The prince asked the swallow to talk about his city.

D. The prince gave the student one of his sapphires.

① D－B－A－C　② D－A－B－C　③ C－D－A－B　④ C－A－D－B

3 プラスチックに関する次の英文を読んで，後の問いに答えなさい。

……< Ⅰ >……

Plastic is not always bad. We know why we make and buy a lot of plastic things. But what do we do with them next?

……< Ⅱ >……

People buy 1,000,000 plastic bottles in the world every minute. People also use 1,000,000 plastic bags in the world every minute. Often, we use a plastic bag for only 25 minutes! We often use plastic bottles, cups, straws, spoons and food packaging for only 5 minutes. Then we never use them again. This is *single-use plastic.

……< Ⅲ >……

Where does our plastic *rubbish go? Plastic can stay in the *environment for hundreds of years. Recycling is good. But we cannot always recycle plastic. Some things are not only plastic. They can be plastic and paper together. Some of the plastic is dirty, or it is not dry.

……< Ⅳ >……

Every year, 100,000 sea animals die because of plastic in the sea. Because we eat fish from the sea, we eat the plastic inside them, too. It is not good for us. Microbeads are very small *bits of plastic. There are a lot of microbeads in many bottles. We use these bottles in the bathroom, and the water goes to the sea. The microbeads stay there.

Now, there is a lot of plastic rubbish on islands in the sea. People do not live on these islands, but the sea carries our rubbish to them. Plastic rubbish makes new islands in the sea, too. Small bits of plastic are in bottles of water. We drink this water. It is not good for us. It is not good for the environment.

（出典：Catrin Morris, *Plastic*, Penguin Random House）

（注） *single-use 使い捨ての　*rubbish ゴミ　*environment 環境　*bit(s) かけら，小片

問１ 本文を読んで，次の各質問に対する最も適切な答えをそれぞれ１つ選び，その番号をマークしなさい。

1. How many minutes do we use a plastic bag for? （解答番号は 22 ）

① one minute　② five minutes

③ twenty-five minutes　④ hundreds of minutes

2．Why can we not always recycle plastic?　（解答番号は 23 ）
① We can use the same plastic goods for a long time, so we do not have to recycle it.
② We can not collect plastic rubbish easily, so we do not have enough plastic to recycle.
③ People do not think that recycling is important for our future life.
④ It is difficult to recycle plastic together with paper or wet plastic.

問２　次の英文が入る最も適切な箇所を，＜Ⅰ＞～＜Ⅳ＞の中から１つ選び，その番号をマークしなさい。　（解答番号は 24 ）

A lot of plastic rubbish goes from our towns and our cities to rivers and the sea. Every minute, rubbish from one *lorry goes in the sea. Animals in the sea eat this plastic rubbish. They think it is food. About 90% of seabirds eat plastic, too. They give it to their babies.

*lorry　トラック

① Ⅰ　② Ⅱ　③ Ⅲ　④ Ⅳ

問３　本文を読んで，プラスチックによって影響を受ける対象を次の①～④の中からすべて選び，その番号をマークしなさい。　（解答番号は 25 ）
① people　② sea animals
③ trees　④ fish

問４　本文の主題として最も適切なものを１つ選び，その番号をマークしなさい。
（解答番号は 26 ）
① There are a lot of merits in using plastic because it is strong.
② Plastic waste has a bad influence on the environment all over the world.
③ Plastic rubbish can be food for sea animals and it makes them healthy.
④ The sea is so large that it can hold more plastic in it.

4　次の１～10までの各文の 27 ～ 36 に入る最も適切なものをそれぞれ①～④の中から１つ選び，その番号をマークしなさい。（ □ の番号は解答番号と同じです。）

1．When Mika went home, her brother 27 a movie.
① watch　② watching　③ was watching　④ is watching

2．I told him 28 the room because his classroom was dirty.
① clean　② to clean　③ to be cleaned　④ cleaning

3．They have been the classmates 29 they entered the school.
① for　② from　③ since　④ when

4．This smartphone is the 30 expensive of the five.
① most　② best　③ very　④ much

5．My mother was pleased 31 the birthday present.
① of　② with　③ in　④ on

6．A：Aren't you from Fukuoka?

B：[32]. I am from Hakata-ku in Fukuoka.

① Yes, I am　② Yes, I am not　③ No, I am　④ No, I am not

7. I know [33] he is able to speak English fluently.

① but　② because　③ before　④ that

8. I sometimes enjoy [34] the guitar at home.

① to play　② played　③ play　④ playing

9. A：What is she [35]?

B：She is kind and friendly.

① looks　② look　③ likes　④ like

10. It is important [36] me to study math.

① of　② in　③ for　④ about

5　次の１～５の会話を，英文Ａ～Ｄを並べかえて完成させる時，（１）～（４）に入る英文の最も適切な順番の組み合わせをそれぞれ①～④の中から１つ選び，その番号をマークしなさい。

1. Ken : Excuse me. Could you tell me the way to Maihama Station?

Sam : (1)

Ken : (2)

Sam : (3)

Ken : (4)

Sam : No problem.

A. Yes. Turn right at that corner, go straight for two blocks then turn left to get there.

B. Thank you.

C. Sure. Can you see that police station at the corner?

D. Is that the building with the black roof?

① C－D－A－B　② A－C－B－D　③ A－D－B－C　④ D－C－A－B

（解答番号は [37] ）

2. Dr. Kim : Good morning, this is Kim's Dental Office.

Takeru : (1)

Dr. Kim : (2)

Takeru : (3)

Dr. Kim : (4)

Takeru : Yes, I can. I will bring my tooth with me.

A. Oh, can you come at 3 p.m. today?

B. What happened to you?

C. Hello, this is Takeru Oka. I need to see a dentist.

D. My tooth fell out this morning.

① A－D－C－B　② C－B－D－A　③ D－B－A－C　④ C－D－A－B

（解答番号は [38] ）

3．Alice ：Have you finished your homework?
Yuki ：（ 1 ）
Alice ：（ 2 ）
Yuki ：（ 3 ）
Alice ：（ 4 ）
Yuki ：You can do it if you don't give up.
A．Yes! I have done it all. How about you?
B．Not yet. I have three more subjects to do.
C．I don't think I can finish by 4 o'clock.
D．Three more? It's a lot.
① B－A－C－D ② B－D－A－C ③ A－B－C－D ④ A－B－D－C
（解答番号は 39 ）

4．Ben ：I want to try some Japanese food. What is your favorite Japanese food?
Saya ：（ 1 ）
Ben ：（ 2 ）
Saya ：（ 3 ）
Ben ：（ 4 ）
Saya ：So, can you come to my house at 1 p.m.?
A．Of course! I'm so glad to know it.
B．Is it easy to cook?
C．Yes! Do you want me to show you how to cook miso soup?
D．I like miso soup with tofu.
① D－B－C－A ② B－A－C－D ③ D－B－A－C ④ C－B－A－D
（解答番号は 40 ）

5．Mari ：How was your summer vacation? You went to Spain, right?
John ：（ 1 ）
Mari ：（ 2 ）
John ：（ 3 ）
Mari ：（ 4 ）
John ：Yes, I took a lot!
A．Can you go inside there?
B．Of course! Also, you can go upstairs and take pictures.
C．Yes, Spain was great. I went to Sagrada Familia.
D．Did you take pictures?
① B－A－C－D ② A－C－D－B ③ C－A－B－D ④ C－D－A－B
（解答番号は 41 ）

6 それぞれの対話が成り立つように，[ ] 内の語（句）を並べかえ， 42 ～ 51 に入る最も適切な語（句）をそれぞれ１つ選び，その番号をマークしなさい。ただし，文頭にくる文字も小文字にしてあります。　　　　　　　　　　　　　　　（[　] の番号は解答番号と同じです。）

1．A：I am going to travel in South Korea from next Saturday.

B：Oh, really? Please [① me　② you　③ tell　④ will　⑤ Japan　⑥ when　⑦ come back to].

Please [　] [　] [42] [　] [43] [　] [　].

2．A：What is your favorite sweets?

B：[① made　② mother　③ my　④ I　⑤ by　⑥ the cake　⑦ love] the best.

[　] [　] [　] [44] [45] [　] [　] the best.

3．A：We have the sports festival tomorrow!　How is the weather tomorrow?

B：[① afraid　② it　③ am　④ I　⑤ will　⑥ rainy　⑦ be] tomorrow.

[　] [　] [46] [　] [47] [　] [　] tomorrow.

4．A：Which country do you want to go to?

B：I want to visit Canada, because I want to [① are　② friends　③ see　④ who　⑤ there　⑥ staying].

I want to visit Canada, because I want to [　] [　] [48] [　] [49] [　].

5．A：Your English test score is very good.　Did you study English hard?

B：Yes, I did.　I [① as　② could　③ English　④ I　⑤ hard as　⑥ studied].

I [　] [　] [50] [　] [51] [　].

1　善悪　24
2　読書　25
3　穏和　26

①　同じような意味の漢字を重ねたもの
②　反対または対応の意味を表す字を重ねたもの
③　上の字が下の字を修飾しているもの
④　下の字が上の字の目的語・補語になっているもの
⑤　上の字が下の字の意味を打ち消しているもの

問四　1～3の傍線部の敬語は、①尊敬語、②謙譲語、③丁寧語のどれにあたるか。それぞれ一つ選び、その番号を解答番号 27 ～ 29 にマークしなさい。

1　先生の書庫を拝見する。　27
2　どうぞ召しあがれ。　28
3　わたくしが参ります。　29

べけれ」とあるが、なぜ筆者はこのように考えているのか。最も適切なものを次の中から一つ選び、その番号を解答番号 16 にマークしなさい。

① 老いて醜(みにく)い姿になるとともに、恥をかくことも多くなり、執着も深くなるから。
② 四十歳くらいまで季節を楽しむことができればよいと考えているから。
③ 四十歳でも六十歳でも年を取ったら同じだと考えているから。
④ 日々楽しく過ごせるとともに、子や孫の様子を見届けることができるから。

問五　傍線部7「あさましき」の活用形として最も適切なものを次の中から一つ選び、その番号を解答番号 17 にマークしなさい。

① 未然形　② 連用形　③ 終止形　④ 連体形
⑤ 已然形

問六　本文に書かれている内容として適切なものを次の中から一つ選び、その番号を解答番号 18 にマークしなさい。

① ぼんやりと暮らしていると一年はとてもはやく過ぎ去ってしまう。
② 人が永遠に生きることができるのなら、どんなにいいことだろう。
③ 四十を過ぎると、子や孫が立派になるまで生きていたいと思ってしまう。
④ 命があるものの中で、人よりも長生きするものは多くいる。

問七　この文章の作者を次の中から一つ選び、その番号を解答番号 19 にマークしなさい。

① 清少納言　② 紫式部　③ 鴨長明　④ 兼好法師
⑤ 松尾芭蕉

三　次の各問いに答えなさい。

問一　1、2の四字熟語の意味として最も適切なものを次の中から一つずつ選び、その番号を解答番号 20・21 にマークしなさい。

1　玉石混交　20

① 事態が一気に変わること。
② よいものと悪いものが混じること。
③ すべてのものを同様に扱うこと。
④ 二つの物が非常に似ていること。

2　巧言令色　21

① ことばで言い表せないこと。
② ことば巧みに人をだますこと。
③ 複雑な物事を処理すること。
④ ことばを飾り顔色をつくろうこと。

問二　1、2の熟語の読み方の種類として最も適切なものを次の中から一つずつ選び、その番号を解答番号 22・23 にマークしなさい。

1　手本　22
2　台所　23

① 音読み　② 訓読み　③ 重箱読み　④ 湯桶読み

問三　1～3の熟語の構造として最も適切なものを次の中から一つずつ選び、その番号を解答番号 24 ～ 26 にマークしなさい。

① 和歌や俳諧が近代文学になるためには、読者が求めるような「心」に基づいて制作していかなくてはならないということ。
② 和歌や俳諧が近代文学での地位を確立するためには、作者は他者の意見など気にせず、自由自在に制作するべきだということ。
③ 和歌や俳諧が近代文学として変化していくには、読者自身が伝統的な「心」を拒否し、ただ一人で作品を鑑賞する必要があるということ。
④ 和歌や俳諧が近代文学として成立するためには、模範的な作品に終始するのではなく、前衛的な作品にも取り組んでいかなくてはいけないということ。
⑤ 和歌や俳諧が「短歌」や「俳句」になるためには、ただ一人で制作し、自分だけの表現を追い求める必要があるということ。

二 次の本文を読み、後の問いに答えなさい。

あだし野の露消ゆる時なく、鳥部山の煙立ち去らでのみ住み果つる[1]習ひならば、いかにもののの[2]あはれもなからん。[3]世は定めなきこそいみじけれ。

命あるものを見るに、人ばかり久しきはなし。かげろふの夕を待ち、夏の蝉の春秋を知らぬもあるぞかし。つくづくと一年を暮らすほどだにも、[4]こよなうのどけしや。飽かず惜しと思はば、千年を過すとも、一夜の夢の心地こそせめ。住みはてぬ世に、みにくき姿を待ちえて、何かはせん。命長ければ恥多し。[5]長くとも四十に足らぬほどにて死なんこそめやすかるべけれ。

そのほど過ぎぬれば、かたちを[6]恥づる心もなく、人に出で交らはんことを思ひ、夕の陽に子孫を愛して、さかゆく末を見んまでの命をあらまし、ひたすら世をむさぼる心のみ深く、もののあはれも知らずなりゆくなん、[7]あさましき。

(『徒然草』)

問一 傍線部1「習ひ」、2「あはれ」、6「恥づる」の現代仮名遣いとして最も適切なものを次の中から一つずつ選び、その番号を解答番号 11 ～ 13 にマークしなさい。

1 習ひ
① ならひ ② ならう ③ ならい ④ なろう 11

2 あはれ
① あはれ ② あわれ ③ ああはれ ④ ああれ 12

6 恥づる
① はじずる ② はずずる ③ はずる ④ はじつる 13

問二 傍線部3「世は定めなきこそいみじけれ」とあるが、これはどういうことか。その説明として最も適切なものを次の中から一つ選び、その番号を解答番号 14 にマークしなさい。
① 男女の仲は、決まり切っていないからこそおもしろい。
② 世の中は、無常だからこそよい。
③ 世間の評判は、決まっていない方が普通である。
④ 人生は決まっていないからこそつらいものだ。

問三 傍線部4「こよなうのどけしや」に用いられているものとして最も適切なものを次の中から一つ選び、その番号を解答番号 15 にマークしなさい。
① 押韻 ② 音便 ③ 体言止め ④ 比喩

問四 傍線部5「長くとも四十に足らぬほどにて死なんこそめやすかる

しょうか」とあるが、この答えとして最も適切なものを次の中から一つ選び、その番号を解答番号 5 にマークしなさい。

① 詠まれる内容も詩の形式も全く同じものである。
② 音数定型から見れば同じものであるが、表現としては明確に異なるところを目指している。
③ 海外の文学にひけを取らない詩にリニューアルしようという運動が起こって変化したため、詩の形式から違うものである。
④ 古典の和歌が個人で作るものであるのに対し、短歌は新聞への投稿などを通し、切磋琢磨し芸術として高めようとするものである。
⑤ 古典の和歌が個人の心の内面を詠むことに対し、短歌は歌人同士が短歌のやり取りを楽しむためにあるものである。

問四　傍線部3「正岡子規」が詠んだ短歌を次の中から一つ選び、その番号を解答番号 6 にマークしなさい。

① くれなゐの二尺伸びたる薔薇の芽の針やはらかに春雨のふる
② 白鳥はかなしからずや空の青海のあをにも染まずただよふ
③ 不来方のお城の草に寝転びて空に吸はれし十五の心
④ 思い出の一つのようでそのままにしておく麦わら帽子のへこみ
⑤ 海を知らぬ少女の前に麦藁帽のわれは両手をひろげていたり

問五　傍線部4「松尾芭蕉」の発句として**ふさわしくない**ものを次の中から一つ選び、その番号を解答番号 7 にマークしなさい。

① 夏草や兵どもが夢の跡
② 草の戸も住替る代ぞひなの家
③ 五月雨を降り残してや光堂
④ 柿食えば鐘が鳴るなり法隆寺
⑤ 五月雨を集めてはやし最上川

問六　傍線部5「自由な韻律（自由律）」の俳句を次の中から一つ選び、その番号を解答番号 8 にマークしなさい。

① 分け入っても分け入っても青い山
② 菜の花や月は東に日は西に
③ これがまあ終のすみかか雪五尺
④ 桐一葉日当たりながら落ちにけり
⑤ 閑かさや岩にしみ入る蝉の声

問七　傍線部8「近代文学」とあるが、本文中で述べられている「近代文学」はどのような特徴をもっているものか。最も適切なものを次の中から一つ選び、その番号を解答番号 9 にマークしなさい。

① 他人の作品を元にしてアレンジを加え、自分だけ唯一の表現を求めるもの。
② 誰もが同じように感ずるはずの感情を表現し、読者と共有するもの。
③ 個人で制作するものであり、誰のものでもない自分ひとりだけの考えや心を表現すべきもの。
④ ごくありふれた季節と日常の風景を生き生きと描くもの。
⑤ 「掛詞」や「縁語」などの技法を使い、自分の内面を見つめる真摯な芸術に作り上げるもの。

問八　傍線部9「和歌や俳諧が近代文学に脱皮するとは、他者との関わりを廃し、誰もが模範としていた伝統的な「心」を拒否し、ただ一人の孤独な営みになること」とはどういうことか。最も適切なものを次の中から一つ選び、その番号を解答番号 10 にマークしなさい。

はずの伝統的な「心」に基づいて詠む習慣になっていたからです。俳諧でも、ごくありふれた季節と日常の風景に満足するのが一般的な俳人の姿でした。

9 和歌や俳諧が近代文学に脱皮するとは、他者との関わりを廃し、誰もが模範としていた伝統的な「心」を拒否し、ただ一人の孤独な営みになることでした。有名な歌人同士が短歌のやり取りを楽しんだり、俳人同士が句を付け合って大きな作品を作ったというような話は、現在はまったく聞かないでしょう。そうした楽しみは、近代短歌や俳句が振り捨ててきたものなのです。

和歌が近代化する過程では、「掛詞」や「縁語」といった伝統的な技法も捨てられました。そのようなものは単なる言葉の遊びであって、自分の内面を見つめる真摯（しんし）な芸術にはふさわしくないと考えられたからです。「掛詞」や「縁語」は伝統的な和歌の中心を支える技法でしたから、これらを廃棄したことは表現を大きく変えていくことを意味しました。また、「本歌取り」のように、他人の作品を元にしてアレンジを加えていく技法も、自分だけの唯一の表現を求める立場からは、許容できないものでした。

定型から見れば、古典和歌と近代短歌とを区別するのは合理的ではありません。しかし、表現としては明確に異なるところを目指したものだったのです。

（浅田徹『恋も仕事も日常も　和歌と暮らした日本人』）

問一 [A]、[B] に入る語の組み合わせとして最も適切なものを次の中から一つ選び、その番号を解答番号 [1] にマークしなさい。

	[A]	[B]
①	したがって	やっと
②	かえって	なんと
③	むしろ	また
④	ところで	さらに
⑤	きっと	なぜなら

問二 傍線部1「コウドク」、6「イジ」、7「オし進めた」の漢字を含むものを、次の中から一つずつ選び、その番号を解答番号 [2]〜[4] にマークしなさい。

1 コウドク [2]

① 稲作を中心としたノウコウ民族。
② 腕時計をコウニュウする。
③ ジコウの挨拶。
④ 大学の先生のコウエンを聞く。
⑤ コウシエン球場に向かう。

6 イジ [3]

① イギを申し立てる。
② 食物センイを摂取する。
③ イケン交換をする。
④ 携帯電話にイゾンする。
⑤ 戦争のキョウイを知る。

7 オし進めた [4]

① あまりの暑さにスイジャクしてしまう。
② 稲のシュッスイ。
③ 宿題をカンスイする。
④ スイセンされて立候補する。
⑤ スイカされ、名前を答える。

問三 傍線部2「これらの「短歌」と、古典の「和歌」は何か違うので

【国　語】（五〇分）〈満点：一〇〇点〉

一　次の文章を読み、後の問いに答えなさい。

読者の中には、中学校や高校で、百人一首に触れたという方々もいらっしゃるでしょう。百人一首のカルタは現在でも堅実に売れているようです。古典和歌の遺産は、まだ日本の社会で受け継がれているわけです。

［A］、新聞を1コウドクされている方は、読者投稿の短歌欄があるのをご存じでしょう。毎週膨大な数の「短歌」が全国から寄せられています。また、全国には無数の短歌団体（結社）があって、同人の歌を集めた雑誌を毎月発行しています。［B］今はインターネット上に短歌のサイトがたくさんあって、そこにアップされる歌の量も少なくありません。2これらの「短歌」と、古典の「和歌」は何か違うのでしょうか。

この二つは、実は同じものです。和歌のうち、五・七・五・七・七という音数定型による詩型が「短歌」なのです（他に長歌や旋頭歌がありますが、割合はわずかで、古典和歌のほとんどは短歌です）。ですから、現在大量に作られているものも和歌に他ならないのですが、現代歌人は自分が「和歌」を作っているとは言いません。これは日本が近代を迎えた時に、旧来の「和歌」では新しい時代に適さないと考え、海外の文学にひけを取らない詩にリニューアルしようという運動が起こったためです。3正岡子規や与謝野晶子といった歌人が、この音数定型に新たな生命を吹き込み、近代文学への脱皮を果たしたわけです。

ちなみに、「俳句」というジャンルも近代に始まりました。江戸時代には「俳諧」と言っていて、みんなで百句とか三十六句とかをつないでいく文芸でした（俳諧はもともと連歌の一部だったのです）。その俳諧の最初に出される句が五・七・五の「発句」で、江戸時代にはこれを単独に作る習慣が生まれました。4松尾芭蕉の「古池や蛙（かはず）とびこむ水の音」などはそうした作品です。近代になった時、これに「俳句」という新たな名前を付けたのです。正岡子規や高浜虚子がこの過程で大きな役割を果たしました。「和歌」から「（近代）短歌」へ、「俳諧」から「俳句」へという大きな変革が併行して行われたのですが、五・七・五・七・七とか五・七・五といった音数定型は動かされませんでした。正確に言うと、定型を破って5自由な韻律（自由律）を模索する運動は短歌でも俳句でも起こったのですが、定型を6イジしようとする人たちが圧倒的に多かったためにそのまま残ったのです。

では、これらの改革を7オし進めた人々は、定型も変えなかったのに、そもそも何が不満だったのでしょうか？　それは、古典和歌や俳諧が8「近代文学」として生き残るには不都合な面を持っていたからです。

それは、大きく二つの点にまとめることができます。

（一）改革者たちは、文学は個人のものであって、個人の思想・感情を表現すべきだと主張しました。その時、俳諧のようにみんなで共作していく形式は、誰の表現としても自立していないと考えられました。和歌でも、人とやり取りすることを目的とした贈答歌は、日常的な挨拶に過ぎず、個人の深奥に迫るものではないとして退けられました。

（二）文学は、誰のものでもない「自分」の心の表現でなくてはならないとされました。実は古典和歌の大部分は、この面からすると失格でした。これはこの本の後の方で説明することになりますが、平安時代後期以降の和歌では、歌人自身の「心」ではなく、誰もが同じように感ずる

2022年度

解答と解説

《2022年度の配点は解答欄に掲載してあります。》

＜数学解答＞ 《学校からの正答の発表はありません。》

1 (1) ア ② (2) イ ① (3) ウ ② (4) エ ① (5) オ ③
(6) カ ③

2 (1) ア ② (2) イ ④ (3) ウ ② (4) エ ③ (5) オ ②
(6) カ ⑤

3 (1) ア 2 イ 2 ウ 2 エ 6 オ 3
(2) カ 4 キ 4 ク 3 ケ 3

4 (1) ア 4 イ 2 (2) ウ 1 エ 5 (3) オ 1 カ 2
(4) キ 5 ク 1 ケ 3

5 (1) ア 1 イ 1 ウ 2 (2) エ 1 オ 1 カ 8

○推定配点○

各5点×20 計100点

＜数学解説＞

基本 1 (正負の数，式の計算，平方根，1次方程式，因数分解，連立方程式)

(1) $9-5^2\div\frac{3}{2}=9-25\times\frac{2}{3}=9-\frac{50}{3}=-\frac{23}{3}$

(2) $3(2x+3y)-\frac{1}{3}(x-4y)=6x+9y-\frac{1}{3}x+\frac{4}{3}y=\frac{17x+31y}{3}$

(3) $\sqrt{125}+4\sqrt{5}-\frac{10}{\sqrt{5}}=5\sqrt{5}+4\sqrt{5}-2\sqrt{5}=7\sqrt{5}$

(4) $x+9=\frac{2x-3}{5}$ $5x+45=2x-3$ $3x=-48$ $x=-16$

(5) $\frac{1}{2}x^2-8=\frac{1}{2}(x^2-16)=\frac{1}{2}(x+4)(x-4)$

(6) $2x+3y=5$…①，$3x-2y=1$…② ①×2＋②×3より，$13x=13$ $x=1$ これを①に代入して，$2+3y=5$ $3y=3$ $y=1$

基本 2 (2次方程式，度数分布表，変域，空間図形，確率)

(1) $2x^2+5x+1=0$ 解の公式を用いて，$x=\frac{-5\pm\sqrt{5^2-4\times2\times1}}{2\times2}=\frac{-5\pm\sqrt{17}}{4}$

(2) 60点以上の人は，5＋6＋5＋1＝17(人)

(3) $x=0$のとき最小値は$y=0$，$x=-3$のとき最大値は$y=(-3)^2=9$ よって，yの変域は，$0\leqq y\leqq9$

(4) 底面積は，$\pi\times3^2=9\pi$ 側面積は，$\pi\times10\times3=30\pi$ よって，表面積は，$9\pi+30\pi=39\pi$ (cm²)

重要 (5) △ABCにおいて，$AC=\sqrt{4^2+3^2}=5$ 三角柱の展開図の側面は，縦5cm，横4＋3＋5＝12(cm)

の長方形だから，AO＋OP＋PDの最小値は，この長方形の対角線の長さに等しく，$\sqrt{5^2+12^2}=13$ (cm)

重要　(6)　作れる3桁の整数の総数は，$4\times3\times2=24$(通り)　このうち，題意を満たすのは，(1，2，3)，(1，2，6)の数字の組み合わせでできる整数で，それぞれ$3\times2\times1=6$(通り)ずつあるから，求める確率は，$\frac{6+6}{24}=\frac{1}{2}$

3　(平面図形の計量)

重要　(1)　$\angle ABD:\angle CBD=\overset{\frown}{AD}:\overset{\frown}{CD}=3:1$より，$\angle ABD=\frac{3}{3+1}\angle ABC=\frac{3}{4}\times60^\circ=45^\circ$　Aから線分BDにひいた垂線をAFとすると，△ABFは斜辺AB＝AC＝4の直角二等辺三角形だから，$AF=BF=\frac{1}{\sqrt{2}}AB=2\sqrt{2}$　また，$\angle ADB=\angle ACB=60^\circ$より，△ADFは内角が30°，60°，90°の直角三角形だから，$AF:FD=\sqrt{3}:1$　よって，$FD=\frac{1}{\sqrt{3}}\times2\sqrt{2}=\frac{2\sqrt{6}}{3}$　したがって，$BD=BF+FD=2\sqrt{2}+\frac{2\sqrt{6}}{3}$

基本　(2)　$\triangle ABD=\frac{1}{2}\times BD\times AF=\frac{1}{2}\times\left(2\sqrt{2}+\frac{2\sqrt{6}}{3}\right)\times2\sqrt{2}=4+\frac{4\sqrt{3}}{3}$

4　(図形と関数・グラフの融合問題)

基本　(1)　$y=\frac{1}{2}x^2$と$y=x+4$からyを消去して，$\frac{1}{2}x^2=x+4$　$x^2-2x-8=0$　$(x-4)(x+2)=0$　$x=4,\ -2$　よって，点Aのx座標は4，点Bのx座標は-2

重要　(2)　$y=\frac{1}{2}x^2$に$x=4,\ -2$をそれぞれ代入して，$y=8,\ 2$　よって，A(4，8)，B(−2，2)　Mは線分ABの中点だから，点Mのx座標は，$\frac{4+(-2)}{2}=1$　y座標は，$\frac{8+2}{2}=5$　よって，M(1，5)

基本　(3)　C(0，4)とすると，$\triangle OAB=\triangle OAC+\triangle OBC=\frac{1}{2}\times4\times4+\frac{1}{2}\times4\times2=12$

重要　(4)　四角形OMDAが平行四辺形のとき，OM//AD，OM＝ADだから，点Dのx座標は，$4+1=5$　y座標は，$8+5=13$　よって，D(5，13)

5　(図形と確率)

(1)　サイコロの目の出方の総数は，$6\times6=36$(通り)　CD＝CEのとき，$10-a=b$　$a+b=10$　これを満たすa，bの値の組は，$(a,\ b)=(4,\ 6)$，$(5,\ 5)$，$(6,\ 4)$の3通りだから，求める確率は，$\frac{3}{36}=\frac{1}{12}$

(2)　$\triangle DCE=\frac{1}{2}\times CD\times CE=\frac{1}{2}(10-a)b$　$\frac{1}{2}(10-a)b=10$より，$(10-a)b=20$　これを満たすa，bの値の組は，$(a,\ b)=(5,\ 4)$，$(6,\ 5)$の2通りだから，求める確率は，$\frac{2}{36}=\frac{1}{18}$

★ワンポイントアドバイス★

大問数が1題減り，5大問となった。出題構成は独立小問の12題は変わらず，残りは平面図形，図形と関数・グラフ，確率の大問であった。難易度に大きな変化はなく，取り組みやすい内容である。

＜英語解答＞《学校からの正答の発表はありません。》

1 リスニング問題解答省略
2 問1 ③ 問2 ② 問3 ① 問4 1. ④ 2. ① 問5 ①
3 問1 1. ③ 2. ④ 問3 ①, ② 問4 ②
4 1. ③ 2. ② 3. ③ 4. ① 5. ② 6. ① 7. ④ 8. ④ 9. ④ 10. ③
5 1. ① 2. ② 3. ④ 4. ① 5. ③
6 1. 42 ⑥ 43 ④ 2. 44 ① 45 ⑤ 3. 46 ① 47 ⑤ 4. 48 ④ 49 ⑥ 5. 50 ① 51 ④

○推定配点○
1, 4~6 各2点×35(6完答) 2, 3 各3点×10(3問3完答) 計100点

＜英語解説＞

1 リスニング問題解説省略。

重要 2 (長文読解・物語文：指示語，語句補充，要旨把握，内容吟味)

(大意) 「私はもうルビーがない」王子は言った。「私の両目が私に残っているすべてです。それらはサファイアでできています。彼に一つ持っていってください。彼はそれを売って，食べ物と薪を買い，劇を完成させることができるだろう」

「親愛なる王子」ツバメは言った。「(ア)そんなことはできません」彼は泣き始めた。

「ツバメさん」王子は言った。「言う通りにしてください」

それでツバメは王子の目を一つ取り出し学生のところへ飛んでいった。若者はツバメが来た音を聞かなかったが，顔を上げたとき，テーブルの上に美しいサファイアが置いてあるのを見つけた。「これで劇を完成させることができるぞ」と彼はとても嬉しそうだった。

翌日，ツバメは港に飛んで降りていった。彼は大型船や小船を見た。夜，彼は幸福の王子の所へ戻った。

「お別れを言いに来ました」と彼は泣いた。

「ツバメさん」王子は言った。「もう一晩私と一緒にいてくれませんか」

「冬です」とツバメは答えた。「まもなくここはとても寒くなります。エジプトは太陽が暖かいです。友だちが僕のために家を作っているところです。王子様，行かなくてはなりません。決してあなたを忘れません，そして来年の春，美しいルビーとサファイアを持ち帰ります」

「下の通りに」幸福の王子は言った。「小さな女の子がいます。たき木を売ろうとしていますが，濡れてしまっているので売ることができません。お金を持ち帰らなければ，彼女の父親は怒るでしょう。だから彼女は泣いています。もう片方の私の目を持っていき，彼女に(イ)それをあげてください。そうすれば父親は怒らないでしょう」

「もう一晩一緒にいます」ツバメは言った。「でも，あなたのもう片方の目を取り出すことはできません。何も見ることができなくなります」

「ツバメさん」王子は言った。「言うとおりにしてください」

ツバメは王子のもう片方の目を取り出して女の子のところへ飛んで降りていった。彼は彼女の手にサファイアを入れた。そして，彼女は笑いながら家に走っていった。

それからツバメは王子のところに戻った。「もう見ることができませんね」彼は言った。「だからいつもあなたと一緒にいます」

「可愛い小さなツバメさん」王子は言った。「あなたは私に素晴らしいことを聞かせてくれた，しかし最も酷いことは人々の不幸です。町の上を飛び回って，見たことを教えてください」

そこでツバメはその大きな町の上を飛び回り，裕福な人々が綺麗な家で楽しんでいる一方，貧しい人々が門の前に座っているのを見た。彼は暗い路地を飛んで，空腹の子供たちの白い顔を見た。橋の下で2人の小さな男の子が体を温めようと一緒に横たわっていた。

「なんておなかがすいているんだろう」彼らは言った。

それから彼は戻って飛んで、王子に彼が見たものを話した。

問1　前の段落の take one to him を指す。one はサファイアでできた目を指している。

問2　第1段落第3文に「目はサファイアでできている」とあるので，サファイアを指している。

問3　少女がお金を持って帰らないと，彼女の父親は怒り，サファイアを持って帰れば彼女の父親は怒らないのである。

問4　1「ツバメはエジプトに行くつもりだったが，行かなかった。なぜ王子と一緒に滞在することを決めたのか」 第14段落参照。王子は目が見えなくなったため，一緒にいることに決めたのである。

2「王子は自分の体を与えることによって何をしたいと思ったのか」 第15段落参照。「最も酷いことは人々の不幸」だと言っているので，体を与えることで人々を幸せにしようとしたのである。

問5　A「少女は素敵な石を手に入れてうれしかった」 第13段落参照。

B「ツバメは王子に2種類の石を持ち帰ると言った」 第9段落参照。

C「王子はツバメに自分の街について話すように頼んだ」 第15段落参照。

D「王子は学生にサファイアの一つを与えた」 第4段落参照。

3 （長文読解・物語文：語句補充，内容吟味）

（大意） プラスチックは必ずしも悪いわけではない。私たちは，なぜプラスチックのものをたくさん作って購入するか知っている。しかし，私たちは次にそれらをどう処理するか。

人々は毎分世界で1,000,000本のペットボトルを購入している。また，毎分世界で1,000,000枚のビニール袋を使用している。私たちは25分間だけビニール袋を使用する！ペットボトル，カップ，ストロー，スプーン，食品包装を5分間しか使わない。その後，二度とそれらを使用しない。これは使い捨てだ。

私たちのプラスチックゴミはどこに行くか？プラスチックは何百年も環境に残る。リサイクルはよいことだ。しかし，私たちはプラスチックをリサイクルできるとは限らない。プラスチックだけではないものもある。汚れているものや，乾いていないものがある。

毎年，海のプラスチックのために10万匹の海の動物が死ぬ。海から魚を食べるので，プラスチックも食べる。それは私たちにとっていいことではない。マイクロビーズはプラスチックの非常に小さいかけらだ。ボトルにはマイクロビーズがたくさん入っている。浴室でこれらのボトルを使用し，その水は海に行く。マイクロビーズは海にとどまる。

今，島々にはプラスチックゴミがたくさんある。人々はこれらの島に住んでいないが，海は私たちのゴミを島に運ぶ。プラスチックゴミは海に新しい島も作る。プラスチックの小さなかけらは，水のボトルの中にある。私たちはこの水を飲む。それは私たちにとっていいものではない。それは環境にとっていいものではない。

問1　1「ビニール袋は何分使うか」 第2段落第3文参照。「25分しか使用しない」とある。

2「なぜ我々はプラスチックをリサイクルできるとは限らないのか」 第3段落参照。紙と一緒になっていたり，汚れていたり，乾いていなかったりするからである。

問2　脱文の和訳は次の通りである。「プラスチック製のゴミの多くは，町や都市から川や海に行く。

毎分，トラック1台分のゴミが海に入る。海の動物はこのプラスチックゴミを食べる。それらは食べ物だと思っている。海鳥の約90%もプラスチックを食べている。海鳥は赤ちゃんにそれを与える」プラスチックごみが海の動物に与える影響については第4段落に書かれている。したがって〈Ⅳ〉が適切。

問3 第4段落には「海の動物」に与える影響について，第5段落には「人」や「環境」に与える影響についてが書かれている。

問4 この文章は，プラスチックゴミが生物や環境に与える影響について書かれている。

4 （語句補充問題：進行形，不定詞，現在完了，比較，受動態，接続詞，動名詞）

1 〈be動詞＋～ing〉で進行形の文となる。
2 〈tell ＋人＋ to ～〉「人に～するように言う」
3 現在完了の文なので，since「～以来，から」が適切。
4 expensive を比較級，最上級にするには，more や most をつける。
5 be pleased with ～「～によろこぶ」
やや難 6 否定疑問文の答えは，日本語と表現が逆になる。「いいえ，福岡出身です」は Yes, I am. となる。
7 〈I know that ～〉「私は～だと知っている」
8 enjoy ～ing「～して楽しむ」
9 What is A like?「Aはどうですか」
10 〈It is ～ for 人 to …〉「…することは人にとって～だ」

基本 **5** （会話文）

1 Ken：すみません。舞浜駅までの道を教えてくれませんか。
Sam：(1)いいですよ。角の警察署が見えますか。
Ken：(2)それは黒い屋根の建物ですか。
Sam：(3)そうです。その角を右に曲がって，2ブロックまっすぐ進み，左に曲がってください。
Ken：(4)ありがとう。
Sam：どういたしまして。

2 Dr. Kim：おはようございます。こちらはキム歯科医院です。
Takeru：(1)もしもし，オカタケルです。歯科医に見てもらう必要があります。
Dr. Kim：(2)どうしましたか。
Takeru：(3)今朝歯が抜けたんです。
Dr. Kim：(4)今日午後3時に来られますか。
Takeru：はい。歯を持っていきますね。

3 Alice：宿題は終わった？
Yuki：(1)うん！全部終わったよ。あなたは？
Alice：(2)まだだよ。あと3科目あるんだ。
Yuki：(3)あと3科目？それは多いね。
Alice：(4)4時までに終わらせられないと思うわ。
Yuki：あきらめなければできるよ。

4 Ben：和食を食べてみたいな。君の好きな和食は何？
Saya：(1)とうふが入った味噌汁が好きよ。
Ben：(2)それは料理が簡単なの？
Saya：(3)そうよ！みそ汁の作り方を教えましょうか？

Ben：(4)もちろん！知ることができてうれしいよ。
Saya：それでは，午後1時に私の家に来てくれる？

5 Mari：夏休みはどうだった？スペインに行ったんだよね。
John：(1)うん，スペインは素晴らしかったよ。サグラダファミリアに行ったんだ。
Mari：(2)中に入れたの？
John：(3)もちろん！上にのぼって写真も撮れるよ。
Mari：(4)写真撮った？
John：うん。たくさん撮ったよ！

重要 6 （語句整序問題：間接疑問文，分詞，接続詞，関係代名詞，比較）

1 (Please) tell me when you will come back to Japan(.)
間接疑問文は〈know(tell) ＋疑問詞＋主語＋動詞〉の語順になる。

2 I love the cake made by my mother (the best.)
made by my mother は前の名詞を修飾する分詞の形容詞的用法である。

3 I am afraid it will be rainy (tomorrow.) I'm afraid that ～「～と思う」

4 (I want to visit Canada, because I want to) see friends who are staying there(.)
who are staying there は前の名詞を修飾する主格の関係代名詞である。

5 (I) studied English as hard as I could(.) 〈as ～ as ＋主語＋ can〉「できるだけ～」

★ワンポイントアドバイス★

読解問題や文法問題は比較的平易な問題である。長文2題と会話文があるため，過去問を用いて文章を早く処理する練習をしたい。

＜国語解答＞ 《学校からの正答の発表はありません。》

一 問一 ④ 問二 2 ② 3 ② 4 ④ 問三 ② 問四 ① 問五 ④
問六 ① 問七 ③ 問八 ⑤

二 問一 ③ 問二 12 ② 13 ③ 14 ② 問三 ② 問四 ① 問五 ④
問六 ③ 問七 ④

三 問一 20 ② 21 ④ 問二 22 ④ 23 ③ 問三 24 ② 25 ④
26 ① 問四 27 ② 28 ① 29 ③

○推定配点○

一 1 4点 2～4 各2点×3 6～8 各3点×3 他 各6点×3

二 11～13 各2点×3 15・17・19 各3点×3 他 各6点×3

三 各3点×10 計100点

＜国語解説＞

一 （論説文・和歌・俳句－脱語補充，接続語，漢字，文脈把握，内容吟味，要旨，文学史）

問一 A 直後で，「(新聞の)読者投稿の短歌欄」という新たな話題が提起されているので，転換を表す「ところで」が入る。 B 直前に「同人の歌を集めた雑誌を毎月発行しています」とあり，直後で「インターネット上に短歌の差異とがたくさんあって」と付け加えているので，累加を表す「さらに」が入る。

問二　1　購読　①　農耕　②　購入　③　時候　④　講演　⑤　甲子園
　　　2　維持　①　異議　②　繊維　③　意見　④　依存　⑤　脅威
　　　3　推し　①　衰弱　②　出穂　③　完遂　④　推薦　⑤　誰何

やや難　問三　直後に「この二つは，実は同じものです。和歌のうち，五・七・五・七・七という音数定型による詩型が短歌なのです」とあり，本文最後には「定型から見れば，古典和歌と近代短歌とを区別するのは合理的ではありません。しかし，表現としては明確に異なるところを目指したものだったのです」と述べられているので②が適切。

問四　②は若山牧水，③は石川啄木，④は俵万智，⑤は寺山修司の作品。

問五　④は正岡子規の作品。

問六　「自由律」とは，五・七・五の定型に収まらないものなので，①があてはまる。①は種田山頭火の自由律俳句。

問七　直後に「それは，大きく二つの点にまとめることができます」として，(一)に「文学は個人のものであって，個人の思想・感情を表現すべき」「俳句のようにみんなで共作していく形式は，誰の表現としても自立しない」「和歌でも人とやり取りすることを目的とした贈答歌は，日常的な挨拶に過ぎず，個人の深奥に迫るものではない」とあり，(二)には「文学は，誰のものでもない，『自分』の心の表現でなくてはならない」とあるので，③が適切。①は「『本歌取り』のように，他人の作品を元にしてアレンジを加えていく技法も，自分だけの唯一の表現を求める立場からは，許容できないものでした」とあることと合致しない。②は，(二)「誰のものでもない『自分』の心の表現でなくてはならない」とあることと合致しない。④は，(二)に「ごくありふれた季節と日常の風景に満足するのが一般的な俳人の姿でした」とあり，「『自分』の心の表現」として「失格でした」と述べられているので合致しない。⑤は「和歌が近代化する過程では，『掛詞』や『縁語』といった伝統的な技法も捨てられました」とあることと合致しない。

問八　直後に「有名な歌人同士が短歌のやり取りを楽しんだり，俳人同士が句を付け合って大きな作品を作ったというような話は，現在はまったく聞かないでしょう。そうした楽しみは，近代短歌が振り捨ててきたものなのです」と説明されているので，「ただ一人で制作し，自分だけの表現を追い求める」とする⑤が適切。

二　**（古文−仮名遣い，口語訳，表現技法，文脈把握，情景・心情，係り結び，大意，文学史）**

〈口語訳〉　あだし野の露が消える時がなく，(また,)鳥辺山煙が立ち去り消えないで，住みおおせるのが世の常であるならば，どんなにか，物のしみじみとした風情もないことであろう。やはり，世の中は，無常だからこそよい。

命のあるものを見ると，人間ほど命の長いものはない。かげろうが，朝に生まれて夕方には死に，夏の蝉が夏いっぱいで死んで春や秋を知らないというような，そういうはかないものである。だから，人間が，しみじみと一年を暮らす間だけでも，ほんとうにこの上なくゆったりとして，感じられるものではないか。それを満足せず，なおも金を惜しいと思うならば，たとえ，千年を生き長らえてみたところで，それは一夜の夢のように短く頼りなく思われることであろう。住みおおせることのできない，老い衰えたみにくい姿を待ち迎えて，どうしようというのであろう。命長く長生きをすると恥ずかしい思いをすることが多い。(だから)たとえ長くても，四十歳に満たないぐらいで死ぬようなのが，まことに見た目にもよいことであろう。

そのころを過ぎてしまうと，自分の容貌を恥ずかしいと思う気持ちもなくなって，他人の中に出て交わりを持とうというようなことを願い，夕日の沈みかけたころのような歳をして，子や孫をかわいがり，(その子や孫が)立身出世してゆく将来を見届けようと先々まで長生きをしたいと願い，やたらと世間の名利を欲ばる気持ちだけが深くなり，物の情趣も理解しなくなっていくことは，何とも情けないことである。

問一　現代仮名遣いでは，語頭以外の「はひふへほ」は「わいうえお」となるので，1の「習ひ(ならひ)」は，「ひ」を「い」に直して，「ならい」となる。2の「あはれ」の「は」は「わ」に直して「あわれ」となる。3の「恥づる(はづる)」の「づ」は，現代仮名遣いでは「ず」となるので，「づ」を「ず」に直して「はずる」となる。

問二　「定めなし」には「無常」という意味がある。「いみじ」は，よい意味にも悪い意味にも使われるが，筆者の考えは「命長ければ恥多し」というものであることから，「無常」であることを肯定的に捉えていると考えられるので，「無常だからこそよい」とする②が適切。

問三　「こよなう(こよのう)」は，「こよなく」を発音しやすい形に変化させた「ウ音便」。

問四　直後に「そのほどを過ぎぬれば，かたちを恥づる心もなく，人に出で交わらはんことを思ひ，……ひたすら世をむさぼる心のみ深く，もののあはれも知らずなりゆく」と述べられているので①が適切。

問五　直前に，係助詞「なん(なむ)」があることに着目する。係助詞「なん」は，係り結びの法則により，連体形で結ばれるので，「連体形」とする④が適切。「あさましき」は，形容詞「あさまし」の連体形。

やや難　問六　③は，最終段落に「夕の陽に子孫を愛して，さかゆく末を見んまでの命をあらまし」とあることと合致する。①は，本文に「つくづくと一年を暮らすほどだにも，こよなうのどけしや(この上なくゆったりと感じられる)」とあることと合致しない。②は，本文に「命長ければ恥多し。長くとも四十に足らぬほどにて死なんこそめやすかるべけれ」とあることと合致しない。④は，本文に「命あるものを見るに，人ばかり久しきはなし」とあることと合致しない。

問七　『徒然草』は，鎌倉時代に成立した兼好法師による随筆。清少納言は『枕草子』，紫式部は『源氏物語』，鴨長明は『方丈記』，松尾芭蕉は『奥の細道』などの作者。

三　**(知識問題―四字熟語，熟語の読み方，熟語の構成，敬語)**

問一　1「玉石混交(ぎょくせきこんこう)」は，すぐれたものとつまらないものが入り混じっていることのたとえなので，②が適切。　2「巧言令色(こうげんれいしょく)」は，相手に気に入られるように，心にもないお世辞を言ったり，こびへつらうような態度をとったりすることなので，④が適切。

問二　1「手本(てほん)」の読み方は，「訓読み＋音読み」なので，「湯桶読み」。　2「台所(だいどころ)」は，「音読み＋訓読み」なので「重箱読み」。

問三　1「善悪」は，反対の意味を表す字を重ねたものなので②。　2「読書」は，下から上へ「書を読む」と読むことができ，下の「書」が，上の「読」の目的語になっているので④。
3「穏和」は，「穏やか」「和やか」という，似た意味の語を重ねた構成なので①。

問四　1「拝見する」は，「見る」の謙譲語。尊敬語は「ご覧になる」。　2「召し上がれ」は，「食べる」の尊敬語。謙譲語は「いただきます」。　3「参ります」は，丁寧表現の「ます」が付いた丁寧語。

★ワンポイントアドバイス★

現代文の読解は，本文をくまなく読み，要旨をしっかりと把握する練習をしておこう！　知識問題の出題が多い傾向にあるので，語句や文法，文学史の知識を固めておこう！

2021年度

★★★★★★★★★★★★★★★★★★★★★★★

入　試　問　題

2021年度

東海大学付属浦安高等学校入試問題

【数　学】(50分)　　<満点：100点>

【注意】 1．問題の[1]，[2]については，それぞれ解答群の中から正しい答えを選んで，その番号をマークしなさい。

(例)　[ア]の答えが20である場合

【解答群】

① 10　　② 15　　③ 20　　④ 25　　⑤ 30　　⑥ その他

	解　答　欄					
ア	①	②	●	④	⑤	⑥

2．問題の[3]，[4]，[5]については，下記の方法に従ってマークしなさい。

(1)　[ア]～[ク]の１つ１つには，それぞれ０から９までのいずれか１つの数字が入ります。それらをア，イ，ウ，……で示された解答用紙の各欄にマークしなさい。

(例)　[イ]に８と答えたいとき，

	解　答　欄									
イ	①	②	③	④	⑤	⑥	⑦	●	⑨	⓪

(例)　[ウ][エ]に－８と答えたいとき，

	解　答　欄									
ウ	①	②	③	④	⑤	⑥	⑦	⑧	⑨	●
エ	①	②	③	④	⑤	⑥	⑦	●	⑨	⓪

(2)　分数の場合は，分子分母の順になっています。その解答はすべて既約分数で答えなさい。

(例)　$\frac{[オ]}{[カ]}$に$\frac{2}{3}$と答えたいとき，

	解　答　欄									
オ	①	●	③	④	⑤	⑥	⑦	⑧	⑨	⓪
カ	①	②	●	④	⑤	⑥	⑦	⑧	⑨	⓪

1 次の各問いに答えなさい。

(1) $(-2)\times(-3^2)+16\div(-2)^3$ を計算すると ア になります。

① 16 ② $-\frac{17}{4}$ ③ $\frac{1}{4}$ ④ -20 ⑤ 20 ⑥ その他

(2) $a^3b\div a\times(2ab^2)^3$ を計算すると イ になります。

① $8a^7b^7$ ② $8a^5b^7$ ③ $\frac{1}{8ab^5}$ ④ $6a^5b^7$ ⑤ $\frac{1}{8a^5b^7}$ ⑥ その他

(3) $\sqrt{3}(\sqrt{6}-\sqrt{2})-\sqrt{6}(\sqrt{2}+\sqrt{3})$ を計算すると ウ になります。

① $-2\sqrt{3}-\sqrt{6}$ ② $6\sqrt{2}-2\sqrt{3}-\sqrt{6}$ ③ $\sqrt{7}$ ④ $-3\sqrt{2}$
⑤ $2\sqrt{3}-\sqrt{6}$ ⑥ その他

(4) $\frac{3x-2y}{4}-\frac{2x+3y}{6}$ を計算すると エ になります。

① $\frac{5}{12}x$ ② $\frac{5x-12y}{12}$ ③ $5x-2y$ ④ $10x-y$ ⑤ $5x-y$ ⑥ その他

(5) $\left(x+\frac{3}{2}y\right)^2-\left(x-\frac{3}{2}y\right)^2$ を計算すると オ になります。

① $6x^2y^2$ ② $\frac{9}{2}y^2$ ③ $9y^2$ ④ $9x^2y^2$ ⑤ $6xy$ ⑥ その他

(6) $(x-2)^2-(x-2)=0$ の解は $x=$ カ になります。

① 2 ② 3 ③ 2，3 ④ −1，2 ⑤ −2，3 ⑥ その他

2 次の各問いに答えなさい。

(1) $a=\frac{vt+c}{t}$ を v について解くと ア になります。

① $v=\frac{at+c}{t}$ ② $v=\frac{ac+t}{c}$ ③ $v=\frac{ac-t}{t}$ ④ $v=\frac{at-c}{t}$ ⑤ $v=a-c$

⑥ その他

(2) $\begin{cases} ax+by=5 \\ bx-ay=1 \end{cases}$ の解が $x=1$，$y=1$ であるとき，定数 a と b の値は イ になります。

① $a=1$，$b=1$ ② $a=2$，$b=3$ ③ $a=2$，$b=2$ ④ $a=3$，$b=2$
⑤ $a=3$，$b=4$ ⑥ その他

(3) 大小2つのさいころを投げたとき，一方が奇数の目，もう一方が3の倍数の目が出る確率は ウ になります。

① $\frac{1}{6}$ ② $\frac{5}{18}$ ③ $\frac{11}{36}$ ④ $\frac{1}{3}$ ⑤ $\frac{13}{36}$ ⑥ その他

(4) 関数 $y=2x^2$ の x の値が−1から3まで増加したとき，変化の割合は エ になります。

① $\frac{1}{4}$ ② 4 ③ 10 ④ $\frac{1}{10}$ ⑤ 2 ⑥ その他

(5) 右の図のような，点Oを中心とした円がある。円周上に3点A，B，Cをとり，∠BAO＝24°，∠BCO＝31°であるとき∠AOC＝ オ になります。

① 55°　② 125°　③ 132°
④ 118°　⑤ 110°　⑥ その他

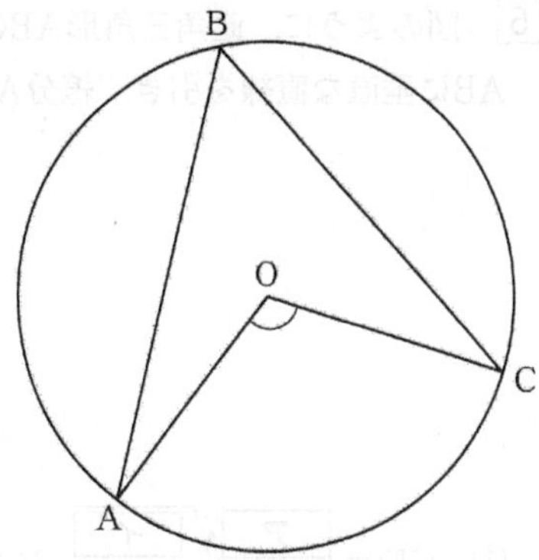

(6) 練習試合に6チームが集まりました。すべてのチームと1回ずつ対戦するとき，全部で カ 試合必要になります。

① 15　② 36　③ 18　④ 12　⑤ 30　⑥ その他

3 次のように，ある一定の規則に従って数字が並んでいます。

1，1，2，1，2，3，1，2，3，4，1，…

次の問いに答えなさい。

(1) 21番目の数は ア です。

(2) 4回目の5までの和は イ ウ になります。

4 図のように，放物線 $y = x^2$ に対して直線 $y = ax + b$ との交点をA，Bとします。点Aの x 座標が3，点Bの x 座標が－1のとき，次の問いに答えなさい。

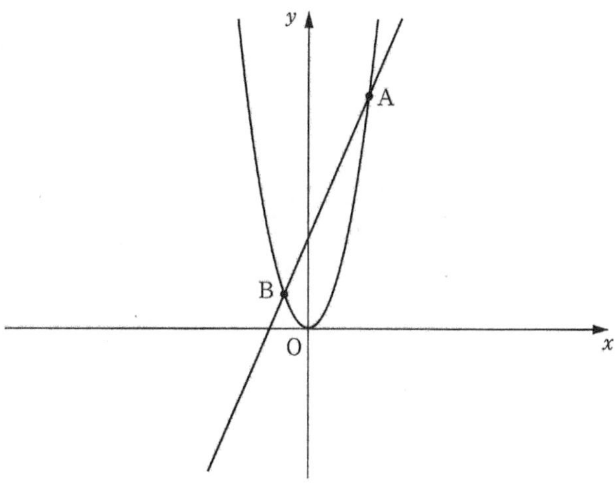

(1) $a =$ ア ，$b =$ イ になります。

(2) y 軸上に点Cをおきます。△ABCと△OABの面積が同じとなるとき，点Cの座標はC（0, ウ ）になります。ただし，点Oと点Cは異なるものとします。

5 図のように，直角三角形ABCがあり，AB＝10，BC＝5，AC＝$5\sqrt{3}$とします。点Cから線分ABに垂直な直線を引き，線分ABとの交点をDとします。このとき，次の問いに答えなさい。

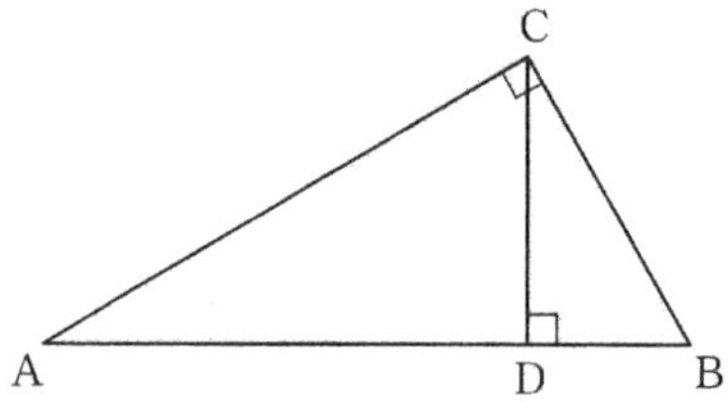

(1) CD＝$\dfrac{\boxed{ア}\sqrt{\boxed{イ}}}{\boxed{ウ}}$ になります。

(2) △ABCを線分ABを軸として1回転したときの体積は $\dfrac{\boxed{エ}\boxed{オ}\boxed{カ}}{\boxed{キ}}\pi$ になります。

6 異なる濃度の食塩水が容器A，Bにそれぞれ入っています。Aから100 gとBから200 gを取り出し，混ぜると6％の食塩水ができます。また，Aから250 gとBから50 gを取り出し，混ぜると3％の食塩水ができます。このとき，次の問いに答えなさい。

(1) Aは $\boxed{ア}$ ％の食塩水です。

(2) Aから70 gとBから $\boxed{イ}\boxed{ウ}$ を取り出し，混ぜると4.5％の食塩水ができます。

【英　語】（50分）　＜満点：100点＞

1　リスニング　テスト

Part 1　下の写真および表に関する英文が，それぞれ4つ放送されます。
それらの状況や内容を表す最も適切な英文を，それぞれ1つ選び，その番号をマークしなさい。英文は1度だけ読まれます。

No. 1　（解答番号は 1 ）

No. 2　（解答番号は 2 ）

No. 3　（解答番号は 3 ）

Wi-Fi

TOKAI AIRLINES
About Wi-Fi International Flights
Rental Equipment

1 hour	$ 10.00
2 hours	$ 15.00
3 hours	$ 19.00
4 hours	$ 24.00

No. 4　（解答番号は 4 ）

No. 5　（解答番号は 5 ）

Part 2 それぞれの対話文を聞き，その最後の発言に対する相手の応答として最も適切なものを，①～④の中から１つ選び，その番号をマークしなさい。英文は２度読まれます。

No. 1 （解答番号は 6 ）

① I'm sorry. There aren't any post offices.
② Sure. I would like to buy stamps.
③ OK. I would like to drink orange juice.
④ Because I would like to send a letter.

No. 2 （解答番号は 7 ）

① This shop will be closing soon.
② I don't think so.
③ On the third floor.
④ OK. Thank you for your kindness.

No. 3 （解答番号は 8 ）

① My captain did a great job.
② My captain hit a homerun.
③ My captain slipped and broke his leg during the game.
④ My captain was a good baseball player.

No. 4 （解答番号は 9 ）

① Wow! I'm looking forward to it.
② That's too bad. Come with us next time.
③ Good. I like shopping.
④ I have a plan for next Saturday.

No. 5 （解答番号は 10 ）

① Because I like sleeping better than eating breakfast.
② Because I don't like bread or cheese.
③ Because I ate breakfast this morning.
④ Because I drank milk this morning.

Part 3 次の英文を聞いて各質問に対する最も適切な答えを，それぞれ①～④の中から１つ選び，その番号をマークしなさい。英文は２度読まれます。

No. 1 （解答番号は 11 ）

① In Tokyo.
② In Seattle.
③ In 2003.
④ In 2004.

No. 2 （解答番号は 12 ）

① Ichiro hit 262 hits.
② Taro saw Ichiro at the stadium.
③ Taro became a senior high school student.
④ Taro visited Seattle for the first time.

No. 3 （解答番号は 13 ）

① When he was an elementary school student.
② When he was a senior high school student.
③ When he was nine years old.
④ When he was in the 9th grade.

No. 4 （解答番号は 14 ）

① Taro was excited.
② Taro was bored.
③ Taro was scared.
④ Taro was tired.

No. 5 （解答番号は 15 ）

① To go to Seattle.
② To be a junior high school teacher.
③ To be a baseball player.
④ To practice baseball with his kids.

※リスニングテストの放送台本は非公表です。

2 アンドリュー・カーネギーについて書かれた次の文を読んで，後の問いに答えなさい。

Andrew Carnegie was a very rich man who *gave away all his money to help other people. Andrew Carnegie was born in 1835 in Scotland. He was from a poor family. When he was twelve, his family moved to the United States. They wanted a better life.

The Carnegie family lived in Pittsburgh, Pennsylvania. Andrew started to work right away. He got a job in a factory. He was a good worker, but he didn't like the job. Later, he changed his job. He worked at the Pennsylvania *Railroad Company. Everybody there liked Andrew. He did many different jobs. His salary got higher every year.

In his free time, Andrew loved 16 . But in those days, it was difficult to get books if you did not have money. The United States did not have free public libraries then. *Fortunately, Andrew lived near *Colonel James Anderson. Colonel Anderson was a rich man with many books, and he wanted working boys like Andrew to use his library. He allowed them to read the books for free. Andrew read as much as possible. In fact, he read *throughout his life. He always thought that reading was very important.

Andrew learned a lot at the railroad company. He realized that the railroad was very important for big countries. Then he had an idea: to start a business connected with the railroads. He saved all his money and opened that business. He was thirty years old.

First, his company made bridges for the railroads. Ten years later, they made *steel. The Carnegie Steel Company became the largest company in the United States. They made steel for bridges, machines, and many other things. People call Carnegie the "Steel King." Soon he was the [17] man in the world.

Carnegie liked to make money. But he believed the rich should help other people. In 1901, he sold his company for $480 million. Then he started to give away his money to build public libraries all over the United States and the English-speaking world. In all, he built 2,811 public libraries. Carnegie also gave millions of dollars to colleges, museums, *scientific institutions, and people who worked for peace.

Andrew Carnegie died in 1919. He was eighty-four years old. During his lifetime, he gave away nearly all of his money for education and peace. Today, a *foundation named *after him — the Carnegie Foundation — continues his work. Andrew Carnegie is still helping people all over the world to study and learn.

出典：Milada Broukal, *What a World Reading 1* (*Second Edition*), Pearson Japan

（注） *give away 寄付する　*railroad 鉄道　*fortunately 幸運にも　*Colonel 大佐
*throughout ～の間ずっと　*steel 鉄鋼　*scientific institution 科学機関
*foundation 財団　*after ～にちなんで

問1 本文の内容に合うように，[16] [17] にあてはまる最も適切な語（句）をそれぞれ1つ選び，その番号をマークしなさい。

（[　] の番号は解答番号と同じです。）

[16]：① to make money　② to work　③ to read　④ to take trains

[17]：① largest　② richest　③ most　④ smartest

問2 以下の質問に対する最も適切な答えを①～④の中から1つ選び，その番号をマークしなさい。

1. What did Andrew Carnegie do when he was thirty?　（解答番号は [18]）
   ① He made steel for bridges and machines.
   ② He worked in a factory.
   ③ He began to read books at Colonel Anderson's library.
   ④ He started a business connected with the railroads.

2. Why did Andrew sell his company?　（解答番号は [19]）
   ① Because he wanted to go back to Scotland.
   ② Because he wanted to be rich in order to build museums.
   ③ To build public libraries all over the United States and the English-speaking world.
   ④ To build hospitals for sick people all over the world.

3. How long did Andrew live in the United States?　（解答番号は [20]）
   ① For seventy-two years.
   ② For eighty-four years.
   ③ In 1919.
   ④ Since 1835.

4. Which sentence is correct about the story?　(解答番号は 21)

① When Andrew started to work in a factory, he liked his job very much.

② Andrew could borrow books easily because there were a lot of free public libraries in 1800s.

③ The Carnegie Steel Company built colleges and museums.

④ Today, the Carnegie Foundation is helping people all over the world to study and learn.

3 Lisa は祖母の家を訪問し，自分の生活について見つめ直したエッセイを書きました。以下の英文を読んで，後の問いに答えなさい。

I visited my grandma last week. I don't see her very often because she lives in a small town about three hours away from me. I stayed for a week and I learned a lot about my grandma's life. Visiting my grandma *reminds me of my own life. [22]. And I look at things online, like pictures and videos. But when I was at Grandma's house, [23].

My grandma doesn't have a smartphone or even a computer! But she does have an interesting life. One day I helped her with planting new flowers in her garden. Another day, we picked vegetables to make dinner. It was wonderful!

Grandma also has a lot of friends. She meets them every week. They talk, laugh and tell stories. And Grandma loves to read and write. She spends an hour at her desk every day. She writes letters to her family and friends. [24].

Now I'm back home, and back to my normal life. I think about my grandma a lot. After I returned home, I got a letter from her. She thanked me for coming to visit. When I read Grandma's letter, I was deeply moved.

[25]. I told her that I would visit again soon in it. My visit to Grandma reminded me of an important thing. You can connect to people without using the Internet for a while.

(出典：Richard R. Day・Joseph Shaules "*Impact Issues 1*" Pearson)

(注)　*remind…of ～　…に～を気づかせる

問 1　[22]～[25] に当てはまる最も適切な文を①～⑥からそれぞれ 1 つ選び，その番号をマークしなさい。ただし，それぞれ 1 度だけ使えることとする。また，文頭にくる文字も小文字にしてある。　(解答番号は 22 ～ 25)

① I wasn't angry with my friends

② I sent Grandma a card with a message yesterday

③ she can keep in touch with them

④ I decided to stop using the Internet for a while
⑤ I can write letters to my friends easily
⑥ I send messages to my friends all the time

問2　本文の内容と<u>合わないもの</u>を①～④の中から１つ選び，その番号をマークしなさい。
（解答番号は［26］）

① Lisa thinks her grandmother's life is interesting.
② After visiting her grandmother, Lisa changed her way of thinking.
③ Lisa's grandmother has a few friends to play card games on weekends.
④ Lisa enjoyed visiting her grandmother.

4　次の１～10の各文の［27］～［36］に入る最も適切な語（句）を，それぞれ①～④の中から１つ選び，その番号をマークしなさい。　（［　］の番号は解答番号と同じです。）

1. Some people ［27］ in this town for a long time.
① is living　② lives　③ are lived　④ have lived

2. I was so excited at the game ［28］ I couldn't sleep well.
① if　② because　③ that　④ though

3. Because of heavy rain, I had to keep ［29］ for the bus almost half an hour.
① waiting　② waited　③ to wait　④ was waited

4. I'll wait here ［30］ my little brother comes back.
① until　② but　③ then　④ so

5. If you are hungry, I will give you something ［31］.
① eat　② eaten　③ eating　④ to eat

6. I haven't got my passport yet. Could you tell me ［32］ to get one?
① what　② which　③ who　④ where

7. The girl's eyes ［33］ tears during the graduation ceremony.
① filled in　② filled out　③ were filled with　④ were filled over

8. What difficult questions ［34］! I have never seen such difficult questions.
① these aren't　② aren't these　③ these are　④ are these

9. The man playing soccer over there is ［35］ of my friends.
① both　② one　③ many　④ some

10. I was ［36］ my classmates.
① laughed by　② laughed at　③ laughed at by　④ laughed

5　次の１～５の最初の文に続けて英文Ａ～Ｄを並べ替え，会話を完成させる時，（１）～（４）に入る英文の最も適切な順番を①～④の中からそれぞれ１つ選び，その番号をマークしなさい。

1. Suzy : Ken, you look sick. What's wrong with you?
Ken : （ 1 ）
Suzy : （ 2 ）
Ken : （ 3 ）

Suzy : (4)

A I have had a headache since last night.

B I have a little fever. So I think I should go to see a doctor.

C That's right. And then, take a rest at home.

D That's too bad. Do you have a fever?

① A－D－B－C ② D－B－C－A ③ C－D－B－A ④ B－C－A－D

（解答番号は 37 ）

2. Erika : It is very hot today, isn't it?

Mary : (1)

Erika : (2)

Mary : (3)

Erika : (4)

Mary : Yes, let's go there.

A Me too. How about drinking iced tea at that shop?

B I want something cold to drink.

C Wow, that is the highest temperature this summer.

D Yes, it's 37℃ here today.

① A－B－C－D ② D－A－C－B ③ B－C－A－D ④ D－C－B－A

（解答番号は 38 ）

3. Judy : Do you have any plans for this summer vacation?

Mike : (1)

Judy : (2)

Mike : (3)

Judy : (4)

A Really? Have you ever visited any historical places there?

B That's nice. I have been there twice.

C I'm going to visit Italy.

D Of course, there are many historical places to visit in Italy.

① D－B－C－A ② C－B－A－D ③ B－A－C－D ④ A－D－B－C

（解答番号は 39 ）

4. Saki : Look at this painting.

Kevin : (1)

Saki : (2)

Kevin : (3)

Saki : (4)

A Is it by an Italian artist?

B No. The painting was painted by a famous French man, Monet.

C It's very beautiful.

D Do you know the artist of this painting?

① B－D－A－C　② C－D－A－B　③ B－C－D－A　④ C－D－B－A

（解答番号は 40 ）

5. Eric : Ann, shall we do our homework together after school?
Ann : (1)
Eric : (2)
Ann : (3)
Eric : (4)
Ann : I have to take care of my little sister.

A I have to go home as soon as school finishes.
B Why not?
C I'm sorry, but I can't.
D Do you have anything to do?

① A－D－B－C　② B－C－D－A　③ C－B－A－D　④ D－A－C－B

（解答番号は 41 ）

6 それぞれの対話が成り立つように，［ ］内の語（句）を並べかえ， 42 ～ 49 に入る最も適切な語（句）をそれぞれ１つ選び，その番号をマークしなさい。ただし，文頭にくる文字も小文字にしてある。　（ □ の番号は解答番号と同じです。）

1. A : What is your favorite food?
B : I like Korean food.
A : It's too hot!
B : That's right. But □ □ 42 □ 43 □ all over the world.
[① in Korea ② it ③ eaten ④ is ⑤ but also ⑥ not only]

2. A : What are you doing?
B : □ □ 44 □ 45 □ in my childhood.
A : You are so cute!
B : These pictures were taken ten years ago.
[① I ② at my house ③ am ④ looking at ⑤ some pictures ⑥ taken]

3. A : My sister lives in Sydney. She works there.
B : Have you been there?
A : No, I don't like going to foreign countries.
B : Really? □ □ 46 □ □ 47 □.
[① for ② exciting ③ is ④ go abroad ⑤ to ⑥ it ⑦ me]

4. A : November 4th is Mika's birthday.
B : I know. Let's hold a birthday party for her.
A : That's a nice idea. Did you buy her a present?
B : No, I didn't. □ □ 48 □ 49 □.
[① don't ② what ③ I ④ wants ⑤ she ⑥ know]

② プロセス……過程
③ レトリック……文脈
④ アナロジー……類推

問七　次の四字熟語と意味の組み合わせとして適切でないものを一つ選び、その番号を解答番号 33 にマークしなさい。

① 我田引水……自分の利益になるように行動すること。
② 換骨奪胎……目的を遂げるために苦心し、努力を重ねること。
③ 付和雷同……安易に他者の言葉に賛成すること。
④ 東奔西走……あちこち忙しく駆け回ること。

問八　次のA～Eの作品群の作者として最も適切なものをそれぞれ一つ選び、その番号を解答番号 34 ～ 38 にマークしなさい。

A　『倫敦塔』『門』『それから』 34
B　『津軽』『桜桃』『人間失格』 35
C　『雁』『山椒大夫』『普請中』 36
D　『たけくらべ』『十三夜』『にごりえ』 37
E　『河童』『鼻』『蜘蛛の糸』 38

① 与謝野晶子　② 芥川龍之介
③ 太宰治　④ 石川啄木
⑤ 谷崎潤一郎　⑥ 夏目漱石
⑦ 樋口一葉　⑧ 宮沢賢治
⑨ 森鷗外

から一つ選び、その番号を解答番号 20 にマークしなさい。

① おんうば　② おんめのとご
③ みうばご　④ おんちちはは

問九　傍線部⑧「越前守」とは越前の国司のことであるが、越前とは今の何県か。最も適切なものを次の中から一つ選び、その番号を解答番号 21 にマークしなさい。

① 奈良県　② 滋賀県　③ 静岡県　④ 福井県

問十　空欄 あ に入る語として最も適切なものを次の中から一つ選び、その番号を解答番号 22 にマークしなさい。

① けら　② けり　③ ける　④ けれ

問十一　本文の内容として正しい文章はどれか。最も適切なものを次の中から一つ選び、その番号を解答番号 23 にマークしなさい。

① 為時は、式部丞になった後に博士になり、越前の国司になった。
② 為時は申文を、内侍を通して奉ったが、天皇は最後まで読まなかった。
③ 天皇も道長も為時の申文に書かれた句に感動した。
④ 内侍は天皇に申文を渡さなかったので、注意をされた。

問十二　この作品のジャンルとして、最も適切なものを次の中から一つ選び、その番号を解答番号 24 にマークしなさい。

① 紀行文　② 歌集　③ 日記　④ 説話

三　次の各問いに答えなさい。

問一　次の文は何文節に分けられるか。最も適切なものを一つ選び、その番号を解答番号 25 にマークしなさい。

私は母の会社に忘れ物を届けに走った。

① 4文節　② 5文節　③ 6文節　④ 11文節

問二　熟字訓でないものを一つ選び、その番号を解答番号 26 にマークしなさい。

① 玄人　② 五月雨　③ 足袋　④ 和服

問三　重箱読みの漢字はどれか。最も適切なものを次の中から一つ選び、その番号を解答番号 27 にマークしなさい。

① 幻想　② 手本　③ 縁組　④ 改革

問四　次のA・Bの言葉の対義語として最も適切なものをそれぞれ一つ選び、その番号を解答番号 28 29 にマークしなさい。

A 「需要」 28
① 必要　② 用途　③ 販売　④ 供給

B 「客観的」 29
① 主観的　② 印象的　③ 科学的　④ 逆説的

問五　次のA・Bの文の空欄に当てはまるものとして最も適切なものをそれぞれ一つ選び、その番号を解答番号 30 31 にマークしなさい。

A 「腹を 30 話そう」
① 開いて　② 割って　③ 覚悟して　④ なだめて

B 「彼女のスピーチはずば抜けてよかったので、白羽の矢が 31 」
① 飛んだ　② 決まった　③ 刺さった　④ 立った

問六　次のカタカナ語と意味の組み合わせとして適切でないものを一つ選び、その番号を解答番号 32 にマークしなさい。

① アイデンティティ……自己同一性

問一　傍線部①「藤原為時」の娘は、平安時代中期に成立した物語の作者である。その作者として最も適切なものを次の中から一つ選び、その番号を解答番号 13 にマークしなさい。

①　清少納言　②　紫式部　③　小野小町　④　阿仏尼

問二　傍線部②「文花ある者」とはどのような人のことか。最も適切なものを次の中から一つ選び、その番号を解答番号 14 にマークしなさい。

①　華やかな容姿の人
②　花の香りのする人
③　文才に優れた人
④　美しい娘を持っている人

問三　傍線部③「この句」が指す句に使われている技法として、最も適切なものを次の中から一つ選び、その番号を解答番号 15 にマークしなさい。

①　直喩　②　対句　③　擬人法　④　呼びかけ

問四　傍線部③「この句」が指す句の説明として、最も適切なものを次の中から一つ選び、その番号を解答番号 16 にマークしなさい。

①　子供を失って悲しみの中にいるのに、どうして誰も助けてくれないのかという悲しみを詠んでいる。
②　受領になどなりたくなかったのにさせられてしまい、涙を流して悔しがったが、前向きに生きようという思いを詠んでいる。
③　除目で苦しんで学んだ日々が報われ、嬉し涙を流し襟を汚している様子を詠んでいる。
④　望みの官職に就けなかった悲しみと、直物で念願が叶うのではないかという期待を詠んでいる。

問五　傍線部④「紅涙潤襟」に返り点と送り仮名を付けた場合、最も適切なものを次の中から一つ選び、その番号を解答番号 17 にマークしなさい。

①　紅涙潤㆑シ襟ヲ
②　紅涙潤㆓シ襟ヲ㆒
③　紅㆓クシ涙ヲ潤シ襟ヲ㆒
④　紅㆑クシ涙ヲ潤㆑サントホッス襟ヲ

問六　傍線部⑤「この為時がことを奏せさせ給ひける」の意味として、最も適切なものを次の中から一つ選び、その番号を解答番号 18 にマークしなさい。

①　為時の娘の文章を見て、すぐに呼びたいと内侍に申し上げた。
②　為時の文章を見て、感動したということを内侍にお伝えした。
③　為時の任官をどうするかについて天皇におうかがいした。
④　為時の様子がおかしいということについて天皇に相談した。

問七　傍線部⑥「微妙に感ぜさせ給ひて」の意味として、最も適切なものを次の中から一つ選び、その番号を解答番号 19 にマークしなさい。

①　よくないことであるとお感じになって
②　複雑な気分であるとご気分を害されて
③　少しよいところがあるとお褒めになって
④　趣深くすぐれているとご感動なさって

問八　傍線部⑦「御乳母子」の読み方として、最も適切なものを次の中

③　民主主義に基づいて政治を行うこと。
④　物事を論理的に考え、判断すること。

問九　本文の内容として適切で**ない**ものはどれか。次の中から一つ選び、その番号を解答番号 12 にマークしなさい。

①　近代の西洋人は意図して歴史全体に対するねつ造を行っていた。
②　20世紀末に、西洋文明の出発点である古代ギリシャのルーツは東洋ではないかという意見が現れた。
③　近代において、アテネのモスクや、公衆浴場は破壊されてしまった。
④　近代の西洋人が「文明的だ」と思っていたものの多くは古代ギリシャが出発点だと考えられていた。

二

次の本文を読み、後の問いに答えなさい。ただし、返り点や送り仮名に関しては、設問の都合により付していない場合がある。

今は昔、①藤原為時といふ人ありき。一条院の御時[※1]に、式部丞[※2]の労によりて受領[※3]にならむと申しけるに、除目[※4]の時、闕国[※5]なきによりてなされざりけり。

その後、このことを嘆きて、年を隔てて直物[※6]行はれける日、為時、博士にはあらねども②極めて文花ある者にて、申文[※7]を内侍[※8]につけて奉り上げてけり。その③申文にこの句あり。

苦学ノ寒夜　④紅涙潤襟
除目ノ後朝　蒼天在リレ眼ニ

と。内侍これを奉り上げむとするに、天皇のその時に御寝なりて、御覧ぜずなりにけり。然る間、御堂[※9]、関白にておはしければ、直物行はせ給はむとて内裏に参らせ給ひたりけるに、⑤この為時がことを奏せさせ給ひけるに、天皇、申文を御覧ぜざるによりて、その御返答なかりけり。

然れば関白殿、女房に問はしめ給ひけるに、女房申すやう、「為時が申文を御覧ぜしめむとせし時に、御前御寝なりて御覧ぜずなりにき。」

然ればその申文を尋ね出だして、関白殿、天皇に御覧ぜしめ給ひけるに、この句あり。然れば関白殿、この句⑥微妙に感ぜさせ給ひて、⑦殿の御乳母子にてありける藤原国盛といふ人のなるべかりける⑧越前守をやめて、にはかにこの為時をなむなされに　あ　。

これひとへに、申文の句を感ぜらるる故なりとなむ、世に為時を讃め(ほめ)けるとなむ、語り伝へたるとや。

（『今昔物語集』より）

（注）※1　一条院の御時…一条天皇（九八〇―一〇一一）の時代。
※2　式部丞…式部省の役職。実務官僚として重要な役職だった。
※3　受領…国司のこと。中央から派遣され、それぞれの国の行政に当たった地方官。
※4　除目…大臣以外の官職を任命する朝廷の儀式。
※5　闕国…国司が欠員になっている国。
※6　直物…除目の後日に召名（任官者の名簿）を訂正すること。
※7　申文…位や役職を得るために提出する文書。希望する役職に対し、自分の経歴も含め、いかにふさわしい人間であるかを記して自薦する。
※8　内侍…内侍司の女官。天皇の身の回りに仕え、取り次ぎなどを行った。
※9　御堂…藤原道長のこと。道長の建てた法成寺を御堂といったことから御堂、御堂関白などと呼ばれた。

③　言葉が美しく整っているさま。
④　堂々としているさま。

問四　傍線部③「世界一有名な博物館のスキャンダル」とは何か。最も適切なものを次の中から一つ選び、その番号を解答番号 [6] にマークしなさい。

①　大英博物館の職員が、預かっていた所蔵品を分析したデータを紛失してしまったという事件。
②　大英博物館の館長が、政府に命じられて所蔵品の表面に残された色を残らずタワシで削り取ってしまったという事件。
③　大英博物館の館長が、スポンサーに命じられて所蔵品を塗り直してしまったという事件。
④　大英博物館の職員が、スポンサーに命じられて所蔵品の表面を削り取ってしまったという事件。

問五　傍線部④「当時の西欧の人々は、ギリシャの神殿は白くなければいけない、と思っていた」とあるが、それはなぜか。最も適切なものを次の中から一つ選び、その番号を解答番号 [7] にマークしなさい。

①　博物館のスポンサーの多くが「神殿は白くなければいけない」と思っていたから。
②　古代ギリシャを西洋文明のルーツと考えており、気高く静かな美しさを持っていないといけないと考えたから。
③　オットー1世が「古代ギリシャ風」の国につくり直させようとしたから。
④　白という色に古代ギリシャ人は魅力を感じていたから。

問六　傍線部⑤「イメージの改ざんはパルテノン神殿のレリーフという一つのものにとどまらず、ギリシャという国家全体にも行われていた」とあるが、どういうことか。最も適切なものを次の中から一つ選び、その番号を解答番号 [8] にマークしなさい。

①　首都をアテネから変更し、古代ギリシャ風の都市を建設したということ。
②　ギリシャのイメージの払拭を図るためにパルテノン神殿のレリーフをシンボルとしてイベントが開かれたということ。
③　国王が古代ギリシャ風の国につくり直させようとしたということ。
④　古代ギリシャのテーマパークを作り、観光客をよびよせようとしたということ。

問七　空欄 [ア]・[イ] にあてはまるものとして最も適切なものを次の中から一つ選び、その番号を解答番号 [9]・[10] にマークしなさい。

[ア]　①　そして　②　たとえば　③　しかし　④　したがって　[9]

[イ]　①　必ずしも　②　とうてい　③　たとえ　④　少なくとも　[10]

問八　近代の西洋人が「古代ギリシャ的」と考えたものとして、適切でないものはどれか。次の中から一つ選び、その番号を解答番号 [11] にマークしなさい。

①　老若男女が平等であること。
②　都市が形成されていること。

いたからといえます。

都市、民主政、自由、秩序、理性、男性中心……、近代の西洋人が「文明的だ」と思っていたものの多くは古代ギリシャが出発点だと考えられていました。文明的なもの＝古代ギリシャ的なものと言っても過言ではないかもしれません。東洋とは異なる価値観をもつ、西洋の起源としてギリシャ……、それが近世の西洋人の「理想の古代ギリシャ」のイメージなのでした。

しかし20世紀末。さらに大きな問題が提起されます。

それは彫刻（ちょうこく）に対するねつ造よりももっと大きな、「歴史全体に対するねつ造」問題――そう、「古代ギリシャを西洋の起源に仕立てあげていること自体、ヨーロッパ人による『歴史のねつ造』なのではないか？」という問題です。

これは今もなお「黒いアテナ論争」として世界を巻き込んでいる大論争です。今、私たちはギリシャ神話の処女神アテナを金髪で青い目をした「白人の女神」としてイメージしていますが、それはここ200年間に西欧人によって作られたものではないか？　本当は「黒い肌（はだ）の女神」だったのではないか？　つまり、ギリシャ文明はエジプト文明をはじめアフリカやアジアに起源があり、西洋文明の出発点は古代ギリシャではなく東洋に置くべきではないのか？　我々の知る古代ギリシャは、本当は何もかも漂白されているのではないか？

……という驚くべき問題提起でした。これは西洋社会に大きな衝撃を与え、2015年現在、未だ決着がついていない問題です。

パルテノン神殿の色彩は削り取られて本当の色はわからなくなってしまいましたが、本来そこにつけられていた色は、エジプトやアジア的な色彩だったのか――。古代ギリシャ世界全体の東方的な色彩も削り取られているのかどうか――。

[イ]、今の私たちが抱いている「白亜の、白人の、古代ギリシャ」は「西洋の人たちがそうであってほしかったギリシャ」の幻想（げんそう）が投エイ（C）されていることは確かです。

（藤村シシン『古代ギリシャのリアル』（実業之日本社、2015年））

問一　傍線部①「ギリシャといえば、青い空、青い海、そして白亜の神殿」というイメージが出来たのはいつごろからだと考えられるか。最も適切なものを次の中から一つ選び、その番号を解答番号 [1] にマークしなさい。

① 紀元前8世紀　② 18世紀半ば　③ 20世紀末　④ 21世紀

問二　傍線部A～Cのカタカナを漢字にした場合、最も適切なものを次の中からそれぞれ一つずつ選び、その番号を解答番号 [2] ～ [4] にマークしなさい。

A　スウ高 [2]

① 崇　② 嵩　③ 数　④ 枢

B　セン都 [3]

① 薦　② 遷　③ 選　④ 潜

C　投エイ [4]

① 営　② 影　③ 映　④ 衛

問三　傍線部②「端的」の意味として、最も適切なものを次の中から一つ選び、その番号を解答番号 [5] にマークしなさい。

① 隅に追いやられてしまっているさま。

② 手短に要点を表しているさま。

【国語】（五〇分）〈満点：一〇〇点〉

一　次の文章を読み、後の問いに答えなさい。

「①ギリシャといえば、青い空、青い海、そして白亜の神殿」――まずは私たちがイメージしているこのギリシャを、本来の「ブロンズ色の空、ワイン色の海、そしてカラフルな神殿」に塗り直すところから語りはじめましょう。

今、白い神殿の塗り絵を渡されて、「好きな色に塗っていい」と言われたとしても、「いや、神殿といえば白亜だから……」と色を付けずに返す人が多いと思います。しかし古代ギリシャ人なら、これを赤、青、黄色と、さまざまな色で塗り潰してくれます。元々彼らの神殿は極彩色に彩られていたからです。

私たちはなぜ「ギリシャの神殿＝白亜」のイメージを持っているのでしょうか？　いつ、誰によって摺り込まれたのでしょうか？

その疑問には、１９３９年に発覚した大英博物館の大スキャンダルが②端的な答えを用意してくれています。③世界で一番有名な博物館のスキャンダル……、それは「所蔵するパルテノン神殿のフリーズに対する破壊行為」事件でした。

これは「本来、美術品は元の状態で保護するのが大原則なのに、職員が意図的にフリーズの表面に残された色を残らず金ダワシでゴシゴシ削り取った。結果としてパルテノン神殿の色彩は永遠に再現不可能になってしまった」という衝撃的なものでした。

そしてこの時、職員は「博物館のスポンサーに『もっと白くしろ！　そのほうが大衆に受ける！』と命令されてピッカピカに白く磨き上げちゃいました……」と証言したのです。

この事件からわかるのは、④「当時の西欧の人々は、ギリシャの神殿は白くなければいけない、と思っていた」ということです。

ヨーロッパでは18世紀半ばからギリシャブームが起こり、「ギリシャはＡスウ高で静謐、単純美のシンボルでないといけない。そのためには色つきのゴテゴテはダメ。大理石は白く輝いてないといけない、神殿は白亜でなければならない！」と考えたのでした。

そして⑤このイメージの改ざんはパルテノン神殿のレリーフという一つのものにとどまらず、ギリシャという国家全体にも行われていたのです。

ギリシャは１８３２年に「ギリシャ王国」として独立したあと、バイエルンの国王の次男オットー１世がギリシャの国王の座につきました。その際、建築家を引き連れて自分のイメージする「古代ギリシャ風」の国につくり直させようとしたのです。

たとえば、「古代ギリシャではアテネ（アテナイ）が文芸の中心都市だった。だからアテネを首都にしよう」とＢセン都を決定。

［ア］、当時のアテネは古代の栄光の面影はまるでない小さな田舎町でしかありませんでした。

そして当時のアテネにあったイスラム的な入り組んだ小道や、モスクや、公衆浴場など、「古代ギリシャっぽくない」ものは破壊され、代わりに新古典様式の建物など、「古代ギリシャっぽい」建築物が次々に建てられていったのでした。

しかし西洋人はなぜ、ここまで古代ギリシャを理想化したのでしょうか。これはギリシャ文明を自分たち西洋世界の共通のルーツだと思って

MEMO

大切なことはメモしておこうネ！

2021年度

解　答　と　解　説

《2021年度の配点は解答欄に掲載してあります。》

＜数学解答＞ 《学校からの正答の発表はありません。》

1 (1) ア ① (2) イ ② (3) ウ ① (4) エ ② (5) オ ⑤
(6) カ ③

2 (1) ア ④ (2) イ ② (3) ウ ③ (4) エ ② (5) オ ⑤
(6) カ ①

3 (1) ア 6 (2) イ 9 ウ 9

4 (1) ア 2 イ 3 (2) ウ 6

5 (1) ア 5 イ 3 ウ 2 (2) エ 1 オ 2 カ 5 キ 2

6 (1) ア 2 (2) イ 5 ウ 0

○推定配点○

各5点×20　　計100点

＜数学解説＞

基本 1 (正負の数，単項式の乗除，平方根，式の計算，二次方程式)

(1) $(-2)\times(-3^2)+16\div(-2)^3=-2\times(-9)+16\div(-8)=18-2=16$

(2) $a^3b\div a\times(2ab^2)^3=\dfrac{a^3b\times 8a^3b^6}{a}=8a^5b^7$

(3) $\sqrt{3}(\sqrt{6}-\sqrt{2})-\sqrt{6}(\sqrt{2}+\sqrt{3})=3\sqrt{2}-\sqrt{6}-2\sqrt{3}-3\sqrt{2}=-\sqrt{6}-2\sqrt{3}$

(4) $\dfrac{3x-2y}{4}-\dfrac{2x+3y}{6}=\dfrac{3(3x-2y)-2(2x+3y)}{12}=\dfrac{9x-6y-4x-6y}{12}=\dfrac{5x-12y}{12}$

(5) $\left(x+\dfrac{3}{2}y\right)^2-\left(x-\dfrac{3}{2}y\right)^2=x^2+3xy+\dfrac{9}{4}y^2-\left(x^2-3xy+\dfrac{9}{4}y^2\right)=6xy$

(6) $(x-2)^2-(x-2)=0$　$(x-2)\{(x-2)-1\}=0$　$(x-2)(x-3)=0$　$x=2,\ 3$

基本 2 (等式の変形，連立方程式，確率，変化の割合，角度，場合の数)

(1) $a=\dfrac{vt+c}{t}$　$vt+c=at$　$vt=at-c$　$v=\dfrac{at-c}{t}$

(2) $ax+by=5$，$bx-ay=1$に$x=1$，$y=1$をそれぞれ代入して，$a+b=5$…①，$-a+b=1$…②
①+②より，$2b=6$　$b=3$　これを①に代入して，$a+3=5$　$a=2$

(3) さいころの目の出方の総数は6×6=36(通り)　このうち，題意を満たすのは，(大，小)=(1，3)，(1，6)，(3，1)，(3，3)，(3，5)，(3，6)，(5，3)，(5，6)，(6，1)，(6，3)，(6，5)の11通りだから，求める確率は，$\dfrac{11}{36}$

(4) $\dfrac{2\times 3^2-2\times(-1)^2}{3-(-1)}=\dfrac{18-2}{4}=4$

(5) OB＝OAより，∠OBA＝∠OAB＝24°　OB＝OCより，∠OBC＝∠OCB＝31°　よって，∠ABC＝24°＋31°＝55°　円周角の定理より，∠AOC＝2∠ABC＝110°

(6) A，B，C，D，E，Fの6チームによる総試合数は，(A，B)，(A，C)，(A，D)，(A，E)，(A，F)，(B，C)，(B，D)，(B，E)，(B，F)，(C，D)，(C，E)，(C，F)，(D，E)，(D，F)，(E，F)の15試合。

3 （規則性）

基本 (1) 1，(1，2)，(1，2，3)，(1，2，3，4)，(1，…とグループ分けすると，1+2+3+4+5+6=21より，21番目の数は6グループの最後の数の6

(2) 4回目の5は，8グループの5番目の数である。1グループから7グループまでの各グループの数の和は，1，3，6，10，15，21，28であるから，4回目の5までの和は，1+3+6+10+15+21+28+(1+2+3+4+5)=99

4 （図形と関数・グラフの融合問題）

基本 (1) $y=x^2$に$x=3$，-1をそれぞれ代入して，$y=9$，1　よって，A(3，9)，B(−1，1)　直線ABの式を$y=ax+b$とおくと，2点A，Bを通るから，$9=3a+b$，$1=-a+b$　この連立方程式を解いて，$a=2$，$b=3$

重要 (2) 直線ABとy軸との交点をDとすると，D(0，3)となる。CD=DOのとき，△ABC=△OABとなるから，点Cのy座標は3+3=6　よって，C(0，6)

5 （平面図形・空間図形の計量）

重要 (1) △ABCと△ACDにおいて，∠ACB=∠ADC=90°　共通だから，∠BAC=∠CAD　2組の角がそれぞれ等しいから，△ABC∽△ACD　BC：CD=AB：AC　$\mathrm{CD}=\dfrac{\mathrm{BC}\times\mathrm{AC}}{\mathrm{AB}}=\dfrac{5\times5\sqrt{3}}{10}=\dfrac{5\sqrt{3}}{2}$

基本 (2) 求める立体の体積は，$\dfrac{1}{3}\pi\times\mathrm{CD}^2\times\mathrm{AD}+\dfrac{1}{3}\pi\times\mathrm{CD}^2\times\mathrm{BD}=\dfrac{1}{3}\pi\times\mathrm{CD}^2\times\mathrm{AB}=\dfrac{1}{3}\pi\times\left(\dfrac{5\sqrt{3}}{2}\right)^2\times10=\dfrac{125}{2}\pi$

6 （食塩水）

(1) 容器Aの食塩水の濃度をa%，容器Bの食塩水の濃度をb%とすると，$100\times\dfrac{a}{100}+200\times\dfrac{b}{100}=(100+200)\times\dfrac{6}{100}$より，$a+2b=18$…①　$250\times\dfrac{a}{100}+50\times\dfrac{b}{100}=(250+50)\times\dfrac{3}{100}$より，$5a+b=18$…②　②×2−①より，$9a=18$　$a=2$　これを②に代入して，$10+b=18$　$b=8$　よって，Aは2%の食塩水である。

(2) Bからxg取り出すとすると，$70\times\dfrac{2}{100}+x\times\dfrac{8}{100}=(70+x)\times\dfrac{4.5}{100}$　$140+8x=315+4.5x$　$3.5x=175$　$x=50$(g)

★ワンポイントアドバイス★

出題構成，難易度とも大きな変化はない。取り組みやすい内容なので，ミスのないように解いていこう。

＜英語解答＞《学校からの正答の発表はありません。》

1	リスニング問題解答省略
2	問1　16　③　　17　②　　問2　1　④　　2　③　　3　①　　4　④
3	問1　22　⑥　　23　④　　24　③　　25　②　　問2　③
4	1　④　　2　③　　3　①　　4　①　　5　④　　6　④　　7　③　　8　③　　9　②　　10　③
5	1　①　　2　④　　3　②　　4　②　　5　③
6	1　42　③　　43　①　　2　44　④　　45　⑥　　3　46　②　　47　⑤　　4　48　⑥　　49　⑤

○推定配点○

1, 3, 4, 5　各2点×35　　他　各3点×10　　計100点

＜英語解説＞

1　リスニング問題解説省略。

重要　2　**(長文読解・物語文：語句補充，要旨把握)**

(大意)　アンドリュー・カーネギーは，人々を助けるためにお金を寄付した金持ちだ。アンドリュー・カーネギーは1835年にスコットランドで生まれた。彼は貧しい家庭の出身だった。12歳のとき，家族はアメリカに引っ越した。彼らはより良い生活を望んでいた。

カーネギー家はペンシルベニア州ピッツバーグに住んでいた。アンドリューはすぐに働き始めた。彼は工場で仕事を得た。彼は良い労働者だったが，その仕事が気に入らなかった。その後，彼は仕事を変えた。彼はペンシルベニア州鉄道会社で働いていた。誰もがアンドリューが好きだった。彼はいろいろな仕事をした。彼の給料は高くなった。

彼の自由な時間に，16読書を愛していた。しかし，当時，お金を持っていなかったら本を手に入れるのは難しかった。そのときは，アメリカには無料の公共図書館がなかった。幸いなことに，アンドリューはジェームズ・アンダーソン大佐の近くに住んでいた。アンダーソン大佐は多くの本を持つ金持ちで，アンドリューのような男の子たちに図書館を使ってほしいと思っていた。彼は無料で本を読むことを許した。アンドリューはできるだけ多く読んだ。実際，彼は人生を通して読んだ。彼は読書が非常に重要だと思っていた。

アンドリューは鉄道会社で多くのことを学んだ。彼は鉄道が国にとって重要であることを認識した。そして彼は考えを持っていた：鉄道に関係した事業を始めることだ。彼はすべてのお金を貯め，事業を開いた。彼は30歳だった。

まず，彼の会社は鉄橋を作った。10年後，彼らは鉄鋼を作った。カーネギー鉄鋼会社はアメリカ最大の会社となった。彼らは橋，機械，他の多くのもののための鉄鋼を作った。人々はカーネギーを「鉄鋼王」と呼んでいる。まもなく彼は世界で17最も金持ちになった。

カーネギーはお金を稼ぐのが好きだった。しかし，彼は金持ちが人々を助けるべきだと信じていた。1901年，彼は会社を4億8000万ドルで売却した。その後，彼はアメリカと英語圏の世界中に公共図書館を建設するために彼のお金を寄付し始めた。全体として，彼は2,811の公共図書館を建てた。カーネギーはまた，大学，博物館，科学機関，平和のために働いている人々に数百万ドルを与えた。

アンドリュー・カーネギーは1919年に亡くなった。彼は84歳だった。彼の生涯の間に，教育と平和のためにお金のほとんどすべてを寄付した。今日，彼にちなんで名付けられた財団(カーネギー財団)は彼の仕事を続けている。アンドリュー・カーネギーは，世界中の人々が勉強し，学ぶのを

手伝っている。

問1　16　この後，本の話が続くことから判断できる。　17　カーネギーは「鉄鋼王」と呼ばれる金持ちになった。

問2　1「アンドリュー・カーネギーは30歳のとき何をしたか」第4段落第4，5文参照。お金をため，事業を始めたとある。　2「なぜ，アンドリューは会社を売却したか」第6段落第3，4文参照。会社を売却した後，公共図書館を建てるために寄付をしたとある。　3「アンドリューはどのくらいアメリカに住んだか」12歳でアメリカに引っ越し，84歳で亡くなったので，72年間だとわかる。　4「どの文が話に合っているか」第7段落最終文参照。アンドリュー・カーネギーの財団は，世界中の人々が勉強し，学ぶのを助けているとある。

3　（長文読解・物語文：語句補充，内容吟味）

（大意）　私は先週おばあちゃんを訪ねた。彼女は私から約3時間離れた小さな町に住んでいるので，あまり彼女に会わない。私は1週間滞在し，私はおばあちゃんの人生について多くのことを学んだ。おばあちゃんの訪問は私に私自身の生活に気づかせてくれた。私はいつでも友達にメッセージを送る。そして，写真やビデオのようなものをオンラインで見る。しかし，私がおばあちゃんの家にいたとき，しばらくインターネットを使うのをやめることにした。

私のおばあちゃんはスマートフォンもコンピュータも持っていない！しかし，彼女は興味深い人生を送っている。ある日，私は彼女の庭に新しい花を植えるのを手伝った。別の日，私たちは夕食を作るために野菜を摘んだ。素晴らしかった！

おばあちゃんも友達が多い。彼女は毎週友達に会う。彼女らは話し，笑い，物語を話す。そして，おばあちゃんは読み書きが大好きだ。彼女は毎日机で1時間を過ごす。彼女は家族や友人に手紙を書く。彼女は彼らと親しくつき合うことができる。

今，私は家に帰って，通常の生活に戻っている。私はおばあちゃんのことをよく考える。私が家に帰ったら，彼女から手紙をもらった。彼女は私が遊びに来てくれたことに感謝した。おばあちゃんの手紙を読んだとき，私は深く感動した。

昨日私はメッセージを書いたカードをおばあちゃんに送った。私は彼女にすぐにまた訪れると言った。おばあちゃんを訪れたことで，大切なことを思い出した。あなたは，しばらくの間インターネットを使わずに人々と連絡を取ることができる。

問1　22「自分自身の生活を気づかせてくれた」とあるので，Lisa の現在の生活について述べているとわかる。　23　第2段落第1文「おばあちゃんはスマートフォンもコンピュータも持っていない」という部分から判断できる。　24　おばあちゃんは家族や友達に手紙を書くので，親しくつき合うことができると判断できる。　25　次の文の it はおばあちゃんにあてたカードであると判断できる。

問2　第3段落第1文参照。Lisa の祖母は，多くの友達がいることから③が不適切であるとわかる。

4　（語句補充問題：現在完了，接続詞，動名詞，不定詞，受動態，感嘆文）

1　for a long time「長い間」とあるので，現在完了の文〈have ＋過去分詞〉にする。

2　〈so ～ that 主語＋ can't…〉「とても～ので…できない」

3　keep ～ing「～し続ける」

4　until ～「～まで」

基本　5　something to eat「食べ物」　不定詞の形容詞的用法を用いた表現である。

6　〈where to ＋ 動詞の原形〉「どこで～したらいいか」

7　be filled with ～「～でいっぱいだ」

8　感嘆文は〈What (a / an) 形容詞＋名詞～！〉の語順になる。

9　主語が単数なので，one of ～「～の一つ(一人)」を用いる。

やや難 10　laugh at ～「～を笑う」

5　(会話文)

1　Suzy：ケン，具合が悪そうね。どうしたの？
Ken　：(1)昨夜から頭が痛いんだ。
Suzy：(2)それは大変だね。熱はあるの？
Ken　：(3)少し熱があるよ。だから医者に行くべきだと思うんだ。
Suzy：(4)そうね。それでは，家で休んでね。

2　Erika：今日は暑いね。
Mary：(1)そうだね。今日はここは37度あるよ。
Erika：(2)うわぁ，それはこの夏最も高い気温だよ。
Mary：(3)冷たい飲み物が欲しいな。
Erika：(4)私もよ。あの店でアイスティー飲まない？
Mary：ええ，そうしましょう。

3　Judy　：夏休みは何か予定あるの？
Mike：(1)イタリアに行くつもりだよ。
Judy　：(2)それはいいね。2回行ったことがあるよ。
Mike：(3)本当？歴史的な場所を訪れたことがある？
Judy　：(4)もちろん，イタリアには訪れるべき多くの歴史的な場所があるよ。

4　Saki　：この絵を見て。
Kevin：(1)とても美しいね。
Saki　：(2)この絵の作者は知っている？
Kevin：(3)イタリアの芸術家によるものかな？
Saki　：(4)いいえ。その絵は，有名なフランス人のモネによって描かれたのよ。

5　Eric：アン，放課後一緒に宿題をしない？
Ann：(1)ごめんね，できないわ。
Eric：(2)どうしてできないの？
Ann：(3)学校が終わったらすぐに家に帰らなければならないの。
Eric：(4)何かすることがあるの？
Ann：妹の世話をしなければならないんだ。

重要 6　(語句整序問題：接続詞，分詞，不定詞，間接疑問文)

1　(But) it is eaten not only in Korea but also (all over the world.)　not only A but also B「AだけでなくBもまた」

2　I am looking at some pictures taken at my house (in my childhood.)　taken at my house in my childhood は前の名詞を修飾する分詞の形容詞的用法である。

3　It is exciting for me to go abroad(.)　〈It is ～ for 人 to …〉「人にとって…することは～だ」

4　I don't know what she wants(.)　間接疑問文は〈what ＋主語＋動詞〉の語順になる。

★ワンポイントアドバイス★

読解問題も文法もないも比較的基本的な問題となっている。教科書に出てくる単語や表現を覚えて基礎力を固めたい。

＜国語解答＞ 《学校からの正答の発表はありません。》

一 問一 ② 問二 A ① B ② C ② 問三 ② 問四 ④ 問五 ②
問六 ③ 問七 ア ③ イ ④ 問八 ① 問九 ①

二 問一 ② 問二 ③ 問三 ② 問四 ④ 問五 ① 問六 ③ 問七 ④
問八 ② 問九 ④ 問十 ③ 問十一 ② 問十二 ④

三 問一 ③ 問二 ④ 問三 ③ 問四 A ④ B ① 問五 A ② B ④
問六 ③ 問七 ② 問八 A ⑥ B ③ C ⑨ D ⑦ E ②

○推定配点○

一 問一～問三・問七 各2点×7 他 各5点×5
二 問四 5点 問六・問七・問十一 各4点×3 他 各2点×8
三 各2点×14 計100点

＜国語解説＞

一 （論説文―漢字，語句の意味，文脈把握，内容吟味，脱語補充，接続語，要旨）

やや難 問一 「ヨーロッパでは……」で始まる段落に「ヨーロッパでは18世紀半ばからギリシャブームが起こり，『ギリシャはスウ高で静謐，……。そのためには……大理石は白く輝いていないといけない。神殿は白亜でなければならない！』とあるので，②が適切。

問二 A 「崇高(すうこう)」は，尊く，気高い，という意味。「崇」を使った熟語はほかに「崇敬」「崇拝」など。訓読みは「あが(める)」。 B 「遷都(せんと)」は，都をほかの地にうつすこと。「遷」を使った熟語はほかに「遷宮」「変遷」など。訓読みは「うつ(す)」。 C 「投影(とうえい)」は,影をうつすこと。「影」を使った熟語はほかに「影響」「撮影」など。訓読みは「かげ」。

問三 「端的」は，明白，ありのまま，手っ取り早い様子，という意味なので②が適切。

問四 直後に「それは『所蔵するパルテノン神殿のフリーズに対する破壊行為』事件でした」とあり，「『本来，美術品は元の状態で保護するのが大原則なのに，職員が意図的にフリーズの表面に残された色を残さず金ダワシでゴシゴシ削り取った。結果としてパルテノン神殿の色彩は永遠に再現不可能になってしまった』」「そしてこの時，職員は『博物館のスポンサーに「もっと白くしろ！ そのほうが大衆に受ける！」と命令されてピッカピカに白く磨き上げちゃいました……』と証言したのでした」とあるので，④が適切。①の「データを紛失」，②の「政府に命じられて」，③の「塗り直してしまった」は，本文の内容と合致しない。

やや難 問五 直後に「ヨーロッパでは18世紀半ばからギリシャブームが起こり，『ギリシャはスウ高で静謐，……そのためには色つきのゴテゴテはダメ。大理石は白く輝いてないといけない。神殿は白亜でなければならない』と考えたのでした」とあり，「しかし……」で始まる段落には「これはギリシャ文明を自分たちの西洋世界の共通のルーツだと思っていたからといえます」とあるので，②が適切。①の「スポンサーの多くが」，④の「白という色に……魅力を感じていた」は適切でない。③は，この後に示されている「イメージの改ざん」の説明なので適切でない。

問六 直後に「バイエルンの国王の次男オットー1世がギリシャの国王の座につきました。その際，……自分のイメージする『古代ギリシャ風』の国につくり直させようとしたのです」と説明されているので，③が適切。①は「『……だからアテネを首都にしよう』」とあることと合致しない。②の「イベントが開かれた」，④の「テーマパークを作り」は本文にない。

問七 ア 直前に「セン都を決定」とあるのに対し，直後には「古代の栄光の面影はまるでない小さな田舎町でしかありませんでした」と，首都には不似合いな様子が示されているので，逆接を表す「しかし」が入る。イ　直後の「今の私たちが抱いている……幻想が投影されていることは確かです」を修飾する語としては，「少なくとも」が適切。「少なくとも……ことは確かです」とつながる。

問八　「都市」で始まる段落に「近代の西洋人が『文明的だ』と思っていたものの多くは古代ギリシャが出発点と考えられ」とあり，直前に「男性中心」とあるので①はあてはまらない。

やや難　問九　①は，「行っていた」という部分が合致しない。本文では，「『歴史全体に対するねつ造』問題──そう，『古代ギリシャを西洋の起源に仕立てあげていること自体，ヨーロッパ人による『歴史のねつ造』なのではないか？』」と，問題提起の形になっている。②は，「しかし20世紀末。さらに大きな問題が提起されます」「つまり，ギリシャ文明はエジプト文明をはじめアフリカやアジアに起源があり，西洋文明の出発点は古代ギリシャではなく東洋に置くべきではないのか？」とあることと合致する。③は，「そして……」で始まる段落に「当時のアテネにあったイスラム的な入り組んだ小道や，モスクや，公衆浴場など『古代ギリシャっぽくない』ものは破壊され……」とあることと合致する。④は，「都市……」で始まる段落に「文明的なもの＝ギリシャ的なものと言っても過言ではないかもしれません。……西洋の起源としてのギリシャ……，それが近世の西洋人の『理想の古代ギリシャ』のイメージなのです」とあることと合致する。

二　**（古文ー漢詩，語句の意味，口語訳，表現技法，返り点，係り結び，旧地名，大意，文学史）**

〈口語訳〉　今は昔，藤原為時という人がいた。一条天皇の時代に，式部丞としての功労によって国司になりたいと申し出たが，除目の時に，国司が欠員になっている国がないとのことで，国司に任命されなかった。

その後，このことを悲しんで，何年かたって，除目の訂正が行われる日に，為時は，学者ではないけれども非常に文才に優れた人なので，申文を内侍に渡して取り次ぎをお頼み申し上げた。その申文にこの句があった。

苦学した日々には，つらい涙で襟を濡らし，除目の翌朝には，青空が目に映った

と。内侍はこれを(天皇に)差し上げようとしたが，天皇はその時，御就寝だったので，ご覧にならなかった。そうしているうちに，藤原道長が関白でいらっしゃったので，除目の訂正を行うということで内裏にいらっしゃった。そこで，この為時のことを申し上げたいけれども，天皇は申文をご覧にならないので，その返答はない(ことを話した)

そこで道長は，女房に事情を尋ねたところ，女房は「為時の申文を(天皇に)ご覧に入れようとしましたが，御就寝だったのでご覧いただけなったのです」と申し上げた。

そこで，その申文を探し出して，道長は，天皇に御覧に入れようとなさったところ，この句があった。すると道長は，この句は趣深くすぐれているとご感動なさって，道長の乳母の子である藤原国盛という人が着任するはずだった越前守をやめにして，急にこの為時を任命なさった。

これもひとえに，(道長が)申文の句に感動されたからであると，世間は為時を褒めたたえた，と，語り伝えられているということだ。

問一　平安時代中期に成立した物語の作者としては，『源氏物語』の作者である紫式部が適切。①の清少納言は，平安時代中期に成立した随筆『枕草子』の作者。③の小野小町は，平安時代前期の歌人。④の阿仏尼(あぶつに)は，鎌倉時代に成立した『十六夜日記』の作者。

問二　後に「申文にこの句あり」とあり，「この句微妙に感ぜさせ給ひて」とあることから，為時の句がすばらしいものであるとわかるので，③の「文才に優れた人」が適切。

問三　句は四句から成っており，「苦学寒夜」と「除目後朝」，「紅涙潤襟」と「蒼天在眼」が同じ構造になっているので，「対句」が適切。

問四　冒頭の段落に「受領にならむと申しけるに，除目の時，闕国なきによりてなされざりける」

とあり，直前には「年を隔てて直物行はれける日，為時，……申文を内侍につけて奉り上げてけり」とある。除目の時に国司になれなかったことを嘆いていたが，国司の任命を訂正する日に申文を天皇に奉じて，国司になる希望をつないでいるので，④が適切。

問五　この句には「対句」が用いられており，「紅涙潤襟」と「蒼天在眼」は同じ構造になるので，返り点の位置が「蒼天レ在眼」と同じになる①が適切。

問六　「奏させ」は，天皇に申し上げる，という意味。為時は，国司に任命されることを希望して申文を内侍に託しているので，③が適切。

問七　「感ず」は，感動する，という意味なので，④が適切。為時の句に深く感動した道長は，為時の希望を受け入れ，急きょ，越前守に任命したのである。

問八　「乳母子(めのとご)」は，「乳母」の子ども，という意味。

問九　現在の「福井県」は「越前」「若狭」。「奈良県」は「大和」。「滋賀県」は「近江」。「静岡県」は「駿河」「遠江」「伊豆」。

問十　前に係助詞「なむ」とあるので，係り結びの法則により文末は連体形の「ける」が入る。

問十一　①は，「為時，博士にはあらねども」とあることと合致しない。②は，「申文を内侍につけて奉り上げてけり」「天皇のその時御寝なりて，ご覧ぜずなりにけり」とあることと合致する。③は，天皇は為時の句を「ご覧ぜずなりにけり」とあるので合致しない。④は，「注意された」という記述はないので合致しない。

問十二　『今昔物語集』は，平安時代末期に成立した説話。

三　(文と文節，熟字訓，重箱読み，対義語，慣用句，外来語，四字熟語，文学史)

問一　「私は／母の／会社に／忘れ物を／届けに／行った」と6文節に分けられる。

問二　④の「和服(わふく)」は，訓読みの熟語。「玄人(くろうと)」「五月雨(さみだれ)」「足袋(たび)」は，特別な読み方をする「熟字訓」。

問三　「重箱読み」は，読み方が「音読み＋訓読み」になる熟語。①の「幻想」は「音読み＋音読み」。②の「手本」は「訓読み＋音読み」。③の「縁組」は「音読み＋訓読み」。④の「改革」は「音読み＋音読み」。

問四　A 「需要」は，求め，要求すること。対義語は，必要なものを与えること，という意味の「供給」。　B 「客観的」は，誰がみてももっともだと思うような立場で物事を考える態度。対義語は，自分一人だけの考えに基づく様子，という意味の「主観的」。

問五　A 「腹を割る」は，隠し事をせずに，本心を残さず打ち明ける，という意味。　B 「白羽の矢が立つ」は，数多くいる人の中から，特に選び出される，という意味。

問六　③の「レトリック」は，文章の表現技法，修辞，という意味。

問七　②の「換骨奪胎(かんこつだったい)」は，外見や外形はもとのままで中身だけを取り換えること。

重要　問八　A　夏目漱石の作品はほかに『坊ちゃん』『吾輩は猫である』など。　B　太宰治の作品はほかに『斜陽』『ヴィヨンの妻』『女生徒』など。　C　森鷗外の作品はほかに『舞姫』『高瀬舟』など。　D　樋口一葉の作品はほかに『大つごもり』など。　E　芥川龍之介の作品はほかに『羅生門』『トロッコ』など。

★ワンポイントアドバイス★

現代文は，文脈を丁寧に追った上で，選択肢を吟味して解答する練習をしよう！
古文は，和歌・俳句・漢詩の表現技法なども含めて，基礎知識を充実させよう！

2020年度

★★★★★★★★★★★★★★★★★★★★★★★★

入　試　問　題

2020年度

東海大学付属浦安高等学校入試問題

【数　学】（50分）　＜満点：100点＞

【注意】　1．問題の[1]，[2]については，それぞれ解答群の中から正しい答えを選んで，その番号をマークしなさい。

（例）　[ア]の答えが20である場合

【解答群】

①　10　　②　15　　③　20　　④　25　　⑤　30　　⑥　その他

	解　答　欄					
ア	①	②	●	④	⑤	⑥

2．問題の[3]，[4]，[5]については，下記の方法に従ってマークしなさい。

(1)　[ア]～[ク]の１つ１つには，それぞれ０から９までのいずれか１つの数字が入ります。それらをア，イ，ウ，……で示された解答用紙の各欄にマークしなさい。

（例）　[イ]に８と答えたいとき，

	解　答　欄									
イ	①	②	③	④	⑤	⑥	⑦	●	⑨	⓪

（例）　[ウ][エ]に－８と答えたいとき，

	解　答　欄									
ウ	①	②	③	④	⑤	⑥	⑦	⑧	⑨	●
エ	①	②	③	④	⑤	⑥	⑦	●	⑨	⓪

(2)　分数の場合は，分子分母の順になっています。その解答はすべて既約分数で答えなさい。

（例）　$\dfrac{\boxed{オ}}{\boxed{カ}}$に$\dfrac{2}{3}$と答えたいとき，

	解　答　欄									
オ	①	●	③	④	⑤	⑥	⑦	⑧	⑨	⓪
カ	①	②	●	④	⑤	⑥	⑦	⑧	⑨	⓪

1 次の各問いに答えなさい。

(1) $9+3^4\div(-3)^2$ を計算すると **ア** になります。

① -10　② 7　③ 10　④ 11　⑤ 18　⑥ その他

(2) $16a^3b^4\div 2a^2b\times(-b^2)$ を計算すると **イ** になります。

① $-8ab$　② $8ab$　③ $8ab^5$　④ $-8ab^5$　⑤ $-4ab^5$　⑥ その他

(3) $\sqrt{18}+\sqrt{45}+4\sqrt{5}-4\sqrt{2}$ を計算すると **ウ** になります。

① $\sqrt{111}$　② $7\sqrt{5}-\sqrt{2}$　③ $7\sqrt{5}+7\sqrt{2}$　④ $3\sqrt{7}+4\sqrt{3}$

⑤ $5\sqrt{7}$　⑥ その他

(4) $\dfrac{4x+2y}{3}-\dfrac{x-y}{4}$ を計算すると **エ** になります。

① $\dfrac{13x+11y}{12}$　② $\dfrac{13x+5y}{12}$　③ $\dfrac{19x+11y}{12}$　④ $-3x-y$

⑤ $-3x-3y$　⑥ その他

(5) 連立方程式 $\begin{cases}2x+y=5\\x-3y=2\end{cases}$ を解いて，$3x-2y$ の値を求めると **オ** になります。

① -7　② -1　③ 7　④ 1　⑤ 0　⑥ その他

(6) 2次方程式 $2(x-1)(x+1)=(x+1)^2$ を解くと $x=$ **カ** になります。

① 1　② 3　③ $-1,\ -3$　④ $1,\ 3$

⑤ $-1,\ 3$　⑥ その他

2 次の各問いに答えなさい。

(1) xについての2次方程式 $x^2+\mathrm{A}x-10=0$ の解が $x=-5,\ 2$ のとき，Aの値は **ア** になります。

① -10　② -7　③ -3　④ 3　⑤ 7　⑥ その他

(2) 等式 $2a-3b-5=0$ を b について解くと，$b=$ **イ** になります。

① $\dfrac{2a+5}{3}$　② $\dfrac{2a-5}{3}$　③ $\dfrac{-2a+5}{3}$　④ $\dfrac{a-5}{3}$

⑤ $\dfrac{-a+5}{3}$　⑥ その他

(3) $x\div 3=0.2$ を満たす x について，$3\div x$ の値は **ウ** になります。

① 5　② $\dfrac{1}{2}$　③ 0.2　① 0.5　⑤ 1　⑥ その他

(4) 全校生徒320人の学校で，バス通学をしているのは全男子生徒の5％，全女子生徒の10％います。バス通学の生徒の人数は男女合わせて23人です。この学校の全男子生徒の人数は **エ** 人になります。

① 46　② 140　③ 180　④ 274　⑤ 280　⑥ その他

(5) 4％の食塩水500ｇに10％の食塩水 **オ** ｇを混ぜると6％の食塩水になります。

① 96　② 60　③ 440　④ 250　⑤ 560　⑥ その他

⑹ さいころを２回投げたとき，１回目に出た目の数を a，２回目に出た目の数を b とします。このとき，$a \leqq b$ となる確率は［カ］になります。

① $\frac{5}{12}$ ② $\frac{7}{12}$ ③ $\frac{17}{36}$ ④ 15 ⑤ 21 ⑥ その他

3 図のように放物線 $y = x^2$ 上に点A，B，Cがあり，その x 座標はそれぞれ－２，３，－１です。このとき，次の問いに答えなさい。

⑴ 直線ABの切片は［ア］になります。

⑵ △ABCの面積は［イ］［ウ］になります。

⑶ 点Pは y 軸上にあり，△PAB＝△ABC となる点Pの座標は（［エ］，［オ］），（［カ］，［キ］［ク］）になります。

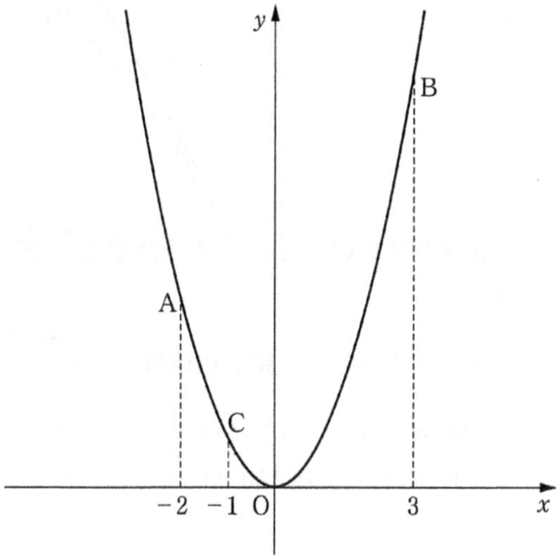

4 AB＝AC である二等辺三角形ABCの３点A，B，Cを通る円があります。図のように $\overset{\frown}{AC}$ 上に，$\overset{\frown}{AD} : \overset{\frown}{DC} = 2 : 1$ となる点Dをとり，BD上に BE＝CD となる点Eをとります。∠BAC＝36° のとき，次の問いに答えなさい。

⑴ ∠BADの大きさは［ア］［イ］°になります。

⑵ ∠EACの大きさは［ウ］［エ］°になります。

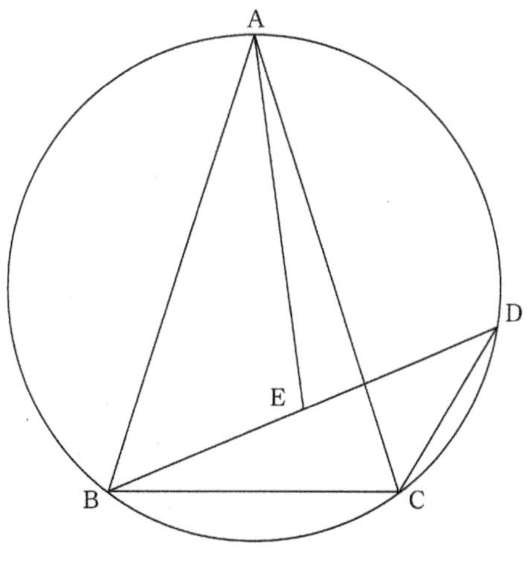

5 図のようにすべての辺の長さが4cmの正四角すいO－ABCDがあります。このとき，次の問いに答えなさい。

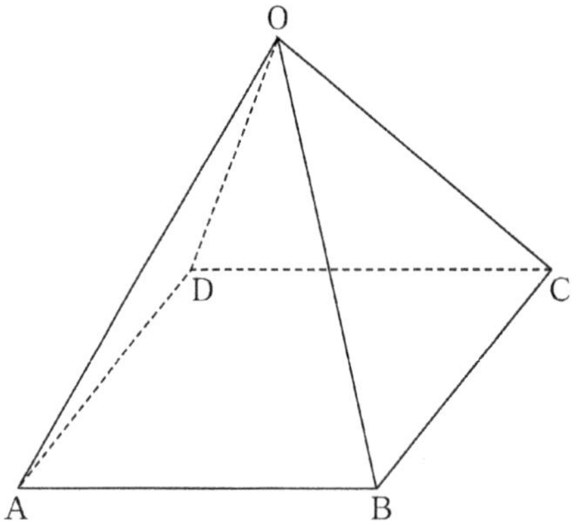

(1) 正四角すいO－ABCDの表面積は $\boxed{ア}\boxed{イ}+\boxed{ウ}\boxed{エ}\sqrt{\boxed{オ}}$ cm^2になります。

(2) 正四角すいO－ABCDの体積は $\dfrac{\boxed{カ}\boxed{キ}\sqrt{\boxed{ク}}}{\boxed{ケ}}$ cm^3になります。

(3) 辺OA，OB，OC，ODの中点をそれぞれP，Q，R，Sとする。このとき，正四角すいO－PQRS と立体ABCD－PQRS の体積比は $\boxed{コ}$ ： $\boxed{サ}$ になります。

【英　語】（50分）　＜満点：100点＞

1　リスニング　テスト

Part 1　下の写真に関する英文が，それぞれ4つ放送されます。
それらの状況や内容を表す最も適切な英文をそれぞれ1つ選び，その番号をマークしなさい。英文は1度だけ読まれます。

No. 1　（解答番号は 1 ）

No. 2　（解答番号は 2 ）

No. 3　（解答番号は 3 ）

No. 4　（解答番号は 4 ）

No. 5　　　　　　　　　（解答番号は 5 ）

Part 2　それぞれの対話文を聞き，その最後の発言に対する相手の応答として最も適切なものを，①～④の中から１つ選び，その番号をマークしなさい。英語は２度読まれます。

No. 1　（解答番号は 6 ）
① We are only one group.
② Four will come.
③ I'm sorry we are full.
④ I don't know the day.

No. 2　（解答番号は 7 ）
① She's not here right now.
② Yes, you are right.
③ Can I leave a message?
④ When will she come back?

No. 3　（解答番号は 8 ）
① Yes, pudding is today's special.
② Yes, there are strawberry and chocolate.
③ No, we don't have any ice cream.
④ No, it's not good.

No. 4　（解答番号は 9 ）
① No thanks. I'll try it.
② Yes, I want the shirt.
③ Do you have an XL?
④ I think the size of the shirt doesn't fit me.

No. 5　（解答番号は 10 ）
① It is three o'clock now.
② It takes about 30 minutes.
③ The bus was late yesterday.
④ The bus to the station is 210 yen.

Part 3　次の英文を聞いて各質問に対する最も適切な答えをそれぞれ①～④の中から１つ選び，その番号をマークしなさい。英語は２度読まれます。

Q 1 ① A family member. ② A man in Kenya. （解答番号は 11 ）
③ A woman in Kenya. ④ A woman in Japan.

Q 2 ① In 1907. ② In 1970. （解答番号は 12 ）
③ In 1977. ④ In 1997.

Q 3 ① Kenya. ② Japan. （解答番号は 13 ）
③ China. ④ America.

Q 4 ① They have saved money. （解答番号は 14 ）
② They have bought a lot of notebooks.
③ They have planted many trees.
④ They have made her famous.

Q 5 ① Because she worked hard for the project. （解答番号は 15 ）
② Because she wanted to become famous.
③ Because she traveled around the world.
④ Because she worried about herself.

※リスニングテストの放送台本は非公表です。

2 次の英文を読んで，後の問いに答えなさい。

When you search the Internet, you find interesting *articles on websites. Some of them are news stories. Their goal is to share information. Others only look like news stories. They're actually *advertisements. Why are there many advertisements on websites? Because some companies want to show readers their products. How do you know the difference between news stories and advertisements?

When I was young, (a)<u>it</u> was easier. We got most of our information from newspapers. Big news stories are on the front page, and advertisements were *boxed off. But on the Internet, the two are often put together. Sometimes it is hard to know the difference between news stories and advertisements. My research team showed some children the home page of a popular digital magazine. We asked them to tell us the difference.

Most of them were able to *identify certain types of advertisements. "It has a coupon code, a big company logo." One student wrote about an advertisement on the site. So where did the children *get stumped?

Some advertisements look the same as real news stories. They have *headlines and *contain information. But they may also have the words *sponsored content*. *Sponsored* means "paid for," and *content* means "the information in the story." "Sponsored content" is a way of saying that something is an advertisement. Most of the children in our study didn't know this though they used the Internet often.

We can't say that the stories in advertisements are always *false. It means someone paid money for them to appear. Companies pay money because readers may see the advertisements of their products and buy them.

As a reader, you should know the purpose of the information you are looking at, so look for the phrase *sponsored content*. You should look carefully because it is sometimes written in small letters. The Internet is a sea of information. (b) To use it well, we have to know how to swim and how to *avoid the sharks. You can use the Internet well by learning the difference between an advertisement and a news story.　　(出典：Sam Wineburg, *Be Internet Smart*, Time For Kids)

(注) *article 記事　*advertisement 広告　*box off 隔離する　*identify 識別する
*get stumped 困る　*headline 見出し　*contain 含む　*false 誤った
*avoid 避ける

問1　下線部(a)が具体的に指す内容として，最も正しいものを1つ選び，その番号をマークしなさい。　（解答番号は 16 ）

① to buy something that we want
② to tell the difference between news and advertisements
③ to share information
④ to find interesting articles on websites

問2　次の質問に対する答えとして最も適切なものを1つ選び，その番号をマークしなさい。

1. Why is it difficult for readers to know the difference between advertisements and news stories on websites?　（解答番号は 17 ）
① Because they get stumped.
② Because they get most of their information from newspapers.
③ Because they are asked to buy something.
④ Because they are often in the same place.

2. What did the writer's research team ask some children?　（解答番号は 18 ）
① The team asked the children to get information from newspapers.
② The team asked the children to find the advertisements on the home page.
③ The team asked the children to have a coupon code.
④ The team asked the children to buy their products.

3. What is the meaning of "*sponsored*"?　（解答番号は 19 ）
① It means that someone paid money to show their advertisements on websites.
② It means that the articles are news stories.
③ It means that someone paid money to show kids real news stories.
④ It means that the article is always false.

4. Why do some companies pay for advertisements?　（解答番号は 20 ）
① Because nobody can use the Internet well.
② Because the stories in advertisements are always false.
③ Because news stories have headlines and information.
④ Because people may buy their products.

問3　下線部(b)について説明したものとして，最も適切なものを１つ選び，その番号をマークしなさい。　（解答番号は 21 ）

① It is important to show advertisements on the Internet.
② It is important to know the difference between news stories and advertisements.
③ It is important to go to swimming school and learn how to swim.
④ It is important to get the information from newspapers.

問4　次のうち，本文の内容と一致するものを①～④の中から１つ選び，その番号をマークしなさい。　（解答番号は 22 ）

① All of the articles on websites are news stories.
② The writer's research team showed some children newspapers.
③ When the writer was young, most people got information from newspapers.
④ Stories in advertisements are always false.

3　次の英文を読んで，後の問いに答えなさい。

Ann and Emma are sisters. They have a lot of the same interests. They both like to skate, like to *text their friends, and love ice cream! Ann's favorite ice cream is chocolate banana crunch, and Emma's favorite is chocolate mint. Every summer, their parents buy *gallons of ice cream, and they can have it once a week. They even have their own ice cream *scoops. Ann has a blue scoop because blue is her favorite color, and Emma has a yellow scoop for the same reason.

Last summer, Ann and Emma went skating in the park. While they were skating, Emma got a *text message from her friend Marvin. She reached and took out the phone in her pocket and read the message. While she was reading it, she *tripped on her skates and fell. Ann used her cell phone to call for help at once. Their parents came, and everyone went to the hospital. The doctor told Emma that she broke her arm.

When they got home, their parents said that they could have ice cream. Ann *scooped ice cream for both of them because Emma's arm was *in a cast. Emma had a broken arm, so their parents said they could have ice cream every day for a month. They were so excited. Ann scooped ice cream every day for a week. She scooped three scoops of chocolate banana crunch for her and three scoops of chocolate mint for Emma. She did the same the second week. By the third week, she was very tired from scooping ice cream for two! She thought her arm was going to break if she had to keep scooping so much ice cream.

She decided to take the ice cream scoops and *tape them together. She taped her blue scoop to Emma's yellow scoop. Then she put the gallons of ice cream next to each other and two bowls next to each other. She *grabbed the scoop in the middle and scooped out two scoops at once, one with her favorite ice cream and one with her sister's favorite ice cream. Then she served the ice cream into two bowls. It was so much fun and half the work! She called her *invention the Double *Dipper.

She liked the invention so much that she kept it when Emma's arm got better. They *took turns to use the Double Dipper, but they only had ice cream once a week. (出典：Kathryn O'Dell, *Flash Forward Reading*, Flash Kids)

(注) *text （携帯電話で）メールを打って送信する　* gallons of ～　大量の～
*scoop(s) （アイスクリームなどをすくう）大きなスプーン，スコップ
*text message　携帯電話で送るメッセージ　*trip on ～　～につまずく　*scoop　すくう
*in a cast　ギプスが当てられた　*tape　ひもでくくる　*grab　つかむ　* invention　発明
* dipper　すくうもの，ひしゃく　*take turns　交代でする

問１　本文の内容に関して，次の表のそれぞれの内容は誰のことか。（　）に該当するすべての人物を選び，その番号をマークしなさい。ただし該当しない場合は④をマークしなさい。

（解答番号は 23 ～ 28 ）

Statements
23 (　　　) buy(s) gallons of ice cream.
24 (　　　) called for help by cell phone.
25 (　　　) went to the hospital.
26 (　　　) could have ice cream every day for a year.
27 (　　　) invented the Double Dipper.
28 (　　　) used the Double Dipper.

① Ann　② Emma　③ Ann & Emma's parents　④ Nobody

問２　本文の内容に関して，下記の質問に対する最も適切な答えを選び，その番号をマークしなさい。

1．How often did Ann and Emma have ice cream every summer before Emma broke her arm? （解答番号は 29 ）
① Once a week.
② Three times a week.
③ Every day for a week.
④ Every day for a month.

2．Why did Ann tape the ice cream scoops together? （解答番号は 30 ）
① Because she liked the blue scoop and the yellow scoop.
② Because she only had ice cream once a week.
③ Because she wanted to release the ice cream into a bowl.
④ Because she was very tired from scooping ice cream for two people.

4 次の問い1～3のそれぞれの英文A～Dを並べ替え，会話を完成させるとき，（1）～（4）に入る最も適切な組み合わせを①～④の中からそれぞれ1つ選び，その番号をマークしなさい。

1．Mike : Excuse me? What's today's lunch?
Clerk : (　1　)
Mike : (　2　)
Clerk : (　3　)
Mike : (　4　)
Clerk : Sure.　（解答番号は 31 ）

A．Yes. We use fresh and delicious tomatoes.
B．Do the sandwiches have tomatoes?
C．Oh, I see. I don't like tomatoes. Can I have a beef sandwich without tomatoes?
D．We have chicken or beef sandwiches.

① A－C－D－B　② D－B－A－C　③ D－C－A－B　④ C－A－D－B

2．Keiko: Can I close the window?
John : (　1　)
Keiko: (　2　)
John : (　3　)
Keiko: (　4　)
John : No problem. Take care of yourself.　（解答番号は 32 ）

A．Maybe. I got wet in the rain on my way home yesterday.
B．But I have to finish my homework by tomorrow morning. Could you tell the teacher that I'll finish my homework by tomorrow afternoon?
C．Of course. But it's not so cold today. Have you caught a cold?
D．That's too bad. You should go home early today and go to the doctor.

① C－A－B－D　② A－D－B－C　③ A－B－D－C　④ C－A－D－B

3．Kumiko : This is a 100 yen shop.　(　1　)
Daniel : (　2　)
Kumiko : (　3　)
Daniel : (　4　)　（解答番号は 33 ）

A．Yes, let's go.
B．It sells all kinds of things for daily life, and everything is only 100 yen plus tax.
C．What a great idea! Such shops must be very popular.
D．Actually they are. Shall we take one of these shopping baskets and look around?

① B－D－C－A　② D－A－C－B　③ B－C－D－A　④ D－A－B－C

5 次の1～10の各文の [34] ～ [43] に入る最も適切な語（句）を，それぞれ①～④の中から1つ選び，その番号をマークしなさい。（[ ] の番号は解答番号です。）

1．My brother has [34] to New Zealand now. He is enjoying a homestay there.
① had　② visited　③ gone　④ been

2．Paul spent too [35] time watching TV. He didn't have time to practice soccer.
① any　② many　③ much　④ few

3．[36] a big orange this is! It's like a ball.
① When　② How　③ Where　④ What

4．You should stop [37] to music when you study something. You need a quiet place to study.
① to listen　② listening　③ listened　④ listens

5．Mayumi was absent [38] school yesterday.
① with　② about　③ at　④ from

6．[39] my grandparents were poor, they were happy. They knew that some things were more important than money.
① Though　② But　③ For　④ So

7．If it [40] tomorrow, I will play this new video game with Bob in my room.
① rain　② rainy　③ rains　④ will rain

8．Who broke this vase? — Jane [41] .
① was　② do　③ does　④ did

9．It's too hot. [42] open the window? — Yes, please.
① May I　② Will you　③ Can you　④ Am I

10．What is the language [43] in Germany? — It's German.
① speaking　② spoken　③ to speak　④ to be spoken

6 次の1～3の対話が成り立つように [ ] 内の語（句）を並べ替え，[44] ～ [49] に入る最も適切な語（句）をそれぞれ1つずつ選び，その番号をマークしなさい。

（[ ] の番号は解答番号です。）

1．A：I [ ] [44] [ ] [ ] [ ] [45] [ ].
B：Why? What did you do yesterday?
A：I climbed Mt. Fuji with my friends. It was so hard.
B：Sounds great.
[① I　② so　③ walk　④ am　⑤ that　⑥ tired　⑦ can't]

2．A：Do [ ] [ ] [46] [ ] [47] [ ] [ ]?
B：Yes. December 24th. I want to have a party for her.
A：That's a nice idea. How about buying any presents?
B：Good. We also have to prepare a big cake.
[① when　② know　③ leave　④ you　⑤ for London　⑥ will

⑦ Yoko]

3．A：Your bag is nice. Where did you buy it?

B：Actually, [ ] [ ] [ ] [48] [ ] [49] [ ].

A：I was surprised to hear that.

B：Mom is a home economics teacher. She is good at making some bags.

[① mother ② a bag ③ made ④ is ⑤ my ⑥ which
⑦ this]

しなさい。

（1）□心伝心　28

① 人　② 以　③ 改　④ 異　⑤ 一

（2）首□一貫　29

① 尾　② 都　③ 領　④ 悩　⑤ 位

（3）千差□別　30

① 半　② 晩　③ 番　④ 万　⑤ 反

問三　次の①～⑤の外来語と意味の組み合わせとして最も適切なものを一つ選び、その番号を解答番号 31 にマークしなさい。

① モラル…集団や社会の中で人々が正しい行いをするためのきまり。

② グローバリゼーション…自分たちの文化がもつ価値観を絶対視すること。

③ シンボル…多くの要素が入り混じってまとまりのない状態。

④ モチーフ…発想や行動が型にはまり画一的であること。

⑤ イデオロギー…道理に合っていることを重要視する考え方。

問四　次の文章の――線部と同じ活用の種類を一つ選び、その番号を解答番号 32 にマークしなさい。

私は毎日、新聞を読みます。

① 来る　② 飛ぶ　③ 捨てる　④ する　⑤ 見る

問五　次の（1）～（3）の作者は誰か。それぞれ一人ずつ選び、その番号を解答番号 33 ～ 35 にマークしなさい。

（1）山月記　33

（2）坊ちゃん　34

（3）道程　35

① 幸田文　② 宮沢賢治　③ 高村光太郎

④ 夏目漱石　⑤ 中島敦

その番号を解答番号 17 にマークしなさい。

① ひょっとして　② あっぱれ　③ ああ　④ その通りだ

問六 ――線部㋖「あやしくものの恐ろしく覚えければ」の口語訳として最も適切なものを一つ選び、その番号を解答番号 18 にマークしなさい。

① 不快で恐ろしいとつぶやいたので
② 身分が低く卑しいと感じたので
③ 神秘的で、恐ろしいほど素晴らしく感じたので
④ 不思議となんとなく恐ろしく感じたので

問七 ――線部㋘「我」を指す本文中の語として最も適切なものを一つ選び、その番号を解答番号 19 にマークしなさい。

① 主　② 盗人　③ 指貫　④ 皆

問八 ――線部㋙「試みん」とはどういうことか。最も適切なものを一つ選び、その番号を解答番号 20 にマークしなさい。

① 自分が後をつけられている事を全く知らないで、無意識に衣を着こんでいるのか試してみようということ。
② 自分が後をつけられている事を知らないでいるのか、試してみようということ。
③ 笛で仲間を呼んでいたのかどうか、試してみようということ。
④ あまりの恐怖のため振り向くことができないでいるのか、試してみようということ。

問九 ――線部㋚「足を高くして」とあるが、なぜこのような行動をとったのか。最も適切なものを一つ選び、その番号を解答番号 21 にマークしなさい。

① 相手と親しくなるため
② 相手を怒らせるため
③ 相手の着物を奪い取るため
④ 相手に気が付いてもらうため

問十 ――線部㋛「のき」を漢字に直すとどのようになるか。最も適切なものを一つ選び、その番号を解答番号 22 にマークしなさい。

① 軒き　② 退き　③ 伸き　④ 除き

三 次の各問いに答えなさい。

問一 次の（1）～（5）の文章の――線部に当てはまる最も適切な漢字はどれか。それぞれ一つずつ選び、その番号を解答番号 23 ～ 27 にマークしなさい。

（1）問題が山セキして手が回らない。 23
① 績　② 籍　③ 積　④ 蹟　⑤ 責

（2）戦争のグウ発を防止する。 24
① 遇　② 偶　③ 寓　④ 宮　⑤ 隅

（3）予期せぬ事タイに直面する。 25
① 体　② 対　③ 退　④ 熊　⑤ 態

（4）精神の充ソクを求める。 26
① 即　② 促　③ 足　④ 速　⑤ 息

（5）全員の意見を総カツして述べる。 27
① 活　② 喝　③ 括　④ 勝　⑤ 克

問二 次の（1）～（3）の四字熟語の□に当てはまる漢字はどれか。それぞれ一つずつ選び、その番号を解答番号 28 ～ 30 にマーク

に視野を広げることができるということ。

問十　本文の内容と一致しないものはどれか。最も適切なものを一つ選び、その番号を解答番号 10 にマークしなさい。

① 子どもの倫理観を育てるために伝記は重要な役割を果たしていた。

② 一度はまっすぐに道を求めた生き方のモデルを何種類も心の中に組み入れておくことは、意義のあることである。

③ 効率の良さを求めるあまり、違う意見を自分の中に溜めることの意味が忘れられようとしている。

④ 伝記や様々な著者の本を読み、それらの著者に同一化することは自己形成をする一番の方法である。

二　次の文章を読み、後の問いに答えなさい。

昔、袴垂(はかまだれ)とて、㋐いみじき盗人の大将軍㋑ありけり。㋒十月ばかりに、衣(きぬ)の用なりければ、衣少しまうけんとて、㋓さるべき所々うかがひありきけるに、夜中ばかりに、人皆静まり果ててのち、月のおぼろなるに、衣㋔あまた着たりける主の、指貫(さしぬき)のそばはさみて、絹の狩衣(かりぎぬ)めきたる着て、ただ一人、笛吹きて、行きもやらず練り行けば、㋕あはれ、これこそ、われに衣得させんとて出でたる人なめりと思ひて、走りかかりて、衣をはがんと思ふに、㋖あやしくものの恐ろしく覚えければ、添ひて、二、三㋗町ばかり行けども、㋘我に人こそ付きたれと思ひたる気色もなし。いよいよ笛を吹きて行けば、㋙試みんと思ひて、㋚足を高くして走り寄りたるに、笛を吹きながら見返りたる気色、取りかかるべくも覚えざりければ走り㋛のきぬ。

（『宇治拾遺物語集』　巻二の十）

問一　――線部㋐「いみじき」・㋔「あまた」・㋗「町」の語句の意味として最も適切なものはどれか。次の中からそれぞれ一つずつ選び、その番号を解答番号 11 ・ 12 ・ 13 にマークしなさい。

㋐ ① 明るい　② 悲しい　③ 美しい　④ 恐ろしい　11

㋔ ① 最小限の　② たびたび　③ すばらしい　④ たくさん　12

㋗ ① 長さの単位　② 二の倍数　③ 書籍の紙を数える語　④ 役所　13

問二　――線部㋑の「ありけり」の意味として最も適切なものを一つ選び、その番号を解答番号 14 にマークしなさい。

① いる　② いた　③ いるだろう　④ いただろう

問三　――線部㋒「十月」は陰暦で何というか。最も適切なものを一つ選び、その番号を解答番号 15 にマークしなさい。

① 神無月　② 睦月　③ 霜月　④ 水無月

問四　――線部㋓「さるべき所々うかがひありきける」とはどのような行動をしているのか。その説明として最も適切なものを一つ選び、その番号を解答番号 16 にマークしなさい。

① 衣服を貸してくれそうな気前のいい知人のもとを訪ね歩いていた。

② 衣服が着替えられそうな適当な場所を探していた。

③ 衣服を手に入れられる立派な屋敷を探して歩いていた。

④ 衣服が盗めそうな家をうかがって戸を叩いていた。

問五　――線部㋕「あはれ」の意味として最も適切なものを一つ選び、

問三 ――線部㋑「ある種の倫理観」とはどのような考え方か。最も適切なものを一つ選び、その番号を解答番号 3 にマークしなさい。
① 自分自身の幸せのために活動しようという考え方。
② 自分の幸せより周りや世界の幸せのために活動しようという考え方。
③ 人それぞれの生き方を見出していこうという考え方。
④ 道をそれることなく生きていこうとする考え方。

問四 ――線部㋒「ヘイ害」の「ヘイ」と同じ漢字を使用するものを一つ選び、その番号を解答番号 4 にマークしなさい。
① 貨幣　② 兵庫　③ 併用　④ 疲弊

問五 ――線部㋓「毎回同じ著者の作品を発表する」ことを筆者はなぜ問題としているのか。最も適切なものを一つ選び、その番号を解答番号 5 にマークしなさい。
① ためらうというプロセスのみを重要視してしまうから。
② 聴衆の考え方も発表者に傾倒してしまうから。
③ プレゼンテーションの構成を間違っているから。
④ 著者の意見に同一化し、確信を抱いてしまうから。

問六 ――線部㋔「相対化」の本文中の意味として最も適切なものを一つ選び、その番号を解答番号 6 にマークしなさい。
① 広く行き渡らせたり全体に通用させたりすること。
② 他との関係・比較の上で意見を位置づけること。
③ 実質的な意味を失い、形式だけが残ること。
④ はっきりした形や内容を備えてくること。

問七 本文中の C ・ D ・ E にあてはまる語句として最も適切な組み合わせのものを一つ選び、その番号を解答番号 7 にマークしなさい。

	C	D	E
①	否定的	客観的	絶対的
②	客観的	否定的	絶対的
③	絶対的	否定的	客観的
④	絶対的	客観的	否定的

問八 ――線部㋕「そうした読書のスタイルが、自己をつくる読書には適している」とあるが、その理由として最も適切なものを一つ選び、その番号を解答番号 8 にマークしなさい。
① 自主的なプレゼンテーションをしなければならないから。
② 一つのことに傾倒することで、幅広く知識が得られるから。
③ 一つの本をきっかけに、他の世界観を持つことができるから。
④ 多くの意見に反論していくことが、自分の知識の確認になるから。

問九 ――線部㋖「摩擦を力に変える」とはどういうことか。最も適切なものを一つ選び、その番号を解答番号 9 にマークしなさい。
① 違う意見を自分の中に蓄積させておくことで、知性を鍛えることができるということ。
② 本を読んだ際の違和感を周囲にぶつけることで、自分の主張の信憑性を高めることができるということ。
③ 自分の意見と著者の意見が完全に一致した際に、考えを深めることができるということ。
④ 著書と考えが異なった際に反論して意見交換をすることで、さら

読むだけでは、こうした「ためらう」心の技は、鍛えられない。すぐに著者に同一化して舞い上がるというのでは、自己形成とは言えない。

自己形成は、進みつつも、ためらうことをプロセスとして含んでいるはずだ。人間は努力する限り迷うものだと言ったのは、ゲーテだ。一冊の［C］な本をつくってしまうのならば、それは宗教だ。冷静な［D］要約力をもって、いろいろな主張の本を読むことによって、世界観は練られていく。もちろん青年期には、何かに傾倒するということがあっても自然ではある。しかし、その傾倒が一つに限定されるのではなく、傾倒すればするほど外の世界に幅広く開かれていくというようであってほしい。一つの本を読めば済むというのではなく、その本を読むと次々にいろいろな本が読みたくなる。㋕そうした読書のスタイルが、自己をつくる読書には適している。

ためらうというと、［E］な響きを持っているかもしれないが、ためらうことは力を溜めることでもある。一つに決めてしまえば気持ちは楽になるが、思考が停止してしまいがちだ。思考を停止させずに吟味し続けるプロセスで、力を溜めることができる。本を読んでいると、著者に直接反論できるわけではない。少し自分とは意見や感性が違うなと思うことももちろんある。しかし、直接反論はできないので、その気持ちを心に溜めていく。はっきりとは言葉にして反論できなくとも、その溜めたものは、やがて力になっていく。［F］、別の著者の本を読んだときに、あのときに感じた違和感はこれだったのかと気づくこともある。自分自身でその違和感を持った本について人に話しているときに、違和感の正体に自分で気づくということもある。読書は、完全に自分と一致した人の意見を聞くためのものというよりは、「㋖摩擦を力に変える」ことを練習するための行為だ。自分とは違う意見も溜めておくことができる。そうした容量の大きさが身についてくると、懐が深くパワーのある知性が鍛えられていく。

ためらうことや溜めることを、効率が悪いこととして排除しようとする風潮が強まっている気がする。十代の後半などは、このためらい自体を雰囲気として味わうのがふさわしい時期であったのだが、現在は効率の良さを求めるあまり、ためらう＝溜めることの意味が忘れられかけようとしている。本を読むという行為は、この「ためらう＝溜める」という心の動きを技として身につけるためには、最良の方法だと思う。

（齋藤孝『読書力』）

問一　――線部㋐「偉人となる人」はどのような人物か。最も適切なものを一つ選び、その番号を解答番号［1］にマークしなさい。

① 政治に影響を与える人
② あこがれの存在として普通の人に活力を与える人
③ 必ず自分の人生をなげうってでも他者に尽くす人
④ 子どもに倫理観を教える人

問二　本文中の［A］・［B］・［F］にあてはまる語句として最も適切な組み合わせのものを一つ選び、その番号を解答番号［2］にマークしなさい。

	A	B	F
①	だから	しかし	もちろん
②	しかし	もちろん	そして
③	しかし	そして	だから
④	だから	もちろん	そして

【国語】（五〇分）〈満点：一〇〇点〉

一 次の文章を読み、後の問いに答えなさい。

自分をつくる読書ということでいえば、伝記について一言触れておきたい。伝記を読むのは、小学生の定番読書コースだと思っていたら、最近はそれほど流行っていないようだ。かつては、伝記シリーズは、小学生には人気があった。シュバイツァーや野口英世はもちろんのこと、良寛や牧野富太郎、ノーベルや源義経といった伝記世界の大物たちを、私は当たり前のように小学校の図書館で借りて読んでいた。

伝記は、英雄主義で立身出世物語すぎるので、強制するのは好ましくないという論がある。たしかに㋐偉人となる人は、ふつうの人間ではない。才能もエネルギーも並はずれている。それをモデルにして生きることは、幸福とは言い切れないだろう。［A］、現実の人間は、偉人伝を読んだからといって、偉人にすべてなるわけではない。あこがれをもって生きることは、普通の人にとっても活力となる。マイケル・ジョーダンのプレーを見てバスケットを始める少年や、マラドーナやジダンのプレーを見てサッカーに打ち込む少年がいることを思えば、ヒーローやヒロインは、現実に影響を与える存在だと言える。

子どもを育てる身になってみると、現在の子育てにおいて倫理観を子どもに持たせることは、意外に難しい。絶対的な宗教を持たないことが、その大きな要因だ。宗教の代わりになるものが読書だと先に述べたが、伝記はその中でも重要な役割を果たしていたと考える。

自分ひとりの幸せではなく、周りの人の、場合によっては世界全体の幸福のために、自分の人生をなげうってでも尽くすといった生き方は、現在の子どもたちが自然には学び取りにくいものだ。自己犠牲的な伝記を読めというのではなかなか吸収しにくい生き方である。ゲームやテレビではなく、㋑ある種の倫理観を養うような伝記であればいい。

伝記の作品としてのレベルにもよるが、伝記を読むことによる㋒ヘイ害よりも、あれこれの人物の伝記を小学校時代に読むことは、プラス面の方が大きいと私は考えている。［B］、伝記特有の臭さに耐えられない子どもも、中にはいるかもしれない。しかし、それは小学生においては少数であろう。一度はまっすぐに道を求めた生き方のモデルを何種類も心の中に組み入れておくことは、宗教や道徳教育が手薄な日本の状況においては、現実的に意義のあることではないだろうか。

自分をつくる読書といっても、確信を得るばかりが自分をつくる道ではない。むしろためらうこと、溜めることを「技」として身につけるのが、自分をつくる読書の大きな道筋だ。

本には実に様々なものがある。強烈な著者も揃っている。正反対の主張のものも店先では並んでいる。私は大学の授業では、学生に自主的なプレゼンテーションを一、二分でしてもらうことにしている。そのときに㋓毎回同じ著者の作品を発表する者がでてきてしまう。これは非常に狭いプレゼンテーションだ。そうした学生の特徴は、妙に自分の（実は著者の）意見に確信を抱いてしまっているということだ。充分な教養もできていないのに、数冊読んだだけで絶対の自信をもってしまうのは、いかにも危険だ。

多くの本を読めば、一つひとつは㋔相対化される。落ち着いていろいろな思想や主張を吟味することができるようになる。好きな著者の本を

MEMO

大切なことはメモしておこうネ！

2020年度

解　答　と　解　説

《2020年度の配点は解答欄に掲載してあります。》

＜数学解答＞ 《学校からの正答の発表はありません。》

1 (1) ア ⑤　(2) イ ④　(3) ウ ②　(4) エ ①　(5) オ ③
(6) カ ⑤

2 (1) ア ④　(2) イ ②　(3) ウ ①　(4) エ ③　(5) オ ④
(6) カ ②

3 (1) ア 6　(2) イ 1　ウ 0　(3) エ 0　オ 2　カ 0　キ 1
ク 0

4 (1) ア 6　イ 0　(2) ウ 1　エ 2

5 (1) ア 1　イ 6　ウ 1　エ 6　オ 3　(2) カ 3　キ 2　ク 2
ケ 3　(3) コ 1　サ 7

○推定配点○

各5点×20　　計100点

＜数学解説＞

基本 1 （正負の数，単項式の除法，平方根，式の計算，式の値，二次方程式）

(1)　$9+3^4\div(-3)^2=9+\frac{3^4}{3^2}=9+9=18$

(2)　$16a^3b^4\div 2a^2b\times(-b^2)=-\frac{16a^3b^4\times b^2}{2a^2b}=-8ab^5$

(3)　$\sqrt{18}+\sqrt{45}+4\sqrt{5}-4\sqrt{2}=3\sqrt{2}+3\sqrt{5}+4\sqrt{5}-4\sqrt{2}=7\sqrt{5}-\sqrt{2}$

(4)　$\frac{4x+2y}{3}-\frac{x-y}{4}=\frac{4(4x+2y)-3(x-y)}{12}=\frac{16x+8y-3x+3y}{12}=\frac{13x+11y}{12}$

(5)　$2x+y=5$…①，$x-3y=2$…②　①＋②より，$3x-2y=7$

(6)　$2(x-1)(x+1)=(x+1)^2$　$2(x^2-1)=x^2+2x+1$　$x^2-2x-3=0$　$(x+1)(x-3)=0$
$x=-1$，3

2 （二次方程式，等式の変形，逆数，方程式の利用，確率）

基本 (1)　$x=-5$，2を解にもつ方程式は，$(x+5)(x-2)=0$　$x^2+3x-10=0$　もとの方程式と係数を比べて，A＝3

基本 (2)　$2a-3b-5=0$　$-3b=-2a+5$　両辺を－3で割って，$b=\frac{2a-5}{3}$

基本 (3)　$x\div 3=0.2$　$\frac{x}{3}=\frac{1}{5}$　よって，$\frac{3}{x}=\frac{5}{1}$より，$3\div x=5$

(4)　全男子生徒をx人，全女子生徒をy人とすると，$x+y=320$…①　$x\times\frac{5}{100}+y\times\frac{10}{100}=23$より，$x+2y=460$…②　②－①より，$y=140$　これを①に代入して，$x=180$　よって，全男子生徒の人数は180人。

(5)　10%の食塩水をxgとすると，$500\times\frac{4}{100}+x\times\frac{10}{100}=(500+x)\times\frac{6}{100}$　　$2000+10x=3000+6x$　$4x=1000$　　$x=250$(g)

(6)　さいころの目の出方の総数は$6\times6=36$(通り)　　このうち，題意を満たすのは，$(a,\ b)=(1,\ 1)$，(1, 2)，(1, 3)，(1, 4)，(1, 5)，(1, 6)，(2, 2)，(2, 3)，(2, 4)，(2, 5)，(2, 6)，(3, 3)，(3, 4)，(3, 5)，(3, 6)，(4, 4)，(4, 5)，(4, 6)，(5, 5)，(5, 6)，(6, 6)の21通りだから，求める確率は，$\frac{21}{36}=\frac{7}{12}$

3　(図形と関数・グラフの融合問題)

基本 (1)　$y=x^2$に$x=-2$，3をそれぞれ代入して，$y=4$，9　　よって，A$(-2,\ 4)$，B$(3,\ 9)$　　直線ABの式を$y=ax+b$とおくと，2点A，Bを通るから，$4=-2a+b$，$9=3a+b$　　この連立方程式を解いて，$a=1$，$b=6$　　よって，直線ABの切片は6

重要 (2)　$y=x^2$に$x=-1$を代入して，$y=1$　　よって，C$(-1,\ 1)$　　x座標が-1である直線AB上の点をDとすると，y座標は，$y=1\times(-1)+6=5$　　よって，D$(-1,\ 5)$　　$\triangle$ABC$=\triangle$ACD$+\triangle$BCD$=\frac{1}{2}\times(5-1)\times\{-1-(-2)\}+\frac{1}{2}\times(5-1)\times\{3-(-1)\}=10$

重要 (3)　E(0, 6)とする。PE$=$CD$=4$のとき，$\triangle$PAB$=\triangle$PAE$+\triangle$PBE$=10$となるから，$\triangle$PAB$=\triangle$ABC　よって，点Pのy座標は$6\pm4=10$，2より，P(0, 2)，(0, 10)

4　(角度)

基本 (1)　AB$=$ACより，$\angle$ABC$=\angle$ACB$=(180^\circ-36^\circ)\div2=72^\circ$　　円周角の大きさは弧の長さに比例するから，$\angle$ABD$=\frac{2}{2+1}\times\angle$ABC$=\frac{2}{3}\times72^\circ=48^\circ$　　弧ABの円周角だから，$\angle$ADB$=\angle$ACB$=72^\circ$　　$\triangle$ABDの内角の和より，$\angle$BAD$=180^\circ-48^\circ-72^\circ=60^\circ$

重要 (2)　$\triangle$ABEと$\triangle$ACDにおいて，仮定より，AB$=$AC，BE$=$CD　　弧ADの円周角だから，$\angle$ABE$=\angle$ACD　　2組の辺とその間の角がそれぞれ等しいから，$\triangle$ABE$\equiv\triangle$ACD　　よって，AE$=$ADより，$\triangle$AEDは底角が72°の二等辺三角形となるから，$\angle$EAD$=180^\circ-72^\circ\times2=36^\circ$　　したがって，$\angle$EAC$=\angle$BAC$+\angle$EAC$-\angle$BAD$=36^\circ+36^\circ-60^\circ=12^\circ$

重要 5　(空間図形の計量)

(1)　1辺aの正三角形の高さは$\frac{\sqrt{3}}{2}a$で表されるから，1辺4cmの正三角形の面積は，$\frac{1}{2}\times4\times\frac{\sqrt{3}}{2}\times4=4\sqrt{3}$　　よって，正四角すいO$-$ABCDの表面積は，$4\times4+4\sqrt{3}\times4=16+16\sqrt{3}$(cm^2)

(2)　$\triangle$OACは直角二等辺三角形だから，正四角すいの高さは，$\frac{1}{2}$AC$=\frac{1}{2}\times\sqrt{2}\times4=2\sqrt{2}$　　よって，正四角すいO$-$ABCDの体積は，$\frac{1}{3}\times4\times4\times2\sqrt{2}=\frac{32\sqrt{2}}{3}$(cm^3)

(3)　正四角すいO$-$ABCDと正四角すいO$-$PQRSは相似で，相似比は$2:1$だから，体積比は，$2^3:1^3=8:1$　　よって，正四角すいO$-$PQRSと立体ABCD$-$PQRSの体積比は，$1:(8-1)=1:7$

★ワンポイントアドバイス★

出題構成，難易度とも変わらず，取り組みやすい内容の出題が続いている。基礎をしっかり固めて，過去の出題例も研究しておこう。

＜英語解答＞ 《学校からの正答の発表はありません。》

1 リスニング問題解答省略
2 問1 ② 問2 1 ④ 2 ② 3 ① 4 ④ 問3 ② 問4 ③
3 問1 23 ③ 24 ② 25 ①, ②, ③ 26 ④ 27 ① 28 ①, ②
問2 1 ① 2 ④
4 1 ② 2 ④ 3 ③
5 1 ③ 2 ③ 3 ④ 4 ② 5 ④ 6 ① 7 ③ 8 ④ 9 ②
10 ②
6 1 ②, ⑦ 2 ①, ⑥ 3 ⑥, ①

○推定配点○

1, 2問2, 3問1, 5, 6 各2点×38(3 25・28, 6各完答) 他 各3点×8 計100点

＜英語解説＞

1 リスニング問題解説省略。

重要 2 (長文読解・説明文：指示語，要旨把握，内容吟味)

(大意) インターネットを検索すると，興味深い記事が見つかる。それらはニュース記事だ。それらの目標は情報を共有することである。その他はニュース記事のようにしか見えない。実際には広告だ。なぜウェブサイトに多くの広告があるのか？企業は読者に自社の製品を見せたいと思っているからだ。ニュースと広告の違いをどのようにして知るのか？

若い頃は(a)それは楽だった。ほとんどの情報は新聞から入手した。ニュース記事が前面にあり，広告は隔離されていた。しかし，インターネットでは，この2つが組み合わされることがよくある。ニュースと広告の違いを知るのは難しい。研究チームは，人気のあるデジタル雑誌のホームページを子供たちに見せた。私たちは彼らに違いを教えてくれるように頼んだ。

ほとんどは，特定のタイプの広告を識別することができた。「それにはクーポンコードがあり，大企業のロゴでした」学生がサイトの広告について書いた。子供たちはどこで困惑したか？

一部の広告は，実際のニュース記事と同じように見える。見出しがあり，情報が含まれている。ただし，スポンサー付きのコンテンツという言葉が含まれている場合もある。スポンサーは「有料」を意味し，コンテンツは「記事内の情報」を意味する。「スポンサー付きコンテンツ」は，何かが広告であることを示す方法だ。調査の子供たちのほとんどは，インターネットを頻繁に使用しているが，これを知らなかった。

広告の話がいつも間違っているとは言えない。それは誰かが広告を出すためにお金を払ったということだ。読者が製品の広告を見て購入する可能性があるため，企業はお金を支払う。

読者は，見ている情報の目的を知る必要があるので，スポンサー付きコンテンツというフレーズを探してほしい。小文字で書かれていることもあるので注意してほしい。インターネットは情報の海だ。(b)うまく使うには，泳ぐ方法とサメを避ける方法を知っている必要がある。広告と新しい記事の違いを学ぶことでインターネットを上手に使うことができる。

問1 前文の，ニュース記事と広告の違いを指している。

問2 1 「なぜ読者がウェブサイトで広告とニュース記事の違いを知るのが難しいのか」 インターネットでは，この2つが組み合わされることがよくあるからである。

2 「筆者の研究チームは子どもたちに何を頼んだか」 ニュースと広告の違いを教えてくれるように頼んだのである。

3 「『スポンサー付き』の意味は何か」「有料」を意味しているとある。

4 「なぜ企業は広告に支払うのか」 読者が製品の広告を見て購入する可能性があるからである。

問3 ニュースと広告の違いを見分けて，上手にインターネットを使うことのたとえである。

問4 ① 「ウェブサイトの記事の全てがニュース記事である」 第1段落第5文参照。記事に見えるが，実際は広告であることもあるため不適切。 ② 「筆者の研究チームは子どもたちに新聞を見せた」 第2段落第6文参照。デジタル雑誌を見せたので不適切。 ③ 「筆者が若いとき，大部分の人は新聞から情報を得ていた」 第2段落第2文参照。ほとんどは新聞から情報を得ていたとあるため適切。 ④ 「広告内の記事はいつも間違えている」 第5段落第1文参照。広告がいつも間違っているとは言えないとあるため不適切。

3 (長文読解・物語文：要旨把握，内容吟味)

(大意) アンとエマは姉妹だ。彼女らは多くの同じ興味を持っている。両方ともスケートをすること，友達にメールを送ること，そしてアイスクリームが大好きだ！アンのお気に入りのアイスクリームはチョコレートバナナクランチで，エマはチョコレートミントだ。両親は夏に大量のアイスクリームを購入し，週に1度アイスクリームを食べることができる。彼女らは独自のアイスクリームスプーンさえ持っている。アンは青が好きな色なので青いスプーンを、エマは同じ理由で黄色のスプーンを持っている。

昨年の夏，アンとエマは公園でスケートをした。彼女らがスケートをしている間，エマは友人マーヴィンからメールを受け取った。彼女はポケットの電話を取り出し，メッセージを読んだ。それを読んでいる間，スケートにつまずいて転んだ。アンは携帯電話を使って助けを求めた。両親がやってきて，病院に行った。医者はエマに腕を骨折していると言った。

家に帰ったとき，両親は彼女らがアイスクリームを食べることができると言った。エマの腕はギプスをしていたので，アンは2人のためにアイスクリームをすくった。エマは腕が骨折していたので，両親はアイスクリームを1か月間毎日食べることができると言った。彼女らはとても興奮していた。アンは，1週間毎日アイスクリームをすくった。彼女はチョコレートバナナクランチを3回，エマのためにチョコレートミントを3回すくった。彼女は2週目も同じことをした。 3週目までに，彼女は2人のアイスクリームをすくうのにとても疲れていた。彼女はアイスクリームをすくい続けなければならないなら腕が折れるだろうと思った。

彼女はアイスクリームスプーンを取り，それらを一緒にひもでくくることにした。彼女は青いスプーンをエマの黄色のスプーンにひもで留めた。次に，彼女は大量のアイスクリームを並べ，ボウルを2つ並べた。彼女は真ん中のスプーンをつかんで，2つのスプーンを一度にすくい取った。1つは彼女のお気に入りのアイスクリームで，もう1つは姉妹のお気に入りのアイスクリームだった。次に，アイスクリームを2つのボウルに入れた。とても楽しく，半分の作業だった！彼女は自分の発明をダブルディッパーと呼んだ。

彼女は発明を非常に気に入ったので，エマの腕が良くなったときにそれを持っていた。彼女らは交互にダブルディッパーを使ったが，アイスクリームは週に一度しかなかった。

問1 23 「単量のアイスクリームを買う」 毎年夏，両親が買っている。

24 「携帯電話で助けを求めた」 エマが転んで，両親に助けを求めた。

25 「病院に行った」 みんなで病院に行った。

26 「一年間毎日アイスクリームを食べることができた」 両親に一か月間毎日アイスクリームを食べていいと言われたため，該当する人はいない。

27 「ダブルディッパーを発明した」 アンがダブルディッパーを発明した。

28 「ダブルディッパーを使った」 エマの腕がよくなってから，アンとエマが交代で使った。

問2　1 「エマが腕を折る前に毎年夏，どのくらいアンとエマはアイスクリームを食べられたか」第1段落第5文参照。週に1回食べることができた。

2 「なぜアンはアイスクリームのスプーンを一緒にひもでくくったか」 アンは2人のアイスクリームをすくうのにとても疲れていたからである。

重要 **4** (会話文)

1 Mike：すみません。今日のランチは何ですか。

Clerk：(1)チキンか牛肉のサンドウィッチです。

Mike：(2)サンドウィッチにトマトはありますか。

Clerk：(3)はい。新鮮でおいしいトマトが入っています。

Mike：(4)わかりました。私はトマトが嫌いです。トマト抜きの牛肉のサンドウィッチをもらえますか。

Clerk：いいですよ。

2 Keiko：窓を閉めてもいいですか。

John　：(1)もちろん。でも今日はそんなに寒くないです。風邪をひいたの？

Keiko：(2)たぶんね。昨日帰り道雨でぬれたんだ。

John　：(3)それは残念だね。今日は早く家に帰って，医者に行くべきだよ。

Keiko：(4)でも明日の朝までに宿題を終わらせなければならないんだ。明日の午後までに宿題を終わらせると先生に伝えてもらえるかな。

John　：問題ないよ。お大事に。

3 Kumiko：これが100円ショップだよ。(1)生活のためのあらゆる種類のものを売っていて，全て100円と税金だよ。

Daniel　：(2)なんていい考えなんだ！そんな店は人気だろうね。

Kumiko：(3)実際そうだよ。買い物かごを持って見て回ろうよ。

Daniel　：(4)うん，行こう。

基本 **5** (語句補充問題：現在完了，感嘆文，動名詞，接続詞，助動詞，分詞)

1 have gone to ～「～に行ってしまった(今はここにいない)」

2 time は数えられない名詞なので，much「多くの～」を用いる。

3 感嘆文は〈What a ＋形容詞＋名詞～！〉の語順にある。

4 stop ~ing「～するのをやめる」

5 be absent from ～「～を休む」

6 though ～「～だけれども」

7 if を用いた文は，未来の内容でも現在形を用いる。

8 一般動詞を用いた疑問文なので，答えるときには，do(does / did)を用いる。

9 Will you ～?「～してもいいですか」

10 spoken in Germany は前の名詞を修飾する分詞の形容詞的用法である。

重要 **6** (語句整序問題：接続詞，間接疑問文，関係代名詞)

1 (I) am so tired that I can't walk(.) 〈so ～ that 主語 can't …〉「とても～ので…できない」

2 (Do) you know when Yoko will leave for London(?)　間接疑問文は〈疑問詞＋主語＋動詞〉の語順になる。

3 (Actually,) this is a bag which my mother made(.)　which my mother made は前の名詞を修飾する目的格の関係代名詞である。

★ワンポイントアドバイス★

文法問題は，基本的な問題が中心である。教科書レベルの問題を繰り返し解いて確実に解けるようにしたい。

＜国語解答＞ 《学校からの正答の発表はありません。》

一 問一 ② 問二 ② 問三 ② 問四 ④ 問五 ④ 問六 ② 問七 ④
問八 ③ 問九 ① 問十 ④

二 問一 ㋐ ④ ㋔ ④ ㋗ ① 問二 ② 問三 ① 問四 ③ 問五 ③
問六 ④ 問七 ① 問八 ② 問九 ③ 問十 ②

三 問一 (1) ③ (2) ② (3) ⑤ (4) ③ (5) ③ 問二 (1) ②
(2) ① (3) ④ 問三 ① 問四 ② 問五 (1) ⑤ (2) ④ (3) ③

○推定配点○

一 問一～問三・問五～問十 各4点×9 問四 2点 二 各3点×12 三 各2点×13
計100点

＜国語解説＞

一 **(論説文一文脈把握，脱語補充，接続語，内容吟味，漢字，語句の意味，要旨)**

やや難 問一 直後に「普通の人間ではない。才能もエネルギーも並はずれている」とあり，後に「あこがれをもって生きることは，普通の人にとっても活力となる。……ヒーローバンクやヒロインは，現実に影響を与える存在だからである」と説明されているので。②が適切。

問二 A 直前に「それをモデルにして生きることは，幸福とは言い切れないだろう」とあるのに対し，後には「あこがれをもって生きることは，普通の人にとっても活力となる」と述べられているので，逆接を表す「しかし」が入る。 B 直後の「伝記特有の臭さに耐えられない子どもも，中にはいるかもしれない」を修飾する語としては，言うまでもなく，という意味の「もちろん」が入る。 F 直前に「……，やがて力となっていく」とあり，直後に「……気づくこともある」と付け加えているので，累加を表す「そして」が入る。

問三 前に「自分ひとりの幸せではなく，周りの人，場合によっては世界全体の幸福のために，自分の人生をなげうって尽くすという生き方」とあり，これを「ある種の倫理観」と言い換えているので，②が適切。

問四 「弊害」と書く。「弊害」は，悪い影響，害になること，という意味。「弊」を使った熟語はほかに「弊習」「語弊」などがある。「弊」には，ぼろぼろになる，悪い習慣，悪いこと，自分の会社などを謙遜していう言葉，などの意味がある。字形の似た「幣」と区別する。

問五 直後に「そうした学生の特徴は，妙にあるものと自分の(実は著者の)意見に確信を抱いてしまっているということだ」とあり，さらに「すぐに著者に同一化して舞い上がるというのでは，自己形成とは言えない」と述べられているので，④が適切。

問六 直後に「落ち着いていろいろな思想や主張を吟味する」とあるので，②が適切。「相対化」は，あるものを他のあるものとの比較でとらえること，という意味。

問七 C 直後に「それは宗教だ」とあるので，他のものと比較したり同等のものとして並立できないこと，という意味の「絶対的」が入る。 D 直前の「冷静な」と似た意味の語が入るので，独りよがりな考えでなく，誰が考えても納得できる様子，という意味の「客観的」が入る。

E　直前に「ためらう」とある。「ためらう」は，あることをしようかどうか，迷ってぐずぐずすること，という意味なので，「否定的(な響き)」とするのが適切。

問八　直前に「その傾倒が一つに限定されるのではなく，傾倒すればするほど外の世界に幅広く開かれていくというようであってほしい。……その本を読むと次々にいろいろな本が読みたくなる」とあるので，③が適切。

やや難　問九　前に「少し自分とは意見や感性が違うなと思うこと」「違和感」とあり，これを「摩擦」と言い換えていることをおさえる。直後に「自分とは違う意見も溜めておくことができる。そうした容量の大きさが身についてくると，懐が深くパワーのある知性が鍛えられていく」と述べられているので，①が適切。

問十　④は，「多くの……」で始まる段落に「すぐに著者に同一化して舞い上がるというのでは，自己形成とは言えない」と述べられていることと合致しない。

二　(古文一語句の意味，口語訳，月の異名，内容吟味，文脈把握)

〈口語訳〉　昔，袴垂といって，恐ろしい盗人の大将軍がいた。十月ごろに，着物が入用になったので，着物を少しばかり手に入れようと思って，立派な家々を探して歩いていると，夜中で，人々が寝静まった後，月がぼんやりと出ている中，着物をたくさん着た主が，指貫の脇をはさんで，絹の狩衣のようなものを着て，ただ一人で，笛を吹いて，ゆっくりと練り歩いているので，ああ，これは，私に着物を取らせるために現れた人だろう，と思い，走って行って着物を脱がそうと思ったが，不思議でなんとなく恐ろしく感じたので，付き従って，二，三町ほど行くが，自分に人が付いていると気づく様子もない。いっそう笛を吹いて行くので，試してみようと思って，足音を立てて走り寄ったが，笛を吹きながら振り返った様子に，打ち向かう気も失せたので走って逃げた。

問一　ア「いみじ」は，はなはだしい，普通でない，という意味で，よい意味にも悪い意味にも用いられるが，ここでは「盗人の大将軍」の様子なので，④の「恐ろしい」が適切。　オ「あまた」は，数多く，という意味。　ク「町(ちゃう)」は，面積，長さの単位。ここでは距離を表しているので，「長さの単位」。一町は約109m。

問二　「けり」は，過去を意味する助動詞なので，「ありけり」は，「いた」となる。

問三　陰暦では，一月は「睦月(むつき)」，二月は「如月(きさらぎ)」，三月は「弥生(やよい)」，四月は「卯月(うづき)」，五月は「皐月(さつき)」，六月は「水無月(みなづき)」，七月は「文月(ふづき)」，八月は「葉月(はづき)」，九月は「長月(ながつき)」，十月は「神無月(かんなづき)」，十一月は「霜月(しもつき)」，十二月は「師走(しわす)」

問四　「さるべき」には，立派な，という意味があり，「うかがふ」には，探し求める，という意味があるので，「立派な家を探して歩いていた」とする③が適切。

問五　「あはれ」には，感嘆，驚嘆したときに口にする「ああ」という意味がある。

問六　「あやし」には，不思議だ，神秘的だ，妙だ，変だ，などの意味があり，「もの恐ろし」は，何となく恐ろしい，という意味なので，④が適切。

問七　「我に人こそ付きたれ」は，自分に付いてくる人がいる，という意味なので，主語は，盗人に後を付けられている「主」。

やや難　問八　直前に「我に人こそ付きたれと思ひたる気色もなし」とある。人が付いてくると思っているようではないので，試してみよう，という文脈なので，②が適切。

やや難　問九　後に「取りかかるべくも覚えざりければ」とある。襲いかかる気力もなくなった，とする文脈なので③が適切。着物を奪い取ろうとしたが，振り返った相手の様子を見て，あまりの恐ろしさにおそいかかる気力もなくなったのである。

問十　「退く(のく」は，立ち去る，という意味。走り退くは，走って逃げる，という意味。

三　(漢字の読み書き，四字熟語，外来語，活用の種類，文学史)

問一　(1)「山積(さんせき)」は，山のように高く積もること。「積」を使った熟語はほかに「蓄積」「累積」など。訓読みは「つ(む)」「つ(もる)」。　(2)「偶発」は，思いがけなく起こること。「偶」を使った熟語はほかに「偶然」「偶像」など。字形の似た「遇」と区別する。
(3)「事態」は，物事の状態，事のなりゆき，という意味。「態」を使った熟語はほかに「状態」「形態」など。　(4)「充足」は，いっぱいに満たすこと，満ち足りること，という意味。「充」を使った熟語はほかに「充実」「充電」など。訓読みは「あ(てる)」「み(ちる)」。　(5)「総括」は，個々のものを一つにまとめること。「括」を使った熟語はほかに「一括」「包括」など。訓読みは「くく(る)」。

問二　(1)「以心伝心(いしんでんしん)」は，文字や言葉を使わずに互いの心と心で通じ合うこと。(2)「首尾一貫(しゅびいっかん)」は，始めから終わりまで，態度や方針がずっと同じで変わらないこと。　(3)「千差万別(せんさばんべつ)」は，いろいろなものそれぞれには，さまざまな相違や差異があること。

問三　①の「モラル」は，道徳，道義，倫理，という意味。②の「グローバリゼーション」は，世界化，という意味で，特に経済の国際化を意味し，各国が規制緩和などによる自由化を進め，世界経済の一体化・標準化を図ること。③の「シンボル」は，象徴，符号，記号，という意味。④の「モチーフ」は，文芸や芸術で，表現の動機となる中心思想のこと。⑤の「イデオロギー」は，概念形態，意識形態，という意味。

問四　「読み」の終止形は「読む」。「ま／み／む／む／め／め」と活用する「五段活用」。①の「来る」は，「こ／き／く／くる／くれ／こい」と活用する「カ行変格活用」。②の「飛ぶ」は，「ば・び・ぶ・ぶ・べ・べ」と活用する「五段活用」。③の「捨てる」は，「て／て／てる／てる／てれ／てろ」と活用する「下一段活用」。④の「する」は，「せ・し／し／する／する／すれ／しろ・せよ」と活用する「サ行変格活用」。⑤の「見る」は，「み／み／みる／みる／みれ／みろ」と活用する「上一段活用」。

問五　(1)　中島敦の作品は，『山月記』のほかに『李陵』『弟子』『名人伝』など。　(2)　夏目漱石の作品は，『坊ちゃん』のほかに『吾輩は猫である』『三四郎』『こころ』『それから』など。
(3)　高村幸太郎の詩集は，『道程』のほかに『智恵子抄』『レモン哀歌』など。

★ワンポイントアドバイス★

論説文は，指示内容や言い換え表現に着目して文脈を丁寧に追う練習をしておこう！　漢字，語句，文法，文学史などは毎回出題されているので，確実に得点できる力をつけておこう！

2019年度

★★★★★★★★★★★★★★★★★★★★★★★★★★★★★

入　試　問　題

2019年度

東海大学付属浦安高等学校入試問題

【数　学】（50分）〈満点：100点〉

【注意】

1. 問題の[1]，[2]については，それぞれ解答群の中から正しい答えを選んで，その番号をマークしなさい。
2. 問題の[3]，[4]，[5]については，下記の方法に従ってマークしなさい。

(1) [ア]～[ク]の1つ1つには，それぞれ0から9までのいずれか1つの数字が入ります。それらをア，イ，ウ，……で示された解答用紙の各欄にマークしなさい。

（例） [ア][イ]に−8と答えたいとき，

	解答欄									
ア	①	②	③	④	⑤	⑥	⑦	⑧	⑨	●
イ	①	②	③	④	⑤	⑥	⑦	●	⑨	⓪

(2) 分数の場合は，分子分母の順になっています。その解答はすべて既約分数で答えなさい。

（例） $\frac{\boxed{ウ}}{\boxed{エ}}$ に $\frac{2}{3}$ と答えたいとき，

	解答欄									
ウ	①	●	③	④	⑤	⑥	⑦	⑧	⑨	⓪
エ	①	②	●	④	⑤	⑥	⑦	⑧	⑨	⓪

[1] 次の各問いに答えなさい。

(1) $3\times2^2-(-2)^2$ を計算すると，[ア]となります。

【解答群】

①−8　②0　③8　④16　⑤24　⑥その他

(2) $(2x^2y^3)^2\div(-xy^2)^2=A^2$ となる A は[イ]となります。

【解答群】

①$-2xy$　②$-\sqrt{2}xy$　③$2xy$　④$\pm2xy$　⑤$\pm\sqrt{2}xy$　⑥その他

(3) $\sqrt{12}-\frac{1}{\sqrt{3}}\times3+\sqrt{27}$ を計算すると，[ウ]となります。

【解答群】

①$3\sqrt{3}$　②$4\sqrt{3}$　③$5\sqrt{3}-1$　④$6\sqrt{3}$　⑤$12\sqrt{3}$　⑥その他

(4) $\frac{7x+1}{3}-\frac{2x+3}{2}$ を計算すると，[エ]となります。

【解答群】

①$\frac{8x-7}{6}$　②$\frac{8x+11}{6}$　③$5x-2$　④$8x-7$　⑤$\frac{5x+4}{5}$　⑥その他

(5) $x^2+1-(x-1)^2$ を計算すると，**オ** となります。

【解答群】

①0　②2　③$4x$　④$-2x+2$　⑤$2x$　⑥その他

(6) x についての 1 次方程式 $Bx+3.1x=4.65$ の解が $x=0.5$ のとき，B は **カ** となります。

【解答群】

①3　②1.55　③1　④6.2　⑤12.4　⑥その他

2 次の各問いに答えなさい。

(1) 2 次方程式 $2x^2-4x+1=0$ を解くと，$x=$ **ア** となります。

【解答群】

①$2\pm\sqrt{2}$　②$-2\pm\sqrt{2}$　③$1\pm2\sqrt{2}$　④$\dfrac{2\pm\sqrt{2}}{2}$　⑤$\dfrac{1\pm\sqrt{2}}{2}$

⑥その他

(2) 等式 $\dfrac{b-c}{a}=d$ を b について解くと，$b=$ **イ** となります。

【解答群】

①$ad+c$　②$ad-c$　③$\dfrac{d-c}{a}$　④$\dfrac{d+c}{a}$　⑤$ad+ac$　⑥その他

(3) 連立方程式 $\begin{cases}1.2x-0.8y=-3.2\\ \dfrac{x-1}{3}=\dfrac{-3+y}{2}\end{cases}$ を解くと，**ウ** となります。

【解答群】

①$x=2$，$y=7$　②$x=-5$，$y=-1$　③$x=-8$，$y=-8$　④$x=1$，$y=6$

⑤$x=-2$，$y=1$　⑥その他

(4) 右の図の x の値は **エ** となります。

【解答群】

①$2\sqrt{3}$　②$1+\sqrt{3}$　③$-1+\sqrt{3}$

④$2+\sqrt{3}$　⑤$2+2\sqrt{3}$　⑥その他

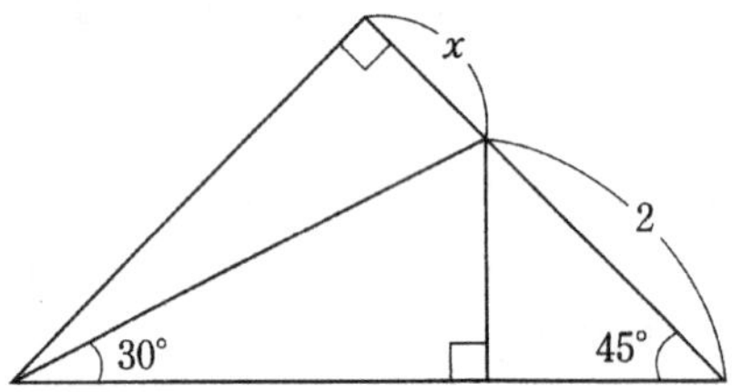

(5) a，b ともに正の数のとき，$12\times a=b^2$ を満たす最も小さい b の値は **オ** となります。

【解答群】

①12　②6　③36　④0　⑤3　⑥その他

(6) A 組と B 組の人数の比は 4：5 で，その合計は 90 人です。また，A 組の男子と B 組の女子の人数の比は 3：4 で，A 組の女子の人数は B 組の男子の人数より 3 人少ないです。
このとき，A 組の女子の人数は **カ** 人となります。

【解答群】

①19　②20　③21　④22　⑤23　⑥その他

3 図のように，放物線 $y=x^2$ と直線 $y=x$ が点Aで交わっています。また，直線 ℓ の傾きは -1 で，放物線と2点A，Bで交わっています。このとき，次の問いに答えなさい。

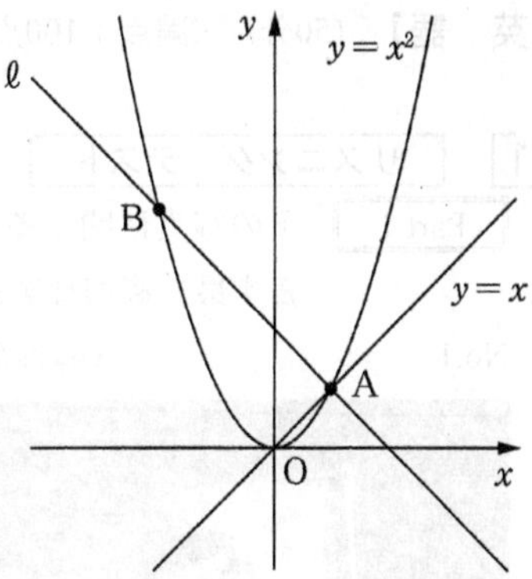

(1) 点Aの座標は(ア , イ)となります。

(2) 直線 ℓ の式は $y=-x+$ ウ となります。

(3) △OABの面積は エ となります。

4 右の図は，1辺の長さが1の正方形を，縦に10個，横に12個ずつ並べた図です。点Pは点Aからスタートします。さいころを投げて奇数の目が出たとき，図の上方向に出た目の数だけ進み，偶数の目が出たとき，図の右方向に出た目の数だけ進みます。さいころを2回投げるとき，次の問いに答えなさい。

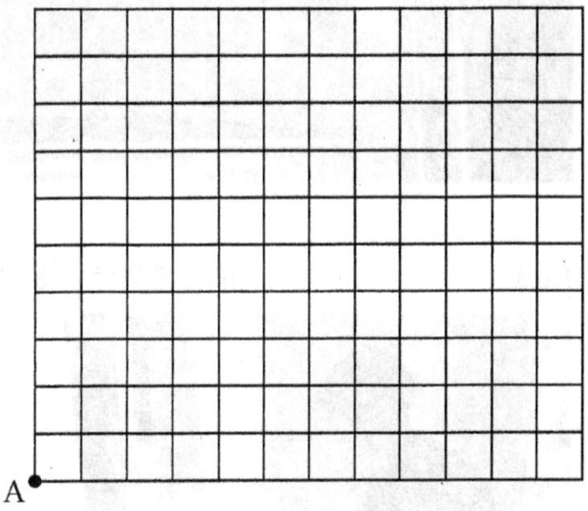

(1) APの長さの最大値は アイ となります。

(2) さいころを2回投げ，1回目に2の目，2回目に5の目が出るとき，APの長さは $\sqrt{\text{ウエ}}$ となります。

(3) APの長さが6以上となる確率は $\dfrac{\text{オカ}}{\text{キク}}$ となります。

5 右のような，∠EAB＝30°，∠ECD＝45°，AE＝2，BE＝ED となる図形があります。また，4点A，B，C，Dが同一円周上にあるとき，次の問いに答えなさい。

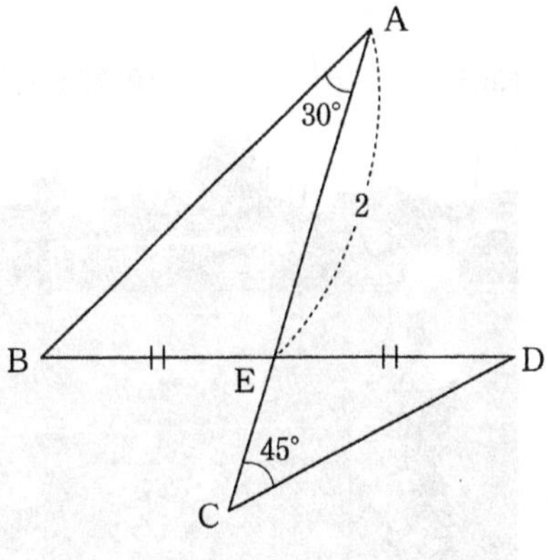

(1) ∠ABEは アイ °となります。

(2) 線分ABの長さは ウ ＋ $\sqrt{\text{エ}}$ となります。

(3) 線分CDの長さは $\dfrac{\sqrt{\text{オ}}+\sqrt{\text{カ}}}{\text{キ}}$ となります。

ただし， オ ＜ カ とします。

【英　語】（50分）〈満点：100点〉

1 リスニング　テスト

Part 1　下の写真に関する英文が，それぞれ4つ放送されます。それらの写真の状況や内容を表す最も適切な英語をそれぞれ1つ選び，その番号をマークしなさい。

No.1　（解答番号は 1 ）

No.2　（解答番号は 2 ）

No.3　（解答番号は 3 ）

No.4　（解答番号は 4 ）

No.5　（解答番号は 5 ）

Part 2　それぞれの会話を聞いて，最後の言葉の返答として最も適切なものをそれぞれ①～④の中から1つずつ選び，その番号をマークしなさい。

No.1　①Do you know the word?　（解答番号は 6 ）
②Please answer my question.
③Check the word in your dictionary.
④How do you say that in English?

No.2　①You should go and see a doctor.　（解答番号は 7 ）
②Why don’t you have something cold to drink?
③You have to warm up before you start skating.
④You drank a cup of hot tea.

No.3　①Do you like the color of blue?　（解答番号は 8 ）
②Look at the players in the school ground.
③You should check on the Internet.
④I think this player is very useful.

No.4　①I like to watch science fiction movies.　（解答番号は 9 ）
②My science teacher went to the school.
③I go to school at eight o’clock.
④I’m interested in small animals and fish.

No.5　①It is in the east of Japan.　（解答番号は 10 ）
②It is in South Asia.
③It is in the southwest of Japan.
④I love the beautiful beaches in Okinawa.

Part 3　次は「ピクトグラム(pictogram)」と呼ばれる，イラストを使って文字や単語の代わりとなる記号に関する英文です。その英文と，それに対する質問を聞いて，答えとして最も適切なものをそれぞれ①～④の中から選び，その番号をマークしなさい。

Q.1　①Because we love pictures.　（解答番号は 11 ）
②Because we can understand them easily.
③Because people don’t understand English.
④Because they look cute.

Q.2　①At stations.　（解答番号は 12 ）
②At airports.
③At homes.
④At stores.

Q.3　①At the World Cup.　（解答番号は 13 ）
②In 1964.
③At the end of the 20th century.
④In 2020.

Q.4 （解答番号は 14 ）

①

②

③

④

Q.5 ①A meeting place. （解答番号は 15 ）
②A sport stadium.
③A restroom.
④A waiting room.

※リスニングテストの放送台本は非公表です。

2 次の文を読んで，後の問いに答えなさい。

Flora Salonik grew up in one of Tanzania's busiest cities, Arusha. She and her family had a small farm. They kept *cattle and ate the food they grew. Flora's life changed. She fell in love with a man from *the Dorobo people and married him. As soon as they got married, her husband, Loshero, brought her to the tiny village of Kijungu in Tanzania. They moved into a small *hut to live in. The *remote village was a four-day trip *on foot from Arusha.

Loshero often spent long periods *away from home while hunting. While he did this, Flora was often left to take care of their three children, their farm, and their home by herself.

Flora sometimes dreamed of returning to the city. "Sometimes I *packed my stuff...and got ready to go back to Arusha," she said. "But I have children, so I can't go home." However, it didn't stop her from dreaming.

Many years have passed since Flora left the city and moved to the village of Kijungu. Flora hasn't been able to communicate with her family in her hometown since she came. In Kijungu, there is no mail service and there are no telephones. It was difficult for Flora to stop thinking about the past and she often looked at pictures of herself before she met Loshero.

Flora decided to visit her hometown of Arusha. She began the four-day walk early the next morning. She didn't look back at her children because she was sad to leave them.

After her walk, Flora finally arrived in the busy city of Arusha. She only had one thing on her mind: Will my mother be still alive? When Flora approached her childhood home, (1)a short, older woman *rushed out to meet her. Flora's mother was still there! It was an *emotional reunion between a mother and a daughter. They held each other, laughed, and cried.

Flora's mother said to Flora: "It's about 11 years since we saw each other. I am very happy to see you again. (2)( ) But you will have to go because you have children, and your husband is waiting for you there."

Flora stayed with her mother in Arusha for a while. She then visited all the places which she knew in Arusha. She thought about her past, and about her future. She *considered her options. Should she bring her children to Arusha, or return to her life in Kijungu?

Finally, Flora made (3)her decision about her future and the future of her family: she chose to go back to Kijungu. Later, back in the village, she talked about her decision: "I feel that I am a Dorobo. I want to live here because this is my life. People say it is a hard place to live in, but my home is (4)here."

(出典：Rob Waring, *One Woman's Choice*, CENGAGE Learning)

(注) *cattle　家畜の牛　　*the Dorobo people　ドロボ民族　　*hut　小屋
*remote　(文明などから)隔絶された，へんぴな　　*on foot　徒歩で
*away from ～　～を留守にする　　*pack one's stuff　持ち物をバックに詰める
*rush out　飛び出す　　*emotional reunion　感動的な再会　　*consider　よく考える

問1　下線部(1)が指す人物として最も適切なものを選び，その番号をマークしなさい。

(解答番号は 16)

①the Dorobo people　　②the daughter
③Flora's mother　　④Flora

問2　下線部(2)に入る最も適切なものを選び，その番号をマークしなさい。　(解答番号は 17)

①I don't want you to go back too soon.　　②I don't want you to marry a Dorobo man.
③I don't want to move to Kijungu.　　④I don't want to meet your husband.

問3　下線部(3)が具体的に指すものとして最も適切なものを選び，その番号をマークしなさい。

(解答番号は 18)

①to return to her hometown and live with her mother
②to go back to Kijungu
③to bring her children to Arusha
④to say good-bye to her children and husband

問4　下線部(4)が指す場所として最も適切なものを選び，その番号をマークしなさい。

(解答番号は 19)

①Arusha　　②Flora's hometown
③Flora's mother's house　　④Kijungu

問5　次の文が本文の内容と一致しないものを選び，その番号をマークしなさい。

(解答番号は 20)

①Arusha is Flora's hometown and a more convenient place than Kijungu.
②Flora moved to Kijungu to be with her husband.
③Flora was able to meet her mother again.
④Flora brought her children when she visited her hometown.

3 バッキンガム宮殿について書かれた次の文を読んで，後の問いに答えなさい。

Buckingham Palace is in London, England. Buckingham Palace was built around 1705. It is famous because Queen Elizabeth of England lives there. She [ア] queen in 1952.

Buckingham Palace is a big and beautiful building. A flag flies over the palace. It flies on top of the palace when the queen is there. Queen Elizabeth and her family live on the second floor of the palace. The queen also has her office at the palace. Presidents, kings, and *politicians meet with her. Queen Elizabeth often asks important people to eat dinner at the palace. She also has three garden parties in the summer. She invites 9,000 people to each party! A lot of people meet the queen.

Buckingham Palace is like a small [イ]. It has a police station, a hospital, two post offices, a movie theater, a swimming pool, two sports clubs, a garden, and a lake. The palace has about 600 rooms. Almost 400 people work there. Two of them have very *unusual jobs. They take care of the clocks. There are 300 clocks in Buckingham Palace!

Queen Elizabeth's day starts at 7:00 in the morning. Seven people take care of her. One person prepares her bath, and another person prepares her clothes. Another person takes care of her dogs. The queen loves dogs. Right now, she has eight dogs. Every day, a man brings food for the dogs to Queen Elizabeth's room. The queen puts the food in the bowls with a silver spoon.

At 8:30 every morning, the queen has breakfast with her husband, Prince Philip. They drink a special coffee with hot milk. During breakfast, a musician plays *Scottish music outside. Then Queen Elizabeth works in her office the rest of the morning. After lunch, she visits hospitals, schools, or new buildings.

Parts of Buckingham Palace are open to visitors in August and September. Visitors can see the "state rooms." In those rooms, the queen usually *entertains presidents and kings. But, visitors, don't think you are going to see the queen... In August and September, *Her Majesty is on vacation.

(出典：Milada Broukal, *What a World Reading 1 (Second Edition)*, Pearson Japan)

(注) *politician(s) 政治家　*unusual 珍しい　*Scottish スコットランドの
*entertain(s) もてなす　*Her Majesty 英国女王陛下

問1 右の表は，本文中に出てくる数字についてまとめたものです。空欄 [21] ～ [23] にあてはまるものを選択肢から選び，その番号をマークしなさい。

〈選択肢〉
①エリザベス女王の犬　②夏に開くパーティー
③郵便局　④宮殿内の部屋

項　目	数
[21]	3
各パーティーへの招待客	9,000
[22]	600
宮殿内で働いている人	400
宮殿内にある時計	300
[23]	8

問2 本文の内容に合うように，[ア] [イ] にあてはまる最も適切な語をそれぞれ1つ選び，その番号をマークしなさい。

ア : ①met ②became ③had ④chose (解答番号は 24)
イ : ①house ②ship ③town ④building (解答番号は 25)

問3 以下の質問に対する最も適切な答えを①〜④の中から1つ選び，その番号をマークしなさい。

1. Why is Buckingham Palace famous? (解答番号は 26)
①Because it was built around 1705.
②Because Queen Elizabeth of England lives there.
③Because it is a big and beautiful building.
④Because a flag flies on top of the palace.

2. What does the queen do after lunch? (解答番号は 27)
①She drinks a special coffee with hot milk.
②She puts the food in the bowls with a silver spoon.
③She works in her office.
④She visits hospitals, schools, or new buildings.

3. When can you visit some of the rooms in Buckingham Palace? (解答番号は 28)
①All year.
②In August and September.
③When the queen is there.
④When the queen entertains presidents and kings.

4. Which sentence is correct about the story? (解答番号は 29)
①There are 300 clocks in Buckingham Palace, and seven people take care of them.
②One person prepares the queen's bath and her clothes in the morning.
③The queen has breakfast at 8:30 in the morning.
④While the Buckingham Palace is open to visitors, visitors can see the queen.

4 次の1〜10の各文の 30 〜 39 に入る最も適切な語(句)を，それぞれ①〜④の中から1つ選び，その番号をマークしなさい。 (　　の番号は解答番号と同じです。)

1. Which would you like, green tea 30 coffee? (解答番号は 30)
①and ②but ③or ④so

2. Look at the boy 31 in the park. He is my brother Ken. (解答番号は 31)
①run ②ran ③is running ④running

3. Justin, please 32 quiet in class. (解答番号は 32)
①be ②am ③is ④do

4. He 33 for the exam now. (解答番号は 33)
①was studying ②was studied ③is studied ④is studying

5. If it 34 tomorrow, I will stay at home. (解答番号は 34)
①will rain ②rains ③rained ④raining

6. Have you ever 35 this book? − Yes, I have read it many times. (解答番号は 35)
①read ②is read ③is reading ④be read

7. What is he [36] ? － He is handsome and kind. I think everybody likes him.
(解答番号は [36])

①looked　②liked　③like　④look

8. Can I go in with you? － [37] I only have one ticket.　(解答番号は [37])

①Yes, you can.　②Of course.　③Why not.　④I'm sorry.

9. This picture is [38] than that one.　(解答番号は [38])

①beautiful　②beauty　③more beautiful　④the most beautiful

10. I [39] soccer with my friends in the field when I was young.　(解答番号は [39])

①play　②am playing　③am played　④played

5 次のA～Dを並べ替え，会話又は短文を完成させるとき，(1)～(4)に入る最も適切な組み合わせを①～④の中からそれぞれ１つ選び，その番号をマークしなさい。

1. John　：How was the music festival yesterday?
Michael：(1)
John　：(2)
Michael：(3)
John　：(4)

A. That's too bad. Many famous singers came.
B. It was very exciting. Why didn't you come?
C. I really wanted to go.
D. I couldn't join because I had a lot of work.

①A－C－D－B　②A－D－B－C　③B－D－A－C　④B－A－D－C
(解答番号は [40])

2. Mika：I'm looking for an English book.
Kate：(1)
Mika：(2)
Kate：(3)
Mika：(4)

A. Are you? It should be useful.
B. Thank you. I'll do my best.
C. It looks good. I'm going to use it for tomorrow's speech.
D. How about this book about Japanese food?

①D－C－A－B　②D－A－B－C　③C－D－A－B　④C－A－B－D
(解答番号は [41])

3. (1)
(2)
(3)
(4)

A. Some of them can't go to school.

B. We should think what we can do for them.
C. Do you know anything about children in Africa?
D. Also, they have only a little food, so they are always hungry.
①C－D－A－B　②C－A－D－B　③B－C－A－D　④B－D－C－A

(解答番号は [42])

[6] 次の対話が成り立つように，[　]内の語(句)を並べ替え，[43]～[50]に入る最も適切な語(句)をそれぞれ1つ選び，その番号をマークしなさい。ただし，文頭にくる語も小文字にしてあります。　([　]の番号は解答番号と同じです。)

(1) A : Jane's birthday is next week. What is your present?
B : I haven't decided yet.
Please [①what　②me　③to　④should　⑤tell　⑥give　⑦I] her.
Please [　] [　] [　] [43] [　] [　] [44] her.

(2) A : This is [①loved　②is　③by　④which　⑤the　⑥many people　⑦story].
B : I see. By the way, who is the writer?
This is [　] [　] [45] [　] [　] [　] [46].

(3) A : Tom, why were you not in my class yesterday?
B : I [①school　②of　③absent　④a cold　⑤was　⑥from　⑦because].
I [　] [　] [47] [　] [　] [48] [　].

(4) A : You climbed that famous mountain, didn't you?
B : Yes, [①hard　②to　③it　④us　⑤climb　⑥was　⑦for] that mountain.
Yes, [49] [　] [　] [50] [　] [　] [　] that mountain.

1　規制　　2　既成　　3　既製
4　規正　　5　期成

④　[33]　同音イギ語を調べた。

1　異議　　2　異義　　3　意義
4　威儀　　5　意気

⑤　[34]　彼はコウガク心に燃えている。

1　工学　　2　向学　　3　後学
4　好学　　5　弘学

問三　次の中で、月の異名の組み合わせとして正しいものを選び、その番号を解答番号[35]にマークしなさい。

1　九月――神無月　　2　十一月――師走
3　三月――如月　　4　四月――卯月
5　七月――葉月

問四　次の中で、正しい敬語表現はどれですか。次の中から適切なものを一つ選び、その番号を解答番号[36]にマークしなさい。

1　お客様が、スープをお召し上がりになられる。
2　竹山先生が、私の絵を拝見する。
3　お母さんが、校長先生にお会いになる。
4　明日、田中先生のお宅へうかがいます。
5　私の父が、今からいらっしゃいます。

問五　次の冒頭文の作者は誰か。次の中から適切なものを一つ選び、その番号を解答番号[37]にマークしなさい。

〈冒頭文〉「メロスは激怒した。必ず、かの邪智暴虐の王を除かなければならぬと決意した。」

1　志賀直哉　　2　川端康成　　3　三島由紀夫
4　井伏鱒二　　5　太宰治

5 おぼし

B 19
1 うらやましい 2 うらやましけれ
3 うらやまし 4 うらやむ
5 うらやましく

C 20
1 しか 2 し
3 しく 4 き
5 ず

問四 ――線部④「巳の時」、⑦「未」は現在の何時ごろにあたるか。次の中からそれぞれ適切なものを一つを選び、その番号を解答番号 21 ～ 22 にマークしなさい。

④ 21 ⑦ 22
1 午前八時ごろ 2 午前十時ごろ 3 午後二時ごろ
4 午後六時ごろ 5 午後八時ごろ

問五 ――線部⑤「何しに詣でつらむ」はどのような気持ちの表れであると考えられるか。次の中から適切なものを一つ選び、その番号を解答番号 23 にマークしなさい。

1 後悔 2 不安 3 困惑
4 絶望 5 憧憬

問六 この作品は「うらやましげなるもの」と題され、作者がうらやましく感じられるものが列挙されている。作者の状態を述べているものとして適切でないものを次の中から一つ選び、その番号を解答番号 24 にマークしなさい。

1 坂道で体力が持たず、疲れて休んでいる。
2 長年連れ添った妻が亡くなって落胆している。
3 経を習おうとするが、たどたどしく読んでいる。
4 病気にかかってしまい、床に臥せている。
5 お参りに後から来た人にどんどん追い抜かれている。

三 次の各問いに答えなさい。

問一 次の①～⑤の四字熟語の A ・ B にはそれぞれ数字が入る。A と B の合計はいくつになるか。次の中からそれぞれ適切なものを一つ選び、その番号を解答番号 25 ～ 29 にマークしなさい。

① 25 A 人 B 色
② 26 A 寒 B 温
③ 27 A 転 B 倒
④ 28 A 期 B 会
⑤ 29 A 石 B 鳥

1 二 2 三 3 五 4 七
5 十 6 十五 7 二十

問二 次の――線部のカタカナに当てはまる漢字を、それぞれ一つずつ選び、その番号を解答番号 30 ～ 34 にマークしなさい。

① 30 彼は国際政治にカンシンを持っている。
1 関心 2 感心 3 歓心
4 寒心 5 勘新

② 31 先月成立した法律がシコウされた。
1 施行 2 志向 3 試行
4 施工 5 思考

③ 32 昨日デパートでキセイ服を買った。

問十三　本文の内容と合うものはどれか。次の中から適切なものを一つ選び、その番号を解答番号［13］にマークしなさい。

1　アメリカにはガーディアンという有力紙がある。
2　ブロック紙とはある業種の人向けに作られた新聞である。
3　世界の新聞の部数のベスト3には、日本の新聞は入っていない。
4　日本の各地域を個別に見ると、ほとんどの場所で主要紙が強い。
5　メディアでは、同じニュースを取り扱っていても、取り上げ方や意見は大きく異なっている。

二

次の文章を読んで、後の問いに答えなさい。

うらやましげなるもの。経など習ふとて、いみじうたどたどしく、忘れがちに、返す返す同じ所を読むに、法師は①ことわり、男も女も、②くるくるとやすらかに読みたるこそ、あれがやうにいつの世にあらむ、と［A］。心地などわづらひて臥したるに、笑うち笑ひものなど言ひ、思ふ事なげにて歩みありく人見るこそ、いみじう［B］。

稲荷に思ひ起こして詣でたるに、中の御社の程の、わりなう苦しきを③念じ登るに、いささか苦しげもなく、遅れて来と見る者どもの、ただ行きに先に立ちて詣づる、いとめでたし。二月午の日の暁に、いそぎしかど、坂の半らばかり歩みしかば、④巳の時ばかりになりにけり。やうやう暑くさへなりて、まことにわびしくて、など、かからでよき日もあらむものを、⑤何しに詣でつらむ、とまで涙も落ちて休み⑥困ずるに、四十余ばかりなる女の、壺装束などにはあらで、ただ引きはこえたるが、「まろは七度詣でし侍るぞ。三度は詣でぬ。今四度は事にもあらず。まだ⑦未に下向しぬべし」と、道に遭ひたる人にうち言ひて、下り行きしこそ、ただなる所には目にも留まるまじきに、これが身にただ今ならばやとおぼえ［C］。

（『枕草子』第一五八段）

問一　――線部①「ことわり」、③「念じ」、⑥「困ずる」の語句の意味として次の中から適切なものを一つ選び、その番号を解答番号［14］～［16］にマークしなさい。

①［14］　1　あやまる　2　理由　3　辞退する　4　当然だ　5　深刻に

③［15］　1　ひねる　2　祈願する　3　我慢する　4　残念だ　5　念を込める

⑥［16］　1　奉仕する　2　亡くなる　3　疲れる　4　悩む　5　苦しむ

問二　――線部②「くるくると」はここではどのような状態をあらわしているか。次の中から適切なものを一つ選び、その番号を解答番号［17］にマークしなさい。

1　感情が高ぶっている状態
2　物事が滞りなく進行している状態
3　物が回転している状態
4　幾重にも巻きつけてある状態
5　目が回って立ち上がれない状態

問三　［A］～［C］に入るものとして適切なものを次の中からそれぞれ一つ選び、その番号を解答番号［18］～［20］にマークしなさい。

［A］［18］　1　おぼゆ　2　おぼえる　3　おぼえろ　4　おぼゆれ

問六　表1から読み取れることについて、適切でないものを次の中から一つ選び、その番号を解答番号 6 にマークしなさい。

1　マレーシアとスウェーデンを比べると、スウェーデンのほうが発行部数が多い。
2　言語の数と新聞の発行部数は相関関係にある。
3　ドイツには日本の約三倍の数の新聞がある。
4　インド、日本、アメリカ、ドイツ、イギリスは、2014年の発行部数が多い国トップ5である。
5　インドでは発行紙数が増える傾向にある。

問七　――線部④「クロスオーナーシップ」の意味として適切なものを次の中から一つ選び、その番号を解答番号 7 にマークしなさい。

1　海外の企業と密接に、かつ積極的に提携すること。
2　業界全体で企業同士が協力をしあっていくこと。
3　新聞企業が放送企業の資本を有し、影響関係を持っていること。
4　各企業のオーナーを外部から呼び寄せること。
5　各関係団体が互いに協定を結ぶこと。

問八　――線部⑤「問題点」として考えられることとして適切でないものを次の中から一つ選び、その番号を解答番号 8 にマークしなさい。

1　特定の会社が大きな力をもってしまうということ。
2　メディアの多様性が失われてしまうこと。
3　メディア間の批判が行われにくくなり、間違いがただされる機会が減るということ。
4　新規の参入の壁となり、意見を表明する場を新しく作ることができなくなってしまうということ。
5　新聞が読まれなくなるということ。

問九　――線部⑥「バイアス」の意味として適切なものを次の中から一つ選び、その番号を解答番号 9 にマークしなさい。

1　対象　2　先入観　3　論理的
4　正常　5　負荷

問十　――線部⑦「コミットメント」の意味として適切なものを次の中から一つ選び、その番号を解答番号 10 にマークしなさい。

1　公約　2　真理　3　喜び
4　関与　5　確認

問十一　――線部⑧「必須の具体的スキル」として適切なものを次の中から一つ選び、その番号を解答番号 11 にマークしなさい。

1　インターネットで情報を検索すること。
2　全国的に広く新聞を読むこと。
3　書籍のみで調べること。
4　一つのメディアについて詳しく調べること。
5　どのメディアにどのような特性があるのかを知ること。

問十二　――線部⑨「既得権者」とはどういうことか。次の中から適切なものを一つ選び、その番号を解答番号 12 にマークしなさい。

1　新聞は、テレビと結びつくことで多くの権利を得たということ。
2　新聞は、戦前の政府の政策で多くの権利を持っているということ。
3　新聞と比べてテレビは多くの人が見ているということ。
4　新聞は、権力を持った人によく読まれているということ。
5　新聞では、多くの人が発言をする権利があるということ。

に、2紙合わせて5割超という県もある。

都道府県を超えるブロック紙がある地域では、青森は東奥日報とデイリー東北で6・5割。富山や石川では北日本新聞、北國・富山新聞、北陸中日新聞などで7~8割を占めている。東海地方の中日新聞や、九州の西日本新聞も強い。

日本経済新聞（以下、日経新聞）は東京、千葉、神奈川で3位を獲得しており、都市部のビジネス層に受け入れられていることがわかる。逆にこれらの都県では、地元紙が弱い。

なお、現在のような「一県一紙」の体制は、戦前に政府が主導した新聞統制による結果であり、もともとは各地に多数の地域新聞があった。結果的にではあるが、現在の新聞は、戦前統治の⑨既得権者でもある。

（荻上チキ『すべての新聞は「偏って」いる　ホンネと数字のメディア論』）

問一　――線部①に当てはまる漢字として適切なものを次の中から一つ選び、その番号を解答番号 1 にマークしなさい。

1　後継　2　光景　3　後景
4　後掲　5　孝敬

問二　――線部②に当てはまる漢字として適切なものを次の中から一つ選び、その番号を解答番号 2 にマークしなさい。

1　鑑賞　2　干渉　3　環礁
4　緩衝　5　観照

問三　空欄 A に入るものとして適切なものを次の中から一つ選び、その番号を解答番号 3 にマークしなさい。

1　社内報　2　校内放送
3　機関紙　4　ラジオ
5　インターネット

問四　――線部③「群を抜いている」の意味として適切なものを次の中から一つ選び、その番号を解答番号 4 にマークしなさい。

1　脱力すること。
2　多くの中から選ばれること。
3　集団の中で孤立していること。
4　集まりが早いこと。
5　多くの中で突出してすぐれていること。

問五　次の表1を参考に、空欄 B に適切なものを次の中から一つ選び、その番号を解答番号 5 にマークしなさい。

1　104　2　37億　3　8900
4　8　5　332

表1　各国別日刊紙の発行部数

地域・国名	発行部数（単位：千部）			発行紙数		
	2014年	2015年	2016年	2013年	2014年	2015年
カナダ：	4,041	3,859	—	92	90	85
アメリカ	40,420	—	—	1,355	—	—
アルゼンチン	926	926	934	36	35	35
ブラジル	8,478	7,633	7,170	—	—	—
インド	264,290	296,303	371,458	6,730	7,871	8,905
日本	45,363	44,247	43,276	104	104	104
マレーシア	2,402	2,858	—	24	24	—
シンガポール	824	786	724	8	—	8
オーストラリア	2,008	1,879	—	47	47	—
ニュージーランド	519	482	438	21	20	20
オーストリア	1,838	1,820	1,804	15	13	13
フィンランド	1,541	1,193	1,130	45	45	40
フランス	6,361	6,163	5,964	84	84	84
ドイツ	16,307	15,786	15,074	350	343	332
ハンガリー	859	792	826	30	30	29
イタリア	3,264	2,988	2,701	109	103	102
オランダ	2,903	2,732	2,639	28	28	28
ノルウェー	1,540	1,453	1,368	72	72	71
ポーランド	1,975	1,870	1,694	35	34	35
ポルトガル	43	37	45	14	13	13
スペイン	2,350	2,145	1,965	106	107	107
スウェーデン	2,432	1,524	1,444	79	81	80
イギリス	9,820	8,626	8,195	96	104	100

※日本新聞協会ホームページ〈http://pressnet.or.jp〉より、抜粋引用
※世界新聞・ニュース発行者協会（WAN-IFRA）『WORLD PRESS TREND』をもとに作成

【国　語】（五〇分）〈満点：一〇〇点〉

一　次の文章を読んで、後の問いに答えなさい。

つくづく日本人は、新聞が好きである。幼少期、親が新聞を読んでいる姿は日常にある①コウケイで、テレビ欄をチェックするために新聞を広げたという人も多いだろう。僕もそうだった。

新聞は多くの家庭に当たり前のように存在するため、日常のあらゆるシーンで登場する。そう、野菜を包むときにも、窓ガラスを拭くときにも、段ボールに荷物を詰めるときの②カンショウ材にするにも、部屋に現れた虫を殺すにも、子どもの工作にも。

学校の授業では「新聞をつくってみよう」というワークショップが行われたりするし、［　A　］や業界紙など、新聞で情報共有する仕組みはさまざまな現場で実践されている。

この新聞への馴染み深さは、その発行部数が影響している。世界の新聞の発行部数を見ると、日本の新聞の発行部数が③群を抜いている。総数では［　B　］紙もの新聞があるインドには敵わないが、ニューヨーク・タイムズやワシントン・ポストといった有力紙があるアメリカ、ガーディアンがあるイギリスも、部数だけを見れば日本よりも少ない。個別の新聞の部数でも世界のベスト3を読売新聞、朝日新聞、毎日新聞が独占している。

日本の新聞には、全国紙、ブロック紙、地方紙とがある。文字通り、全国に販売網を持つのが全国紙。県をまたいで広い範囲で販売されているのがブロック紙。そして各都道府県内を主な対象にする地方紙だ。

全国紙を展開する大手新聞社は、大手テレビ局と密接な関係にある。読売新聞は日本テレビと、朝日新聞はテレビ朝日と、毎日新聞はＴＢＳと、産経新聞はフジテレビと。新聞企業が放送企業の資本を有し、影響関係を持っている。これら④クロスオーナーシップと呼ばれる。

新聞企業と放送企業が密接な関係にあり、しかも特定の資本下にあることに対して、さまざまな⑤問題点が指摘されている。新聞と放送の相互批判が行われにくくなることや、メディアの多様性が失われてしまうことなどだ。

これらの主要なメディアには、それぞれの特徴がある。同じニュースを取り扱っていても、取り上げ方や意見は大きく異なっている。しばしば、特定のメディアだけを取り上げて、「偏向している」と批判する人もいるが、それは正確ではない。⑥バイアスのないメディアなど存在せず、どのメディアにもそれぞれの偏りがある。特定のメディアの偏りばかりが目につくとしたら、それは観察する者が何かの立場に強く⑦コミットメントしているためだ。

新聞やテレビだけでなく、あらゆるメディアは透明な道具ではない。だからこそ、どのメディアにどのような特性があるのかを知ることは、現代社会において、情報に触れるうえで⑧必須の具体的スキルと言えるだろう。

読売新聞や朝日新聞といった主要紙は全国的に広く読まれているが、各地域に目をやると、ほとんどの場所で地元紙が強いのがわかる。むしろ、主要紙が普及率の1位を獲得している地域のほうが少ないのが実態だ。ほとんどの地域では、地元紙が4割近く普及している。

福井新聞や日本海新聞のように一紙だけで7割を占める新聞もあれば、沖縄（沖縄タイムスと琉球新報）や福島（福島民報と福島民友）のよう

MEMO

大切なことはメモしておこうネ！

2019年度

解　答　と　解　説

《2019年度の配点は解答欄に掲載してあります。》

＜数学解答＞ 《学校からの正答の発表はありません。》

1　(1)　ア　③　(2)　イ　④　(3)　ウ　②　(4)　エ　①　(5)　オ　⑤
(6)　カ　④

2　(1)　ア　④　(2)　イ　①　(3)　ウ　⑤　(4)　エ　③　(5)　オ　②
(6)　カ　①

3　(1)　ア　1　イ　1　(2)　ウ　2　(3)　エ　3

4　(1)　ア　1　イ　2　(2)　ウ　2　エ　9
(3)　オ　1　カ　1　キ　1　ク　8

5　(1)　ア　4　イ　5　(2)　ウ　1　エ　3　(3)　オ　2　カ　6　キ　2

○推定配点○

1　(1)～(5)　各4点×5　(6)　5点　2　各5点×6　3　各5点×3　4　各5点×3
5　各5点×3　計100点

＜数学解説＞

1　(正負の数，単項式の除法，平方根，式の計算，1次方程式)

基本　(1)　$3\times2^2-(-2)^2=3\times4-4=12-4=8$

(2)　$(2x^2y^3)^2\div(-xy^2)^2=\dfrac{4x^4y^6}{x^2y^4}=4x^2y^2=(\pm2xy)^2$　よって，$A=\pm2xy$

基本　(3)　$\sqrt{12}-\dfrac{1}{\sqrt{3}}\times3+\sqrt{27}=2\sqrt{3}-\sqrt{3}+3\sqrt{3}=4\sqrt{3}$

基本　(4)　$\dfrac{7x+1}{3}-\dfrac{2x+3}{2}=\dfrac{2(7x+1)-3(2x+3)}{6}=\dfrac{14x+2-6x-9}{6}=\dfrac{8x-7}{6}$

基本　(5)　$x^2+1-(x-1)^2=x^2+1-(x^2-2x+1)=2x$

(6)　$Bx+3.1x=4.65$に$x=0.5$を代入して，$0.5B+1.55=4.65$　$0.5B=3.1$　$B=6.2$

2　(2次方程式，等式の変形，連立方程式，平面図形，数の性質，方程式の利用)

基本　(1)　$2x^2-4x+1=0$　解の公式を用いて，$x=\dfrac{-(-4)\pm\sqrt{(-4)^2-4\times2\times1}}{2\times2}=\dfrac{4\pm\sqrt{8}}{4}=\dfrac{2\pm\sqrt{2}}{2}$

基本　(2)　$\dfrac{b-c}{a}=d$　$b-c=ad$　$b=ad+c$

(3)　$1.2x-0.8y=-3.2$より，$3x-2y=-8$…①，$\dfrac{x-1}{3}=\dfrac{-3+y}{2}$より，$2x-2=-9+3y$　$2x-3y=-7$…②　①×3－②×2より，$5x=-10$　$x=-2$　これを①に代入して，$-6-2y=-8$　$-2y=-2$　$y=1$

重要　(4)　右の図のように，A～Eをとる。△CDEは直角二等辺三角形だから，$CE=CD=\dfrac{1}{\sqrt{2}}DE=\dfrac{2}{\sqrt{2}}=\sqrt{2}$　△BCEは内角が30°，60°，90°の直角三角形だから，$BC=\sqrt{3}CE=\sqrt{6}$　よって，BD＝

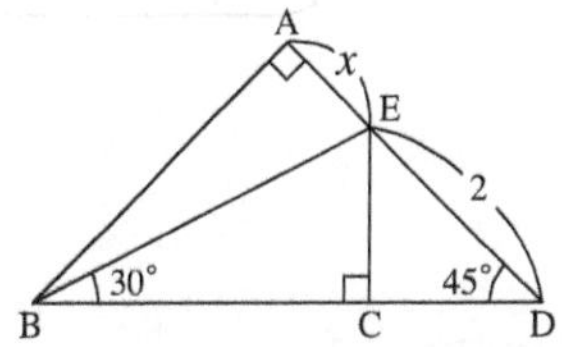

$\sqrt{6}+\sqrt{2}$　△ABDは直角二等辺三角形だから，$AD=\frac{1}{\sqrt{2}}BD=\frac{\sqrt{6}+\sqrt{2}}{\sqrt{2}}=\sqrt{3}+1$　したがって，$x=\sqrt{3}+1-2=\sqrt{3}-1$

(5)　$b^2=12\times a=2^2\times3\times a$　よって，$a=3$のとき，$b^2=2^2\times3^2=(2\times3)^2=6^2$だから，$b=6$

(6)　A組の人数は，$90\times\frac{4}{4+5}=40$(人)だから，B組の人数は，$90-40=50$(人)　A組の男子を$3x$人とすると，B組の女子は$4x$人だから，A組の女子とB組の男子の人数について，$40-3x=50-4x-3$　$x=7$　よって，A組の女子は，$40-3\times7=19$(人)

基本 **3** (図形と関数・グラフの融合問題)

(1)　$y=x^2$と$y=x$からyを消去して，$x^2=x$　$x(x-1)=0$　$x=0,\ 1$　よって，A(1, 1)

(2)　直線ℓの式を$y=-x+b$とおくと，点Aを通るから，$1=-1+b$　$b=2$　よって，$y=-x+2$

(3)　$y=x^2$と$y=-x+2$からyを消去して，$x^2=-x+2$　$x^2+x-2=0$　$(x-1)(x+2)=0$　$x=1,\ -2$　よって，B$(-2,\ 4)$　C(0, 2)とおくと，$\triangle OAB=\triangle OAC+\triangle OBC=\frac{1}{2}\times2\times1+\frac{1}{2}\times2\times2=3$

4 (図形と確率)

基本 (1)　題意を満たすのは，2回とも6の目が出るときで，このとき，$AP=6+6=12$

基本 (2)　$AP=\sqrt{2^2+5^2}=\sqrt{29}$

(3)　さいころの目の出方の総数は$6\times6=36$(通り)　このうち，題意を満たすのは，(1回目，2回目)＝(1, 5)，(1, 6)，(2, 4)，(2, 6)，(3, 3)，(3, 5)，(3, 6)，(4, 2)，(4, 4)，(4, 5)，(4, 6)，(5, 1)，(5, 3)，(5, 4)，(5, 5)，(5, 6)，(6, 1)，(6, 2)，(6, 3)，(6, 4)，(6, 5)，(6, 6)の22通りだから，求める確率は，$\frac{22}{36}=\frac{11}{18}$

5 (平面図形の計量)

基本 (1)　4点A，B，C，Dは同一円周上にあるから，弧ADの円周角で，$\angle ABE=\angle ACD=45°$

重要 (2)　EからABにひいた垂線をEHとすると，△AEHは内角が30°，60°，90°の直角三角形だから，$EH=\frac{1}{2}AE=\frac{1}{2}\times2=1$　$AH=\sqrt{3}EH=\sqrt{3}$　また，△BEHは直角二等辺三角形だから，$BH=EH=1$　よって，$AB=BH+AH=1+\sqrt{3}$

重要 (3)　$DE=BE=\sqrt{2}EH=\sqrt{2}$　△ABEと△DCEにおいて，$\angle ABE=\angle DCE=45°$　対頂角だから，$\angle AEB=\angle DEC$　2組の角がそれぞれ等しいので，△ABE∽△DCE　BA：CD＝AE：DE　$CD=\frac{(1+\sqrt{3})\times\sqrt{2}}{2}=\frac{\sqrt{2}+\sqrt{6}}{2}$

★ワンポイントアドバイス★

前半の独立小問を手早く解いて，後半の大問を時間配分を考えながら解いていこう。
前問を手がかりにミスのないように解きたい。

＜英語解答＞ 《学校からの正答の発表はありません。》

1 リスニング問題解答省略

2 問1 ③ 問2 ① 問3 ② 問4 ④ 問5 ④

3 問1 21 ② 22 ④ 23 ① 問2 ア ② イ ③

問3 1. ② 2. ④ 3. ② 4. ③

4 1. ③ 2. ④ 3. ① 4. ④ 5. ② 6. ① 7. ③ 8. ④ 9. ③ 10. ④

5 1. ③ 2. ① 3. ②

6 (1) 43 ⑦ 44 ③ (2) 45 ④ 46 ⑥ (3) 47 ⑥ 48 ②

(4) 49 ③ 50 ⑦

○推定配点○

1 各1点×15 2 各2点×5 3 問2 各2点×2 他 各3点×7

4・5 各2点×13 6 各3点×8 計100点

＜英語解説＞

1 リスニング問題解説省略。

2 (長文読解：要旨把握，適文選択，指示語，内容吟味)

(大意) フローラはタンザニアの都会の一つアルーシャで育った。彼女はドロボ民族出身の男性と結婚すると，夫はタンザニアのとても小さな村キジュングに彼女を連れて行き，小さな小屋へ引っ越した。へんぴな村へ行くのに，アルーシャから徒歩で4日間かかった。夫は狩猟の間はしばしば長期間家を留守にしたので，フローラは3人の子どもや農場や家の世話を一人で行った。彼女はときどき都会へ帰ることを夢見た。彼女が都会を離れてキジュングに引っ越してから長い年月が経ち，故郷の家族とは連絡が取れずにいた。故郷への思いがつのったフローラは，アルーシャを訪れることに決めた。子どもたちを置いていくのが悲しかったので，彼女は振り返って彼らを見なかった。4日間歩いて，彼女はついにアルーシャに到着した。子どもの頃に住んでいた家に近づくと，小柄の年を取った女性が彼女に会いに飛び出した。フローラの母親はまだそこにいた！ 約11年振りに母親と娘は感動的な再会を果たした。フローラの母親は娘に「そんなに急いで帰ってほしくないが，あなたには子どもがいて夫もそこで待っているのだから，帰らなくてはならない」と言った。フローラはしばらくの間，アルーシャの母親の家に滞在し，自分の過去や未来について考えた。子どもたちをアルーシャに連れて来るべきか，キジュングでの生活に戻るべきか？ 最終的に，フローラは自分の将来や家族の将来について決断を下し，キジュングへ戻ることに決めた。後に村へ戻った彼女は決断について語った。「私は自分はドロボ族だと思っている。これが私の人生なので，私はここに住みたい。生活するには大変な場所だと人は言うが，私の故郷はここだ」

問1 下線部を含む文は「フローラが子どもの頃に住んでいた家に近づくと，小柄の年を取った女性が彼女に会いに飛び出した」という意味。その直後に，「フローラの母親はまだそこにいた！」とあるので，文脈から下線部は「フローラの母親」を指していると考えられる。

問2 空所の直前に「再びあなたに会えてとてもうれしい」とあり，直後に「でも，あなたには子どもがいて夫もそこで待っているのだから，帰らなくてはならない」とある。よって，空所に①「私はあなたにそんなに急いで帰ってほしくない」を入れると文脈に合う。

問3 下線部は「彼女の決断」という意味。この文を読み進めると，コロン(：)以下の「彼女はキジュングへ戻ることに決めた」がその決断の内容だとわかる。よって，②が適切。

問4　下線部を含む文は「生活するには大変な場所だと人は言うが，私の故郷はここだ」という意味。その直前に，村へ戻ったフローラは「自分はドロボ族だと思っていて，これが私の人生なので，私はここに住みたい」と語ったとある。よって，下線部のhereはKijungu「キジュング」を指すとわかる。

問5　本文の内容と一致しないのは，④「フローラは故郷を訪れたとき，子どもたちを連れて行った」。第5段落参照。フローラは，故郷のアルーシャを訪れることに決めたが，子どもたちを置いていくのが悲しかったので，彼女は振り返って彼らを見なかったとある。

3　(長文読解：語句選択，要旨把握)

(大意)　バッキンガム宮殿はイングランドのロンドンにある。1705年頃に建てられ，イングランドのエリザベス女王が住んでいるので有名だ。彼女は1952年に女王になった。宮殿は大きくて美しい建物だ。女王はしばしば宮殿で要人と夕食を食べる。彼女はまた，夏にガーデン・パーティーを3回開き，毎回9,000人を招待する。宮殿は小さな町のようだ。警察署，病院，郵便局，映画館，プール，スポーツクラブ，庭，湖がある。宮殿には約600の部屋があり，約400人が働いている。宮殿内には時計が300個ある。女王の1日は午前7時に始まる。彼女は犬が大好きで，8匹飼っている犬に毎朝銀のスプーンでえさを与えている。8時半に女王は夫のフィリップ殿下と朝食を食べて，その後午前中は執務室で仕事をする。昼食後は病院，学校，新しい建物を視察する。8月と9月は宮殿の一部が観光客に解放される。

問1　[21]　第2段落最後から3文目参照。夏にガーデン・パーティーが「3」回開かれる。　[22]　第3段落第3文参照。宮殿には約「600」の部屋がある。　[23]　第4段落最後から3文目参照。現在女王は犬を「8」匹飼っている。

問2　ア．空所を含む文は「彼女は1952年に女王(　　)」という意味。文脈から，②のbecame「～になった」が適切。　イ．空所を含む文は「バッキンガム宮殿は小さな(　　)のようだ」という意味。直後に，宮殿には警察署，病院，郵便局，映画館，プール，スポーツクラブ，庭，湖があると書かれているので，③のtown「町」が適する。

問3　1.「なぜバッキンガム宮殿は有名なのか」　②「イングランドのエリザベス女王がそこに住んでいるから」(○)　第1段落第3文参照。　2.「昼食後，女王は何をするか」　④「彼女は病院，学校，新しい建物を視察する」(○)　第5段落最終文参照。　3.「いつあなたはバッキンガム宮殿の部屋をいくつか訪れることができるか」　②「8月と9月に」(○)　最終段落第1文参照。
4.「本文について正しいものはどれか」　③「女王は午前8時半に朝食を食べる」(○)　第5段落第1文参照。

基本 **4**　(語句選択：接続詞，分詞，命令文，進行形，時制，現在完了，前置詞，熟語，比較)

1.「緑茶とコーヒーでは，あなたはどちらが好きですか」「～か…，～または…」は ～ or …。〈命令文，or ～.〉で「…しなさい，さもないと～」という意味。
2.「公園を走っている少年を見なさい。彼は私の兄[弟]のケンだ」「公園を走っている少年」という内容になると推測できるので，形容詞的用法の現在分詞runningが適切。
3.「ジャスティン，授業中は静かにしてください」　空所の直後に形容詞quietがあるので，be動詞で始まる命令文Be ～.で表す。
4.「彼は今試験勉強をしている」　文末にnow「今」があるので，進行形〈be動詞＋～ing〉の文にする。
5.「明日雨が降れば，私は家にいるつもりだ」　〈時〉や〈条件〉を表す副詞節の中では，未来のことでも現在形で表すので，rainsが適切。
6.「あなたは今までにこの本を読んだことがありますか。―はい，私は何度も読んだことがあります」 空所の直前に ever「今までに」があるので，〈経験〉を表す現在完了〈have [has]＋過去分詞〉の疑問文。〈Have you ever ＋過去分詞～？〉の語順になる。

7. 「彼はどんな人ですか。―顔立ちが良くて親切です。皆彼が好きだと思います」 What is ～ like? で「～はどんなですか」という意味。

8. 「あなたに加わってもいいですか。―ごめんなさい。私はチケットを1枚しか持っていません」「あなたに加わってもいいですか」と尋ねられて，空所の直後でチケットを1枚しか持っていないと答えているので，「ごめんなさい」と断っていると推測できる。

9. 「この写真はあれよりも美しい」 空所の直後に than ～「～よりも」があることから，比較級の文にする。beautiful の比較級は more beautiful。

10. 「若い頃，私は野原で友達とサッカーをした」 when I was young「私が若い頃」と過去時制の文なので，動詞は過去形 played が適切。

重要 **5** （文整序）

1. ジョン(以下J)：昨日の音楽祭はどうだった？／マイケル(以下M)：$_B$とてもわくわくしたよ。なぜ来なかったの？／J：$_D$仕事がたくさんあったから参加できなかったんだ。／M：$_A$それはお気の毒に。有名な歌手がたくさん来たよ。／J：$_C$本当に行きたかったな。

2. ミカ(以下M)：英語の本を探しているの。／ケイト(以下K)：$_D$和食に関するこの本はどう？／M：$_C$良さそうね。明日のスピーチに使うわ。／K：$_A$そう？ きっと役立つでしょう。／M：$_B$ありがとう。全力を尽くすわ。

3. $_C$あなたはアフリカの子どもたちについて何か知っているか。$_A$中には学校に通えない子どもたちもいる。$_D$また，わずかな食物しかないため，彼らは常にお腹がすいている。$_B$私たちは彼らのために何ができるのかを考えるべきだ。

やや難 **6** （語句整序：間接疑問文，関係代名詞，熟語，不定詞）

(1) (Please) tell me what I should give to (her.) 「彼女に何をあげたらいいのか私に教えてください」 直前でBが「私はまだ(ジェーンの誕生日プレゼントを)決めていません」と答えていることから，(Please) tell me.「私に教えてください」が文の骨組み。語群より，tell の目的語は間接疑問〈疑問詞＋主語＋動詞～〉で表すと考えられるので，what I should give to (her) とまとめて me の後に置く。

(2) (This is) the story which is loved by many people(.) 「これは多くの人々に愛されている物語です」 直後でBが「作者は誰ですか」と尋ねていることから，(This is) the story.「これは物語です」が文の骨組み。語群より「多くの人々によって愛されている物語」という内容になると推測できるので，受け身形〈be動詞＋過去分詞〉を用いて which is loved by many people とまとめて story の後に置く。

(3) (I) was absent from school because of a cold(.) 「風邪のため，私は学校を休みました」 直前でAが「昨日なぜ私の授業にいなかったのですか」と尋ねていることから，(I) was absent from school.「私は学校を休みました」が文の骨組み。be absent from ～ で「～を休む」という意味。残った語群に of と because があるので because of ～「～のため」とまとめて後に a cold を続けると「風邪のため」という意味になり，school の後に置く。

(4) (Yes,) it was hard for us to climb (that mountain.) 「はい，私たちがあの山を登るのは大変でした」 語群より，〈It is ～ for ＋人＋ to ＋動詞の原形….〉「(人)が…することは～である」の形を用いて文を作ることが考えられる。直前でAが「あなたはあの有名な山に登ったのですよね」と言っていることと語群から，「私たちがあの山を登るのは大変でした」という内容になると推測できるので，it was hard for us to climb とまとめて文末の that mountain につなげる。

★ワンポイントアドバイス★

2の問5は，設問の指示が「本文の内容と一致しないもの」とあり，表現が紛らわしい。注意深く読むべきである。

＜国語解答＞ 《学校からの正答の発表はありません。》

一 問一 ② 問二 ④ 問三 ③ 問四 ⑤ 問五 ② 問六 ② 問七 ③
問八 ⑤ 問九 ② 問十 ④ 問十一 ⑤ 問十二 ② 問十三 ⑤

二 問一 14 ④ 15 ③ 16 ③ 問二 ② 問三 18 ④ 19 ②
20 ① 問四 21 ② 22 ③ 問五 ① 問六 ②

三 問一 25 ⑦ 26 ④ 27 ⑥ 28 ① 29 ② 問二 30 ① 31 ①
32 ③ 33 ② 34 ② 問三 ④ 問四 ④ 問五 ⑤

○推定配点○

一 6～8・11～13 各5点×6 他 各3点×7 二 24 3点 他 各2点×10
三 25～37 各2点×13 計100点

＜国語解説＞

一 （論説文一漢字，脱文・脱語補充，語句の意味，表の読み取り，文脈把握，内容吟味，要旨）

問一 「光景」は，ありさま，眺め，という意味。「景」を使った熟語はほかに「景勝」「風景」など。

問二 「緩衝」は，ぶつかりあったり，対立するものの間にあって，その関係をやわらげること。「緩」を使った熟語はほかに「緩慢」「緩和」など。訓読みは「ゆる(い)」「ゆる(む)」「ゆる(める)」「ゆる(やか)」。

問三 直後に「新聞」とあることから，「機関紙」と「社内報」が考えられるが，「業界紙」と並立するものとしては，政党や研究機関などの団体や個人がその目的のために発行する新聞という意味の「機関紙」が適切。「業界」は，同じ産業にたずさわる人々の社会という意味。「業界紙」は，ある特定の業界に関する新聞。

問四 「群を抜く」は，多くの中でとびぬけて優れている，という意味。

問五 直後に「インド」とある。インドの発行部数は，2016年に「371,457(千)」とあるので，2の「37億」が入る。

問六 「表1」に，「言語の数」という項目はないので，2はあてはあてはまらない。

問七 直前に「全国紙を展開する大手新聞社は，大手テレビ局と密接な関係にある。……新聞企業が放送企業の資本を有し，影響関係を持っている」と説明されているので，「新聞企業が放送企業の資本を有し，影響関係を持っている」とする3が適切。

問八 「問題点」については，直後に「新聞と放送の相互批判が行われにくくなることや，メディアの多様性が失われてしまうことなどだ」と説明されているので，5の「新聞が読まれなくなること」はあてはまらない。

やや難 問九 直前に「偏向している」，直後に「偏り」とある。「偏向」「偏り」を意味するものとしては，

「先入観」が適切。

問十　直前に「コミットメント」には，かかわり，関与，という意味がある。

問十一　直前に「新聞やテレビだけでなく，あらゆるメディアは透明な道具ではない。だからこそ，どのメディアにどのような特性があるのかを知ることは」と述べられているので，「どのメディアにどのような特性があるのかを知ること」とする5が適切。

問十二　直前に「現在のような『一県一紙』の体制は，戦前に政府が主導した新聞統制による結果であり，もともとは各地に多数の地域新聞があった」と説明されているので，「新聞は，戦前の政府の政策で多くの権利を持っていること」とする2が適切。「既得権」は，すでに手に入れている権利，という意味。

問十三　5は，「これらの……」で始まる段落に「これらの主要メディアには，それぞれの特徴がある。同じニュースを取り扱っていても，取り上げ方や意見は大きく異なっている」と述べられていることと合致する。

二　（古文―語句の意味，脱語補充，古時刻，口語訳，心情，大意）

〈口語訳〉　うらやましいもの。経などを習って，ひどくたどたどしく，忘れっぽくて，何度も何度も同じところを読むのに，法師は当然のこととして，男も女も，すらすらと楽に読んでいるのこそ，あの人のようにいったいいつになったらと感じられる。気分など悪くして臥せっている時に，笑って何か言い，何の屈託もなさそうな様子で歩き回る人こそは，ひどくうらやましい。

稲荷の社に思い立って参詣している時に，中の御社にさしかかるあたりで，むやみに苦しいのを我慢して坂を登るころに，少しも苦しそうな様子もなく，あとから来ると見られた人たちが，どんどん行って先に立って参詣するのは，とてもうらやましい。二月の午の日の暁に家を出て，急いだけれど，坂の半分くらい歩いたところが，そこで巳の時ぐらいになってしまったのだった。だんだんと暑くまでなって，本当にやりきれない感じがして，どうして，今日に限って，何だってこうして参詣してしまっているのだろう，とまで，涙がこぼれて一息切れて苦しんでいると，四十歳あまりの女で，壺装束などではなくて，ただ着物の裾を上げただけのかっこうなのが，「わたしは七度詣でをいたしますのですよ。もう三度は参詣してしまった。もうあと四度は，なんでもない。未の時にはきっと下山するでしょう」と，道で出会った人に言って，坂を下りて行ったのこそは，普通の所では目にもとまるはずのないことが，この時は，あの女の身にたった今なりたいものだと感じられた。

問一　14「ことわり」には，当然だ，言うまでもない，という意味がある。　15「念ず」にはは，我慢する，こらえる，という意味がある。　16「涙も落ちて休み」という状態を意味するので，3の「疲れる」が適切。

問二　「くるくると」は，すらすらと物事がどんどん進む様子，まめまめしく働く様子，という意味がある。ここでは「やすらかに読む」様子なので，2の「物事が滞りなく進行している状態」が適切。

やや難　問三　A・B・Cすべて，前に係助詞「こそ」があることから，係り結びの法則により，すべて已然形で終わるので，Aは「おぼゆれ」，Bは「うらやましけれ」，Cは「しか」が入る。

やや難　問四　古時刻は，十二支の順に0時からスタートし，子(0時)，丑(午前2時)，寅(午前4時)，卯(午前6時)辰(午前8時)，巳(午前10時)，午(正午)，未(午後2時)，申(午後4時)，酉(午後6時)，戌(午後8時)，亥(午後10時)となる。

問五　「何しに詣でつらむ」は，「何だってこうして参詣してしまっているのだろう」という意味。苦しい思いをして参詣していることに対して，どうして参詣などしてしまったのか，という思いが読み取れるので，1の「後悔」があてはまる。

問六　作者について，1は「中の御社の程の，わりなう苦しきを念じて登る」「涙も落ちて休み困ずるに」とあることと合致する。3は「経など習ふとて，いみじうたどたどしく，忘れがちに……」とあることと合致する。4は，「心地などわづらひて臥したるに……」とあることと合致する。5は，「遅れて来と見る者どもの，ただ行きに先に立ちて詣ずる」とあることと合致する。2の内容は本文にないのであてはまらない。

三　（四字熟語，漢字の読み書き，月の異名，敬語，文学史）

問一　25 「十人十色」なので，10＋10＝20。　26 「三寒四温」なので，3＋4＝7。　27 「七転八倒」なので，7＋8＝15。　28 「一期一会」なので，1＋1＝2。　29 「一石二鳥」なので，1＋2＝3。

問二　30 「関心」は，特定の事象に興味を持って注意を払うこと。「関心を持つ」「関心を抱く」などと使われる。ほかは「感心する」「歓心を買う」「寒心に耐えない」などと使われる。

31 「施行(しこう)」は，法令の効力を現実に発生させること。「志向」は，心が一定の目標に向かって働くこと。「試行」は，ためしに行うこと。「施工」は，工事を行うこと。「せこう」ともいう。「思考」は，思いめぐらすこと，考え，という意味。　32 「既製服」は，注文して作るのではなく，すでに商品として作られている服。「既成」は，すでにでき上がっていること，という意味で，「既成概念」などと使われる。「規制」は，きまり，規律を立てて制限すること。「規正」は，悪いところを正すこと。「期成」は，ある物事を必ず成就させようと互いに誓うこと。33 「同音異義語」は，同じ音を持つ別の語。　34 「向学心」は，学問に励もうと思う心。「工学」は，基礎科学を工業生産に応用して生産力を向上させるための応用的科学の総称。「後学」は，今後の自分のためになる知識や学問。「好学」は，学問を好むこと。

重要　問三　月の異名は，一月は「睦月(むつき)」，二月は「如月(きさらぎ)」，三月は「弥生(やよい)」，四月は「卯月(うづき)」，五月は「皐月(さつき)」，六月は「水無月(みなづき)」，七月は「文月(ふづき・ふみづき)」，八月は「葉月(はづき)」，九月は「長月(ながつき)」，十月は「神無月(かんなづき)」，十一月は「霜月(しもつき)」，十二月は「師走(しわす)」。

問四　1は「お客様が，スープを召し上がる」とするのが適切。2は「竹山先生が，私の絵をご覧になる」と尊敬表現にする。3は「母が，校長先生にお目にかかる」と謙譲表現にする。4は謙譲表現になっているので適切。5は「私の父が，今から参ります」と謙譲表現にする。

問五　太宰治の『走れメロス』の冒頭文。太宰治の作品はほかに『人間失格』『斜陽』『津軽』など。志賀直哉の作品は『暗夜行路』『和解』『小僧の神様』など。川端康成の作品は『伊豆の踊子』『雪国』『古都』など。三島由紀夫の作品は『金閣寺』『潮騒』など。井伏鱒二の作品は『黒い雨』『山椒魚』『屋根の上のサワン』など。

★ワンポイントアドバイス★

漢字・語句・文法・文学史などの国語知識は，幅広い出題に備えて知識を充実させておこう！　読解対策としては，指示内容や言い換え表現を的確にとらえる練習をしておこう！

解答用紙集

○月×日　△曜日　天気（合格日和）

◆ご利用のみなさまへ
＊解答用紙の公表を行っていない学校につきましては、弊社の責任において、解答用紙を制作いたしました。
＊編集上の理由により一部縮小掲載した解答用紙がございます。
＊編集上の理由により一部実物と異なる形式の解答用紙がございます。

人間の最も偉大な力とは、その一番の弱点を克服したところから生まれてくるものである。 ――カール・ヒルティ――

東京学参株式会社

東海大学付属浦安高等学校　2024年度

◇数学◇

※ 105%に拡大していただくと，解答欄は実物大になります。

解答欄

1

(1)	ア	①	②	③	④	⑤	⑥
(2)	イ	①	②	③	④	⑤	⑥
(3)	ウ	①	②	③	④	⑤	⑥
(4)	エ	①	②	③	④	⑤	⑥
(5)	オ	①	②	③	④	⑤	⑥
(6)	カ	①	②	③	④	⑤	⑥

2

(1)	ア	①	②	③	④	⑤	⑥
(2)	イ	①	②	③	④	⑤	⑥
(3)	ウ	①	②	③	④	⑤	⑥
(4)	エ	①	②	③	④	⑤	⑥
(5)	オ	①	②	③	④	⑤	⑥
(6)	カ	①	②	③	④	⑤	⑥

解答欄

3

(1)	ア	①	②	③	④	⑤	⑥	⑦	⑧	⑨	⓪
	イ	①	②	③	④	⑤	⑥	⑦	⑧	⑨	⓪
(2)	ウ	①	②	③	④	⑤	⑥	⑦	⑧	⑨	⓪
	エ	①	②	③	④	⑤	⑥	⑦	⑧	⑨	⓪
	オ	①	②	③	④	⑤	⑥	⑦	⑧	⑨	⓪
(3)	カ	①	②	③	④	⑤	⑥	⑦	⑧	⑨	⓪
	キ	①	②	③	④	⑤	⑥	⑦	⑧	⑨	⓪
	ク	①	②	③	④	⑤	⑥	⑦	⑧	⑨	⓪

4

(1)	ア	①	②	③	④	⑤	⑥	⑦	⑧	⑨	⓪
	イ	①	②	③	④	⑤	⑥	⑦	⑧	⑨	⓪
(2)	ウ	①	②	③	④	⑤	⑥	⑦	⑧	⑨	⓪
	エ	①	②	③	④	⑤	⑥	⑦	⑧	⑨	⓪
	オ	①	②	③	④	⑤	⑥	⑦	⑧	⑨	⓪
(3)	カ	①	②	③	④	⑤	⑥	⑦	⑧	⑨	⓪
	キ	①	②	③	④	⑤	⑥	⑦	⑧	⑨	⓪

解答欄

5

(1)	ア	①	②	③	④	⑤	⑥	⑦	⑧	⑨	⓪
	イ	①	②	③	④	⑤	⑥	⑦	⑧	⑨	⓪
(2)	ウ	①	②	③	④	⑤	⑥	⑦	⑧	⑨	⓪
	エ	①	②	③	④	⑤	⑥	⑦	⑧	⑨	⓪

記入方法
1．記入は必ず**ＨＢの黒鉛筆**で、（ ）の中を正確にぬりつぶして下さい。
2．訂正する場合は、消しゴムできれいに消して下さい。
3．解答用紙を汚したり、折り曲げたりしないで下さい。

良い例	●
悪い例	⊘ ⊙ ◐

東海大学付属浦安高等学校　2024年度

◇英語◇

※ 105%に拡大していただくと，解答欄は実物大になります。

解答欄	1
1	① ② ③ ④
2	① ② ③ ④
3	① ② ③ ④
4	① ② ③ ④
5	① ② ③ ④
6	① ② ③ ④
7	① ② ③ ④
8	① ② ③ ④
9	① ② ③ ④
10	① ② ③ ④
11	① ② ③ ④
12	① ② ③ ④
13	① ② ③ ④
14	① ② ③ ④
15	① ② ③ ④

解答欄	2
16	① ② ③ ④
17	① ② ③ ④
18	① ② ③ ④
19	① ② ③ ④
20	① ② ③ ④
21	① ②
22	① ②
23	① ②

	3
24	① ② ③ ④
25	① ② ③ ④
26	① ② ③ ④
27	① ② ③ ④
28	① ② ③ ④
29	① ② ③ ④
30	① ② ③ ④

解答欄	4
31	① ② ③ ④
32	① ② ③ ④
33	① ② ③ ④
34	① ② ③ ④
35	① ② ③ ④
36	① ② ③ ④
37	① ② ③ ④
38	① ② ③ ④
39	① ② ③ ④
40	① ② ③ ④

	5
41	① ② ③ ④
42	① ② ③ ④
43	① ② ③ ④
44	① ② ③ ④
45	① ② ③ ④

解答欄	6
46	① ② ③ ④ ⑤ ⑥
47	① ② ③ ④ ⑤ ⑥
48	① ② ③ ④ ⑤ ⑥
49	① ② ③ ④ ⑤ ⑥
50	① ② ③ ④ ⑤ ⑥
51	① ② ③ ④ ⑤ ⑥
52	① ② ③ ④ ⑤ ⑥ ⑦
53	① ② ③ ④ ⑤ ⑥ ⑦
54	① ② ③ ④ ⑤ ⑥ ⑦
55	① ② ③ ④ ⑤ ⑥ ⑦

記入方法
1．記入は必ず**ＨＢの黒鉛筆**で、（）の中を正確にぬりつぶして下さい。
2．訂正する場合は、消しゴムできれいに消して下さい。
3．解答用紙を汚したり、折り曲げたりしないで下さい。

良い例	●
悪い例	⊘ ⊙ ◐

東海大学付属浦安高等学校　2024年度

◇国語◇

※解答欄は実物大になります。

解答欄 一						
問一	1	①	②	③	④	⑤
問二	2	①	②	③	④	⑤
	3	①	②	③	④	⑤
	4	①	②	③	④	⑤
問三	5	①	②	③	④	⑤
	6	①	②	③	④	⑤
問四	7	①	②	③	④	⑤
問五	8	①	②	③	④	⑤
問六	9	①	②	③	④	⑤
	10	①	②	③	④	⑤
問七	11	①	②	③	④	⑤
問八	12	①	②	③	④	⑤
問九	13	①	②	③	④	⑤

解答欄 二						
問一	14	①	②	③	④	⑤
問二	15	①	②	③	④	⑤
問三	16	①	②	③	④	⑤
問四	17	①	②	③	④	⑤
	18	①	②	③	④	⑤
問五	19	①	②	③	④	⑤
	20	①	②	③	④	⑤
	21	①	②	③	④	⑤
問六	22	①	②	③	④	⑤

解答欄 三						
問一	23	①	②	③	④	⑤
	24	①	②	③	④	⑤
	25	①	②	③	④	⑤
問二	26	①	②	③	④	⑤
	27	①	②	③	④	⑤
	28	①	②	③	④	⑤
問三	29	①	②	③	④	⑤
	30	①	②	③	④	⑤
問四	31	①	②	③	④	⑤
問五	32	①	②	③	④	⑤

記入方法
1．記入は必ずＨＢの黒鉛筆で、〇の中を正確にぬりつぶして下さい。
2．訂正する場合は、消しゴムできれいに消して下さい。
3．解答用紙を汚したり、折り曲げたりしないで下さい。

良い例	●
悪い例	⊘ ⊙ ◐

東海大学付属浦安高等学校　2023年度

◇数学◇

※ 105％に拡大していただくと，解答欄は実物大になります。

解答欄							
1							
(1)	ア	①	②	③	④	⑤	⑥
(2)	イ	①	②	③	④	⑤	⑥
(3)	ウ	①	②	③	④	⑤	⑥
(4)	エ	①	②	③	④	⑤	⑥
(5)	オ	①	②	③	④	⑤	⑥
(6)	カ	①	②	③	④	⑤	⑥

2							
(1)	ア	①	②	③	④	⑤	⑥
(2)	イ	①	②	③	④	⑤	⑥
(3)	ウ	①	②	③	④	⑤	⑥
(4)	エ	①	②	③	④	⑤	⑥
(5)	オ	①	②	③	④	⑤	⑥
(6)	カ	①	②	③	④	⑤	⑥

解答欄											
3											
(1)	ア	①	②	③	④	⑤	⑥	⑦	⑧	⑨	⓪
	イ	①	②	③	④	⑤	⑥	⑦	⑧	⑨	⓪
	ウ	①	②	③	④	⑤	⑥	⑦	⑧	⑨	⓪
(2)	エ	①	②	③	④	⑤	⑥	⑦	⑧	⑨	⓪
	オ	①	②	③	④	⑤	⑥	⑦	⑧	⑨	⓪
(3)	カ	①	②	③	④	⑤	⑥	⑦	⑧	⑨	⓪
	キ	①	②	③	④	⑤	⑥	⑦	⑧	⑨	⓪
	ク	①	②	③	④	⑤	⑥	⑦	⑧	⑨	⓪

4											
(1)	ア	①	②	③	④	⑤	⑥	⑦	⑧	⑨	⓪
(2)	イ	①	②	③	④	⑤	⑥	⑦	⑧	⑨	⓪

解答欄											
5											
(1)	ア	①	②	③	④	⑤	⑥	⑦	⑧	⑨	⓪
(2)	イ	①	②	③	④	⑤	⑥	⑦	⑧	⑨	⓪
(3)	ウ	①	②	③	④	⑤	⑥	⑦	⑧	⑨	⓪
	エ	①	②	③	④	⑤	⑥	⑦	⑧	⑨	⓪

記入方法

1．**記入は必ずＨＢの黒鉛筆で、 () の中を正確にぬりつぶして下さい。**
2．**訂正する場合は、消しゴムできれいに消して下さい。**
3．**解答用紙を汚したり、折り曲げたりしないで下さい。**

良い例	
悪い例	

東海大学付属浦安高等学校　2023年度

◇英語◇

※ 105％に拡大していただくと，解答欄は実物大になります。

解答欄	
1	
1	① ② ③ ④
2	① ② ③ ④
3	① ② ③ ④
4	① ② ③ ④
5	① ② ③ ④
6	① ② ③ ④
7	① ② ③ ④
8	① ② ③ ④
9	① ② ③ ④
10	① ② ③ ④
11	① ② ③ ④
12	① ② ③ ④
13	① ② ③ ④
14	① ② ③ ④
15	① ② ③ ④

解答欄	
2	
16	① ② ③ ④ ⑤ ⑥ ⑦
17	① ② ③ ④ ⑤ ⑥ ⑦
18	① ② ③ ④ ⑤ ⑥ ⑦
19	① ② ③ ④ ⑤ ⑥ ⑦
20	① ② ③ ④
21	① ② ③ ④
22	① ② ③ ④
23	① ② ③ ④

3	
24	① ② ③ ④
25	① ② ③ ④
26	① ② ③ ④
27	① ② ③ ④
28	① ② ③ ④
29	① ② ③ ④

解答欄	
4	
30	① ② ③ ④
31	① ② ③ ④
32	① ② ③ ④
33	① ② ③ ④
34	① ② ③ ④
35	① ② ③ ④
36	① ② ③ ④
37	① ② ③ ④
38	① ② ③ ④
39	① ② ③ ④

5	
40	① ② ③ ④
41	① ② ③ ④
42	① ② ③ ④
43	① ② ③ ④
44	① ② ③ ④

解答欄	
6	
45	① ② ③ ④ ⑤ ⑥
46	① ② ③ ④ ⑤ ⑥
47	① ② ③ ④ ⑤ ⑥
48	① ② ③ ④ ⑤ ⑥
49	① ② ③ ④ ⑤ ⑥
50	① ② ③ ④ ⑤ ⑥
51	① ② ③ ④ ⑤ ⑥ ⑦
52	① ② ③ ④ ⑤ ⑥ ⑦
53	① ② ③ ④ ⑤ ⑥ ⑦
54	① ② ③ ④ ⑤ ⑥ ⑦

記入方法
1．記入は必ず**ＨＢの黒鉛筆**で、◯の中を正確にぬりつぶして下さい。
2．訂正する場合は、消しゴムできれいに消して下さい。
3．解答用紙を汚したり、折り曲げたりしないで下さい。

良い例	●
悪い例	⊘ ⊙ ◐

東海大学付属浦安高等学校　2023年度

◇国語◇

※解答欄は実物大になります。

解答欄 一

問一	1	①	②	③	④	⑤
問二	2	①	②	③	④	⑤
問三	3	①	②	③	④	⑤
	4	①	②	③	④	⑤
問四	5	①	②	③	④	⑤
	6	①	②	③	④	⑤
問五	7	①	②	③	④	⑤
問六	8	①	②	③	④	⑤
問七	9	①	②	③	④	⑤
問八	10	①	②	③	④	⑤

解答欄 二

問一	11	①	②	③	④	⑤
問二	12	①	②	③	④	⑤
問三	13	①	②	③	④	⑤
問四	14	①	②	③	④	⑤
問五	15	①	②	③	④	⑤
問六	16	①	②	③	④	⑤
問七	17	①	②	③	④	⑤
問八	18	①	②	③	④	⑤
問九	19	①	②	③	④	⑤

解答欄 三

問一	20	①	②	③	④	⑤
	21	①	②	③	④	⑤
問二	22	①	②	③	④	⑤
	23	①	②	③	④	⑤
問三	24	①	②	③	④	⑤
	25	①	②	③	④	⑤
問四	26	①	②	③	④	
	27	①	②	③	④	
問五	28	①	②	③	④	⑤
	29	①	②	③	④	⑤
	30	①	②	③	④	⑤

記入方法
1．記入は必ず**ＨＢの黒鉛筆**で、⬯の中を正確にぬりつぶして下さい。
2．訂正する場合は、消しゴムできれいに消して下さい。
3．解答用紙を汚したり、折り曲げたりしないで下さい。

良い例	●
悪い例	⌀ ⊙ ◐

東海大学付属浦安高等学校　2022年度

◇数学◇

※ 105％に拡大していただくと，解答欄は実物大になります。

解答欄

1

(1)	ア	①	②	③	④	⑤	⑥
(2)	イ	①	②	③	④	⑤	⑥
(3)	ウ	①	②	③	④	⑤	⑥
(4)	エ	①	②	③	④	⑤	⑥
(5)	オ	①	②	③	④	⑤	⑥
(6)	カ	①	②	③	④	⑤	⑥

2

(1)	ア	①	②	③	④	⑤	⑥
(2)	イ	①	②	③	④	⑤	⑥
(3)	ウ	①	②	③	④	⑤	⑥
(4)	エ	①	②	③	④	⑤	⑥
(5)	オ	①	②	③	④	⑤	⑥
(6)	カ	①	②	③	④	⑤	⑥

解答欄

3

(1)	ア	①	②	③	④	⑤	⑥	⑦	⑧	⑨	⓪
	イ	①	②	③	④	⑤	⑥	⑦	⑧	⑨	⓪
	ウ	①	②	③	④	⑤	⑥	⑦	⑧	⑨	⓪
	エ	①	②	③	④	⑤	⑥	⑦	⑧	⑨	⓪
	オ	①	②	③	④	⑤	⑥	⑦	⑧	⑨	⓪
(2)	カ	①	②	③	④	⑤	⑥	⑦	⑧	⑨	⓪
	キ	①	②	③	④	⑤	⑥	⑦	⑧	⑨	⓪
	ク	①	②	③	④	⑤	⑥	⑦	⑧	⑨	⓪
	ケ	①	②	③	④	⑤	⑥	⑦	⑧	⑨	⓪

4

(1)	ア	①	②	③	④	⑤	⑥	⑦	⑧	⑨	⓪
	イ	①	②	③	④	⑤	⑥	⑦	⑧	⑨	⓪
(2)	ウ	①	②	③	④	⑤	⑥	⑦	⑧	⑨	⓪
	エ	①	②	③	④	⑤	⑥	⑦	⑧	⑨	⓪
(3)	オ	①	②	③	④	⑤	⑥	⑦	⑧	⑨	⓪
	カ	①	②	③	④	⑤	⑥	⑦	⑧	⑨	⓪
(4)	キ	①	②	③	④	⑤	⑥	⑦	⑧	⑨	⓪
	ク	①	②	③	④	⑤	⑥	⑦	⑧	⑨	⓪
	ケ	①	②	③	④	⑤	⑥	⑦	⑧	⑨	⓪

解答欄

5

(1)	ア	①	②	③	④	⑤	⑥	⑦	⑧	⑨	⓪
	イ	①	②	③	④	⑤	⑥	⑦	⑧	⑨	⓪
	ウ	①	②	③	④	⑤	⑥	⑦	⑧	⑨	⓪
(2)	エ	①	②	③	④	⑤	⑥	⑦	⑧	⑨	⓪
	オ	①	②	③	④	⑤	⑥	⑦	⑧	⑨	⓪
	カ	①	②	③	④	⑤	⑥	⑦	⑧	⑨	⓪

記入方法

1．記入は必ず**ＨＢの黒鉛筆**で、〇の中を正確にぬりつぶして下さい。
2．訂正する場合は、消しゴムできれいに消して下さい。
3．解答用紙を汚したり、折り曲げたりしないで下さい。

良い例

悪い例

東海大学付属浦安高等学校　2022年度

◇英語◇

※ 105%に拡大していただくと，解答欄は実物大になります。

解答欄

1

1	① ② ③ ④
2	① ② ③ ④
3	① ② ③ ④
4	① ② ③ ④
5	① ② ③ ④
6	① ② ③ ④
7	① ② ③ ④
8	① ② ③ ④
9	① ② ③ ④
10	① ② ③ ④
11	① ② ③ ④
12	① ② ③ ④
13	① ② ③ ④
14	① ② ③ ④
15	① ② ③ ④

解答欄

2

16	① ② ③ ④
17	① ② ③ ④
18	① ② ③ ④
19	① ② ③ ④
20	① ② ③ ④
21	① ② ③ ④

3

22	① ② ③ ④
23	① ② ③ ④
24	① ② ③ ④
25	① ② ③ ④
26	① ② ③ ④

解答欄

4

27	① ② ③ ④
28	① ② ③ ④
29	① ② ③ ④
30	① ② ③ ④
31	① ② ③ ④
32	① ② ③ ④
33	① ② ③ ④
34	① ② ③ ④
35	① ② ③ ④
36	① ② ③ ④

5

37	① ② ③ ④
38	① ② ③ ④
39	① ② ③ ④
40	① ② ③ ④
41	① ② ③ ④

解答欄

6

42	① ② ③ ④ ⑤ ⑥ ⑦
43	① ② ③ ④ ⑤ ⑥ ⑦
44	① ② ③ ④ ⑤ ⑥ ⑦
45	① ② ③ ④ ⑤ ⑥ ⑦
46	① ② ③ ④ ⑤ ⑥ ⑦
47	① ② ③ ④ ⑤ ⑥ ⑦
48	① ② ③ ④ ⑤ ⑥
49	① ② ③ ④ ⑤ ⑥
50	① ② ③ ④ ⑤ ⑥
51	① ② ③ ④ ⑤ ⑥

記入方法

1．記入は必ずＨＢの黒鉛筆で、 ⬯ の中を正確にぬりつぶして下さい。
2．訂正する場合は、消しゴムできれいに消して下さい。
3．解答用紙を汚したり、折り曲げたりしないで下さい。

良い例	●
悪い例	Ø ⊙ ◖

東海大学付属浦安高等学校　2022年度

◇国語◇

※解答欄は実物大になります。

解答欄 一

問一	1	①	②	③	④	⑤
問二	2	①	②	③	④	⑤
	3	①	②	③	④	⑤
	4	①	②	③	④	⑤
問三	5	①	②	③	④	⑤
問四	6	①	②	③	④	⑤
問五	7	①	②	③	④	⑤
問六	8	①	②	③	④	⑤
問七	9	①	②	③	④	⑤
問八	10	①	②	③	④	⑤

解答欄 二

問一	11	①	②	③	④	
	12	①	②	③	④	
	13	①	②	③	④	
問二	14	①	②	③	④	
問三	15	①	②	③	④	
問四	16	①	②	③	④	
問五	17	①	②	③	④	⑤
問六	18	①	②	③	④	
問七	19	①	②	③	④	⑤

解答欄 三

問一	20	①	②	③	④	
	21	①	②	③	④	
問二	22	①	②	③	④	
	23	①	②	③	④	
問三	24	①	②	③	④	⑤
	25	①	②	③	④	⑤
	26	①	②	③	④	⑤
問四	27	①	②	③		
	28	①	②	③		
	29	①	②	③		

記入方法
1．記入は必ず**ＨＢの黒鉛筆**で、（ ）の中を正確にぬりつぶして下さい。
2．訂正する場合は、消しゴムできれいに消して下さい。
3．解答用紙を汚したり、折り曲げたりしないで下さい。

良い例	●
悪い例	⦰ ⊙ ◐

※この解答欄は実物大になります。

解答欄

1

(1)	ア	① ② ③ ④ ⑤ ⑥
(2)	イ	① ② ③ ④ ⑤ ⑥
(3)	ウ	① ② ③ ④ ⑤ ⑥
(4)	エ	① ② ③ ④ ⑤ ⑥
(5)	オ	① ② ③ ④ ⑤ ⑥
(6)	カ	① ② ③ ④ ⑤ ⑥

2

(1)	ア	① ② ③ ④ ⑤ ⑥
(2)	イ	① ② ③ ④ ⑤ ⑥
(3)	ウ	① ② ③ ④ ⑤ ⑥
(4)	エ	① ② ③ ④ ⑤ ⑥
(5)	オ	① ② ③ ④ ⑤ ⑥
(6)	カ	① ② ③ ④ ⑤ ⑥

解答欄

3

(1)	ア	① ② ③ ④ ⑤ ⑥ ⑦ ⑧ ⑨ ⓪
(2)	イ	① ② ③ ④ ⑤ ⑥ ⑦ ⑧ ⑨ ⓪
	ウ	① ② ③ ④ ⑤ ⑥ ⑦ ⑧ ⑨ ⓪

4

(1)	ア	① ② ③ ④ ⑤ ⑥ ⑦ ⑧ ⑨ ⓪
	イ	① ② ③ ④ ⑤ ⑥ ⑦ ⑧ ⑨ ⓪
(2)	ウ	① ② ③ ④ ⑤ ⑥ ⑦ ⑧ ⑨ ⓪

解答欄

5

(1)	ア	① ② ③ ④ ⑤ ⑥ ⑦ ⑧ ⑨ ⓪
	イ	① ② ③ ④ ⑤ ⑥ ⑦ ⑧ ⑨ ⓪
	ウ	① ② ③ ④ ⑤ ⑥ ⑦ ⑧ ⑨ ⓪
(2)	エ	① ② ③ ④ ⑤ ⑥ ⑦ ⑧ ⑨ ⓪
	オ	① ② ③ ④ ⑤ ⑥ ⑦ ⑧ ⑨ ⓪
	カ	① ② ③ ④ ⑤ ⑥ ⑦ ⑧ ⑨ ⓪
	キ	① ② ③ ④ ⑤ ⑥ ⑦ ⑧ ⑨ ⓪

6

(1)	ア	① ② ③ ④ ⑤ ⑥ ⑦ ⑧ ⑨ ⓪
(2)	イ	① ② ③ ④ ⑤ ⑥ ⑦ ⑧ ⑨ ⓪
	ウ	① ② ③ ④ ⑤ ⑥ ⑦ ⑧ ⑨ ⓪

記入方法
1．記入は必ずＨＢの黒鉛筆で、 ◯ の中を正確にぬりつぶして下さい。
2．訂正する場合は、消しゴムできれいに消して下さい。
3．解答用紙を汚したり、折り曲げたりしないで下さい。

良い例	
悪い例	

東海大学付属浦安高等学校　2021年度

◇英語◇

※127%に拡大していただくと，解答欄は実物大になります。

解答欄	
1	
1	① ② ③ ④
2	① ② ③ ④
3	① ② ③ ④
4	① ② ③ ④
5	① ② ③ ④
6	① ② ③ ④
7	① ② ③ ④
8	① ② ③ ④
9	① ② ③ ④
10	① ② ③ ④
11	① ② ③ ④
12	① ② ③ ④
13	① ② ③ ④
14	① ② ③ ④
15	① ② ③ ④

解答欄	
2	
16	① ② ③ ④
17	① ② ③ ④
18	① ② ③ ④
19	① ② ③ ④
20	① ② ③ ④
21	① ② ③ ④

3	
22	① ② ③ ④ ⑤ ⑥
23	① ② ③ ④ ⑤ ⑥
24	① ② ③ ④ ⑤ ⑥
25	① ② ③ ④ ⑤ ⑥
26	① ② ③ ④

解答欄	
4	
27	① ② ③ ④
28	① ② ③ ④
29	① ② ③ ④
30	① ② ③ ④
31	① ② ③ ④
32	① ② ③ ④
33	① ② ③ ④
34	① ② ③ ④
35	① ② ③ ④
36	① ② ③ ④

5	
37	① ② ③ ④
38	① ② ③ ④
39	① ② ③ ④
40	① ② ③ ④
41	① ② ③ ④

解答欄	
6	
42	① ② ③ ④ ⑤ ⑥
43	① ② ③ ④ ⑤ ⑥
44	① ② ③ ④ ⑤ ⑥
45	① ② ③ ④ ⑤ ⑥
46	① ② ③ ④ ⑤ ⑥ ⑦
47	① ② ③ ④ ⑤ ⑥ ⑦
48	① ② ③ ④ ⑤ ⑥
49	① ② ③ ④ ⑤ ⑥

記入方法
1．記入は必ずＨＢの黒鉛筆で、（　）の中を正確にぬりつぶして下さい。
2．訂正する場合は、消しゴムできれいに消して下さい。
3．解答用紙を汚したり、折り曲げたりしないで下さい。

良い例
悪い例

※この解答欄は実物大になります。

解答欄 一						
問一	1	①	②	③	④
問二	2	①	②	③	④
	3	①	②	③	④
	4	①	②	③	④
問三	5	①	②	③	④
問四	6	①	②	③	④
問五	7	①	②	③	④
問六	8	①	②	③	④
問七	9	①	②	③	④
	10	①	②	③	④
問八	11	①	②	③	④
問九	12	①	②	③	④

解答欄 二					
問一	13	①	②	③	④
問二	14	①	②	③	④
問三	15	①	②	③	④
問四	16	①	②	③	④
問五	17	①	②	③	④
問六	18	①	②	③	④
問七	19	①	②	③	④
問八	20	①	②	③	④
問九	21	①	②	③	④
問十	22	①	②	③	④
問十一	23	①	②	③	④
問十二	24	①	②	③	④

解答欄 三										
問一	25	①	②	③	④					
問二	26	①	②	③	④					
問三	27	①	②	③	④					
問四	28	①	②	③	④					
	29	①	②	③	④					
問五	30	①	②	③	④					
	31	①	②	③	④					
問六	32	①	②	③	④					
問七	33	①	②	③	④					
問八	34	①	②	③	④	⑤	⑥	⑦	⑧	⑨
	35	①	②	③	④	⑤	⑥	⑦	⑧	⑨
	36	①	②	③	④	⑤	⑥	⑦	⑧	⑨
	37	①	②	③	④	⑤	⑥	⑦	⑧	⑨
	38	①	②	③	④	⑤	⑥	⑦	⑧	⑨

記入方法
1．記入は必ずＨＢの黒鉛筆で、 () の中を正確にぬりつぶして下さい。
2．訂正する場合は、消しゴムできれいに消して下さい。
3．解答用紙を汚したり、折り曲げたりしないで下さい。

良い例	●
悪い例	⌀ ⊙ ◐

東海大学付属浦安高等学校　2020年度

◇数学◇

※この解答用紙は実物大になります。

解答欄

1

(1)	ア	① ② ③ ④ ⑤ ⑥
(2)	イ	① ② ③ ④ ⑤ ⑥
(3)	ウ	① ② ③ ④ ⑤ ⑥
(4)	エ	① ② ③ ④ ⑤ ⑥
(5)	オ	① ② ③ ④ ⑤ ⑥
(6)	カ	① ② ③ ④ ⑤ ⑥

解答欄

3

(1)	ア	① ② ③ ④ ⑤ ⑥ ⑦ ⑧ ⑨ ⓪
(2)	イ	① ② ③ ④ ⑤ ⑥ ⑦ ⑧ ⑨ ⓪
	ウ	① ② ③ ④ ⑤ ⑥ ⑦ ⑧ ⑨ ⓪
(3)	エ	① ② ③ ④ ⑤ ⑥ ⑦ ⑧ ⑨ ⓪
	オ	① ② ③ ④ ⑤ ⑥ ⑦ ⑧ ⑨ ⓪
	カ	① ② ③ ④ ⑤ ⑥ ⑦ ⑧ ⑨ ⓪
	キ	① ② ③ ④ ⑤ ⑥ ⑦ ⑧ ⑨ ⓪
	ク	① ② ③ ④ ⑤ ⑥ ⑦ ⑧ ⑨ ⓪

解答欄

5

(1)	ア	① ② ③ ④ ⑤ ⑥ ⑦ ⑧ ⑨ ⓪
	イ	① ② ③ ④ ⑤ ⑥ ⑦ ⑧ ⑨ ⓪
	ウ	① ② ③ ④ ⑤ ⑥ ⑦ ⑧ ⑨ ⓪
	エ	① ② ③ ④ ⑤ ⑥ ⑦ ⑧ ⑨ ⓪
	オ	① ② ③ ④ ⑤ ⑥ ⑦ ⑧ ⑨ ⓪
(2)	カ	① ② ③ ④ ⑤ ⑥ ⑦ ⑧ ⑨ ⓪
	キ	① ② ③ ④ ⑤ ⑥ ⑦ ⑧ ⑨ ⓪
	ク	① ② ③ ④ ⑤ ⑥ ⑦ ⑧ ⑨ ⓪
	ケ	① ② ③ ④ ⑤ ⑥ ⑦ ⑧ ⑨ ⓪
(3)	コ	① ② ③ ④ ⑤ ⑥ ⑦ ⑧ ⑨ ⓪
	サ	① ② ③ ④ ⑤ ⑥ ⑦ ⑧ ⑨ ⓪

2

(1)	ア	① ② ③ ④ ⑤ ⑥
(2)	イ	① ② ③ ④ ⑤ ⑥
(3)	ウ	① ② ③ ④ ⑤ ⑥
(4)	エ	① ② ③ ④ ⑤ ⑥
(5)	オ	① ② ③ ④ ⑤ ⑥
(6)	カ	① ② ③ ④ ⑤ ⑥

4

(1)	ア	① ② ③ ④ ⑤ ⑥ ⑦ ⑧ ⑨ ⓪
	イ	① ② ③ ④ ⑤ ⑥ ⑦ ⑧ ⑨ ⓪
(2)	ウ	① ② ③ ④ ⑤ ⑥ ⑦ ⑧ ⑨ ⓪
	エ	① ② ③ ④ ⑤ ⑥ ⑦ ⑧ ⑨ ⓪

記入方法

1．記入は必ずＨＢの黒鉛筆で、 ⬯ の中を正確にぬりつぶして下さい。
2．訂正する場合は、消しゴムできれいに消して下さい。
3．解答用紙を汚したり、折り曲げたりしないで下さい。

良い例	⬬
悪い例	⊘ ⊙ ◐

東海大学付属浦安高等学校　2020年度　〈英語〉

※128%に拡大していただくと，解答欄は実物大になります。

解答欄	
1	
1	① ② ③ ④
2	① ② ③ ④
3	① ② ③ ④
4	① ② ③ ④
5	① ② ③ ④
6	① ② ③ ④
7	① ② ③ ④
8	① ② ③ ④
9	① ② ③ ④
10	① ② ③ ④
11	① ② ③ ④
12	① ② ③ ④
13	① ② ③ ④
14	① ② ③ ④
15	① ② ③ ④

解答欄	
2	
16	① ② ③ ④
17	① ② ③ ④
18	① ② ③ ④
19	① ② ③ ④
20	① ② ③ ④
21	① ② ③ ④
22	① ② ③ ④

3	
23	① ② ③ ④
24	① ② ③ ④
25	① ② ③ ④
26	① ② ③ ④
27	① ② ③ ④
28	① ② ③ ④
29	① ② ③ ④
30	① ② ③ ④

解答欄	
4	
31	① ② ③ ④
32	① ② ③ ④
33	① ② ③ ④

5	
34	① ② ③ ④
35	① ② ③ ④
36	① ② ③ ④
37	① ② ③ ④
38	① ② ③ ④
39	① ② ③ ④
40	① ② ③ ④
41	① ② ③ ④
42	① ② ③ ④
43	① ② ③ ④

解答欄	
6	
44	① ② ③ ④ ⑤ ⑥ ⑦
45	① ② ③ ④ ⑤ ⑥ ⑦
46	① ② ③ ④ ⑤ ⑥ ⑦
47	① ② ③ ④ ⑤ ⑥ ⑦
48	① ② ③ ④ ⑤ ⑥ ⑦
49	① ② ③ ④ ⑤ ⑥ ⑦

記入方法
1．記入は必ずＨＢの黒鉛筆で、（）の中を正確にぬりつぶして下さい。
2．訂正する場合は、消しゴムできれいに消して下さい。
3．解答用紙を汚したり、折り曲げたりしないで下さい。

良い例	●
悪い例	

東海大学付属浦安高等学校　2020年度

◇国語◇

※この解答用紙は実物大になります。

解答欄 一					
問一	1	①	②	③	④
問二	2	①	②	③	④
問三	3	①	②	③	④
問四	4	①	②	③	④
問五	5	①	②	③	④
問六	6	①	②	③	④
問七	7	①	②	③	④
問八	8	①	②	③	④
問九	9	①	②	③	④
問十	10	①	②	③	④

解答欄 二					
問一	11	①	②	③	④
	12	①	②	③	④
	13	①	②	③	④
問二	14	①	②	③	④
問三	15	①	②	③	④
問四	16	①	②	③	④
問五	17	①	②	③	④
問六	18	①	②	③	④
問七	19	①	②	③	④
問八	20	①	②	③	④
問九	21	①	②	③	④
問十	22	①	②	③	④

解答欄 三						
問一	23	①	②	③	④	⑤
	24	①	②	③	④	⑤
	25	①	②	③	④	⑤
	26	①	②	③	④	⑤
	27	①	②	③	④	⑤
問二	28	①	②	③	④	⑤
	29	①	②	③	④	⑤
	30	①	②	③	④	⑤
問三	31	①	②	③	④	⑤
問四	32	①	②	③	④	⑤
問五	33	①	②	③	④	⑤
	34	①	②	③	④	⑤
	35	①	②	③	④	⑤

記入方法

1．記入は必ずＨＢの黒鉛筆で、（　）の中を正確にぬりつぶして下さい。
2．訂正する場合は、消しゴムできれいに消して下さい。
3．解答用紙を汚したり、折り曲げたりしないで下さい。

良い例	●
悪い例	⊘ ⊙ ◐

東海大学付属浦安高等学校　2019年度

◇数学◇

※この解答用紙は106%に拡大していただくと，実物大になります。

解答欄

1

(1)	ア	① ② ③ ④ ⑤ ⑥
(2)	イ	① ② ③ ④ ⑤ ⑥
(3)	ウ	① ② ③ ④ ⑤ ⑥
(4)	エ	① ② ③ ④ ⑤ ⑥
(5)	オ	① ② ③ ④ ⑤ ⑥
(6)	カ	① ② ③ ④ ⑤ ⑥

2

(1)	ア	① ② ③ ④ ⑤ ⑥
(2)	イ	① ② ③ ④ ⑤ ⑥
(3)	ウ	① ② ③ ④ ⑤ ⑥
(4)	エ	① ② ③ ④ ⑤ ⑥
(5)	オ	① ② ③ ④ ⑤ ⑥
(6)	カ	① ② ③ ④ ⑤ ⑥

解答欄

3

(1)	ア	① ② ③ ④ ⑤ ⑥ ⑦ ⑧ ⑨ ⓪
	イ	① ② ③ ④ ⑤ ⑥ ⑦ ⑧ ⑨ ⓪
(2)	ウ	① ② ③ ④ ⑤ ⑥ ⑦ ⑧ ⑨ ⓪
(3)	エ	① ② ③ ④ ⑤ ⑥ ⑦ ⑧ ⑨ ⓪

4

(1)	ア	① ② ③ ④ ⑤ ⑥ ⑦ ⑧ ⑨ ⓪
	イ	① ② ③ ④ ⑤ ⑥ ⑦ ⑧ ⑨ ⓪
(2)	ウ	① ② ③ ④ ⑤ ⑥ ⑦ ⑧ ⑨ ⓪
	エ	① ② ③ ④ ⑤ ⑥ ⑦ ⑧ ⑨ ⓪
(3)	オ	① ② ③ ④ ⑤ ⑥ ⑦ ⑧ ⑨ ⓪
	カ	① ② ③ ④ ⑤ ⑥ ⑦ ⑧ ⑨ ⓪
	キ	① ② ③ ④ ⑤ ⑥ ⑦ ⑧ ⑨ ⓪
	ク	① ② ③ ④ ⑤ ⑥ ⑦ ⑧ ⑨ ⓪

解答欄

5

(1)	ア	① ② ③ ④ ⑤ ⑥ ⑦ ⑧ ⑨ ⓪
	イ	① ② ③ ④ ⑤ ⑥ ⑦ ⑧ ⑨ ⓪
(2)	ウ	① ② ③ ④ ⑤ ⑥ ⑦ ⑧ ⑨ ⓪
	エ	① ② ③ ④ ⑤ ⑥ ⑦ ⑧ ⑨ ⓪
(3)	オ	① ② ③ ④ ⑤ ⑥ ⑦ ⑧ ⑨ ⓪
	カ	① ② ③ ④ ⑤ ⑥ ⑦ ⑧ ⑨ ⓪
	キ	① ② ③ ④ ⑤ ⑥ ⑦ ⑧ ⑨ ⓪

記入方法
1．記入は必ずＨＢの黒鉛筆で、 () の中を正確にぬりつぶして下さい。
2．訂正する場合は、消しゴムできれいに消して下さい。
3．解答用紙を汚したり、折り曲げたりしないで下さい。

良い例	●
悪い例	Ø ⊙ ◨

東海大学付属浦安高等学校　2019年度

◇英語◇

※この解答用紙は108％に拡大していただくと，実物大になります。

解答欄

1

1	① ② ③ ④
2	① ② ③ ④
3	① ② ③ ④
4	① ② ③ ④
5	① ② ③ ④
6	① ② ③ ④
7	① ② ③ ④
8	① ② ③ ④
9	① ② ③ ④
10	① ② ③ ④
11	① ② ③ ④
12	① ② ③ ④
13	① ② ③ ④
14	① ② ③ ④
15	① ② ③ ④

解答欄

2

16	① ② ③ ④
17	① ② ③ ④
18	① ② ③ ④
19	① ② ③ ④
20	① ② ③ ④

3

21	① ② ③ ④
22	① ② ③ ④
23	① ② ③ ④
24	① ② ③ ④
25	① ② ③ ④
26	① ② ③ ④
27	① ② ③ ④
28	① ② ③ ④
29	① ② ③ ④

解答欄

4

30	① ② ③ ④
31	① ② ③ ④
32	① ② ③ ④
33	① ② ③ ④
34	① ② ③ ④
35	① ② ③ ④
36	① ② ③ ④
37	① ② ③ ④
38	① ② ③ ④
39	① ② ③ ④

5

40	① ② ③ ④
41	① ② ③ ④
42	① ② ③ ④

解答欄

6

43	① ② ③ ④ ⑤ ⑥ ⑦
44	① ② ③ ④ ⑤ ⑥ ⑦
45	① ② ③ ④ ⑤ ⑥ ⑦
46	① ② ③ ④ ⑤ ⑥ ⑦
47	① ② ③ ④ ⑤ ⑥ ⑦
48	① ② ③ ④ ⑤ ⑥ ⑦
49	① ② ③ ④ ⑤ ⑥ ⑦
50	① ② ③ ④ ⑤ ⑥ ⑦

記入方法

1．記入は必ずＨＢの黒鉛筆で、〇の中を正確にぬりつぶして下さい。
2．訂正する場合は、消しゴムできれいに消して下さい。
3．解答用紙を汚したり、折り曲げたりしないで下さい。

良い例	●
悪い例	⌀ ⊙ ◐

東海大学付属浦安高等学校　　2019年度

◇国語◇

※この解答用紙は108％に拡大していただくと，実物大になります。

解答欄 一

問一	1	①	②	③	④	⑤
問二	2	①	②	③	④	⑤
問三	3	①	②	③	④	⑤
問四	4	①	②	③	④	⑤
問五	5	①	②	③	④	⑤
問六	6	①	②	③	④	⑤
問七	7	①	②	③	④	⑤
問八	8	①	②	③	④	⑤
問九	9	①	②	③	④	⑤
問十	10	①	②	③	④	⑤
問十一	11	①	②	③	④	⑤
問十二	12	①	②	③	④	⑤
問十三	13	①	②	③	④	⑤

解答欄 二

問一	14	①	②	③	④	⑤
	15	①	②	③	④	⑤
	16	①	②	③	④	⑤
問二	17	①	②	③	④	⑤
問三	18	①	②	③	④	⑤
	19	①	②	③	④	⑤
	20	①	②	③	④	⑤
問四	21	①	②	③	④	⑤
	22	①	②	③	④	⑤
問五	23	①	②	③	④	⑤
問六	24	①	②	③	④	⑤

解答欄 三

問一	25	①	②	③	④	⑤	⑥	⑦
	26	①	②	③	④	⑤	⑥	⑦
	27	①	②	③	④	⑤	⑥	⑦
	28	①	②	③	④	⑤	⑥	⑦
	29	①	②	③	④	⑤	⑥	⑦
問二	30	①	②	③	④	⑤		
	31	①	②	③	④	⑤		
	32	①	②	③	④	⑤		
	33	①	②	③	④	⑤		
	34	①	②	③	④	⑤		
問三	35	①	②	③	④	⑤		
問四	36	①	②	③	④	⑤		
問五	37	①	②	③	④	⑤		

記入方法

1．記入は必ずＨＢの黒鉛筆で、 ⬯ の中を正確にぬりつぶして下さい。
2．訂正する場合は、消しゴムできれいに消して下さい。
3．解答用紙を汚したり、折り曲げたりしないで下さい。

良い例	⬮
悪い例	⊘ ⊙ ◧

MEMO

大切なことはメモしておこうネ！

MEMO

大切なことはメモしておこうネ！

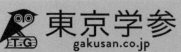

～公立高校志望の皆様に愛されるロングセラーシリーズ～

公立高校入試シリーズ

・全国の都道府県公立高校入試問題から良問を厳選
※実力錬成編には独自問題も！
・見やすい紙面、わかりやすい解説

数学

合格のために必要な点数をゲット

目標得点別・公立入試の数学 基礎編

- 効率的に対策できる！　30・50・70点の目標得点別の章立て
- web解説には豊富な例題167問！
- 実力確認用の総まとめテストつき

定価：1,210 円（本体 1,100 円 + 税 10%）／ ISBN：978-4-8141-2558-6

応用問題の頻出パターンをつかんで80点の壁を破る！

実戦問題演習・公立入試の数学 実力錬成編

- 応用問題の頻出パターンを網羅
- 難問にはweb解説で追加解説を掲載
- 実力確認用の総まとめテストつき

定価：1,540 円（本体 1,400 円 + 税 10%）／ ISBN：978-4-8141-2560-9

英語

「なんとなく」ではなく確実に長文読解・英作文が解ける

実戦問題演習・公立入試の英語 基礎編

- 解き方がわかる！　問題内にヒント入り
- ステップアップ式で確かな実力がつく

定価：1,100 円（本体 1,000 円 + 税 10%）／ ISBN：978-4-8141-2123-6

公立難関・上位校合格のためのゆるがぬ実戦力を身につける

実戦問題演習・公立入試の英語 実力錬成編

- 総合読解・英作文問題へのアプローチ手法がつかめる
- 文法、構文、表現を一つひとつ詳しく解説

定価：1,320 円（本体 1,200 円 + 税 10%）／ ISBN：978-4-8141-2169-4

理科

短期間で弱点補強・総仕上げ

実戦問題演習・公立入試の理科

- 解き方のコツがつかめる!　豊富なヒント入り
- 基礎～思考・表現を問う問題まで重要項目を網羅

定価：1,045 円（本体 950 円 + 税 10%）
ISBN：978-4-8141-0454-3

社会

弱点補強・総合力で社会が武器になる

実戦問題演習・公立入試の社会

- 基礎から学び弱点を克服!　豊富なヒント入り
- 分野別総合・分野複合の融合などあらゆる問題形式を網羅
※時事用語集を弊社HPで無料配信

定価：1,045 円（本体 950 円 + 税 10%）
ISBN：978-4-8141-0455-0

国語

最後まで解ききれる力をつける

形式別演習・公立入試の国語

- 解き方がわかる!　問題内にヒント入り
- 基礎～標準レベルの問題で確かな基礎力を築く
- 実力確認用の総合テストつき

定価：1,045 円（本体 950 円 + 税 10%）
ISBN：978-4-8141-0453-6

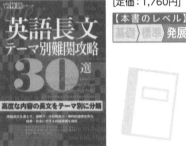

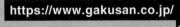

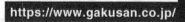

東京学参の

中学校別入試過去問題シリーズ

＊出版校は一部変更することがあります。一覧にない学校はお問い合わせください。

東京ラインナップ

あ　青山学院中等部(L04)
麻布中学(K01)
桜蔭中学(K02)
お茶の水女子大附属中学(K07)
か　海城中学(K09)
開成中学(M01)
学習院中等科(M03)
慶應義塾中等部(K04)
啓明学園中学(N29)
晃華学園中学(N13)
攻玉社中学(L11)
国学院大久我山中学
（一般・CC）(N22)
（ＳＴ）(N23)
駒場東邦中学(L01)
さ　芝中学(K16)
芝浦工業大附属中学(M06)
城北中学(M05)
女子学院中学(K03)
巣鴨中学(M02)
成蹊中学(N06)
成城中学(K28)
成城学園中学(L05)
青稜中学(K23)
創価中学(N14)★
た　玉川学園中学部(N17)
中央大附属中学(N08)
筑波大附属中学(K06)
筑波大附属駒場中学(L02)
帝京大中学(N16)
東海大菅生高中等部(N27)
東京学芸大附属竹早中学(K08)
東京都市大付属中学(L13)
桐朋中学(N03)
東洋英和女学院中学部(K15)
豊島岡女子学園中学(M12)
な　日本大第一中学(M14)
日本大第三中学(N19)
日本大第二中学(N10)
は　雙葉中学(K05)
法政大学中学(N11)
本郷中学(M08)
ま　武蔵中学(N01)
明治大付属中野中学(N05)
明治大付属八王子中学(N07)
明治大付属明治中学(K13)
ら　立教池袋中学(M04)
わ　和光中学(N21)
早稲田中学(K10)
早稲田実業学校中等部(K11)
早稲田大高等学院中学部(N12)

神奈川ラインナップ

あ　浅野中学(O04)
栄光学園中学(O06)
か　神奈川大附属中学(O08)
鎌倉女学院中学(O27)
関東学院六浦中学(O31)
慶應義塾湘南藤沢中等部(O07)
慶應義塾普通部(O01)
さ　相模女子大中学部(O32)
サレジオ学院中学(O17)
逗子開成中学(O22)
聖光学院中学(O11)
清泉女学院中学(O20)
洗足学園中学(O18)
捜真女学校中学部(O29)
た　桐蔭学園中等教育学校(O02)
東海大付属相模高中等部(O24)
桐光学園中学(O16)
な　日本大中学(O09)
は　フェリス女学院中学(O03)
法政大第二中学(O19)
や　山手学院中学(O15)
横浜隼人中学(O26)

千・埼・茨・他ラインナップ

あ　市川中学(P01)
浦和明の星女子中学(Q06)
か　海陽中等教育学校
（入試Ⅰ・Ⅱ）(T01)
（特別給費生選抜）(T02)
久留米大附設中学(Y04)
さ　栄東中学（東大・難関大）(Q09)
栄東中学（東大特待）(Q10)
狭山ヶ丘高校付属中学(Q01)
芝浦工業大柏中学(P14)
渋谷教育学園幕張中学(P09)
城北埼玉中学(Q07)
昭和学院秀英中学(P05)
清真学園中学(S01)
西南学院中学(Y02)
西武学園文理中学(Q03)
西武台新座中学(Q02)
専修大松戸中学(P13)
た　筑紫女学園中学(Y03)
千葉日本大第一中学(P07)
千葉明徳中学(P12)
東海大付属浦安高中等部(P06)
東邦大付属東邦中学(P08)
東洋大附属牛久中学(S02)
獨協埼玉中学(Q08)
な　長崎日本大中学(Y01)
成田高校付属中学(P15)
は　函館ラ・サール中学(X01)
日出学園中学(P03)
福岡大附属大濠中学(Y05)
北嶺中学(X03)
細田学園中学(Q04)
や　八千代松陰中学(P10)
ら　ラ・サール中学(Y07)
立命館慶祥中学(X02)
立教新座中学(Q05)
わ　早稲田佐賀中学(Y06)

公立中高一貫校ラインナップ

北海道　市立札幌開成中等教育学校(J22)
宮　城　宮城県仙台二華・古川黎明中学校(J17)
市立仙台青陵中等教育学校(J33)
山　形　県立東桜学館・致道館中学校(J27)
茨　城　茨城県立中学・中等教育学校(J09)
栃　木　県立宇都宮東・佐野・矢板東高校附属中学校(J11)
群　馬　県立中央・市立四ツ葉学園中等教育学校・
市立太田中学校(J10)
埼　玉　市立浦和中学校(J06)
県立伊奈学園中学校(J31)
さいたま市立大宮国際中等教育学校(J32)
川口市立高等学校附属中学校(J35)
千　葉　県立千葉・東葛飾中学校(J07)
市立稲毛国際中等教育学校(J25)
東　京　区立九段中等教育学校(J21)
都立大泉高等学校附属中学校(J28)
都立両国高等学校附属中学校(J01)
都立白鷗高等学校附属中学校(J02)
都立富士高等学校附属中学校(J03)
都立三鷹中等教育学校(J29)
都立南多摩中等教育学校(J30)
都立武蔵高等学校附属中学校(J04)
都立立川国際中等教育学校(J05)
都立小石川中等教育学校(J23)
都立桜修館中等教育学校(J24)
神奈川　川崎市立川崎高等学校附属中学校(J26)
県立平塚・相模原中等教育学校(J08)
横浜市立南高等学校附属中学校(J20)
横浜サイエンスフロンティア高校附属中学校(J34)
広　島　県立広島中学校(J16)
県立三次中学校(J37)
徳　島　県立城ノ内中等教育学校・富岡東・川島中学校(J18)
愛　媛　県立今治東・松山西中等教育学校(J19)
福　岡　福岡県立中学校・中等教育学校(J12)
佐　賀　県立香楠・致遠館・唐津東・武雄青陵中学校(J13)
宮　崎　県立五ヶ瀬中等教育学校・宮崎西・都城泉ヶ丘高校附属中学校(J15)
長　崎　県立長崎東・佐世保北・諫早高校附属中学校(J14)

公立中高一貫校「適性検査対策」問題集シリーズ

総合編　作文問題編　資料問題編　数と図形編　生活と科学編　実力確認テスト編

私立中・高スクールガイド

THE（ザ） 私立

私立中学＆高校の学校生活がわかる！

〈ダウンロードコンテンツについて〉

本問題集のダウンロードコンテンツ、弊社ホームページで配信しております。現在ご利用いただけるのは「2025年度受験用」に対応したもので、**2025年3月末日**までダウンロード可能です。弊社ホームページにアクセスの上、ご利用ください。
※配信期間が終了いたしますと、ご利用いただけませんのでご了承ください。

高校別入試過去問題シリーズ

東海大学付属浦安高等学校　2025年度

ISBN978-4-8141-2985-0

[発行所] 東京学参株式会社
〒153-0043　東京都目黒区東山2-6-4

書籍の内容についてのお問い合わせは右のQRコードから　⇒

※書籍の内容についてのお電話でのお問い合わせ、本書の内容を超えたご質問には対応できませんのでご了承ください。

2024年5月30日　初版